Private Banking

Private Banking

Aktuelle Probleme und neue
Herausforderungen

Herausgegeben von Bruno Gehrig

Verlag Neue Zürcher Zeitung

© 1995, Verlag Neue Zürcher Zeitung
ISBN 3 85823 574 1
Printed in Switzerland

Inhaltsübersicht

NILS HAGANDER
Private Banking 2000: Diskontinuitäten und Erfolgspositionen

BRUNO GEHRIG
Qualitätsmanagement im Private Banking

BEAT BERNET
Logistikstrategien im Private Banking

KLAUS BIEDERMANN
Strukturierung privater Vermögen mit Gesellschaften, Stiftungen und Trusts

PATRICK ODIER
Private Banking: Gemeinsamkeiten und Unterschiede zur institutionellen Vermögensverwaltung

HEINZ ZIMMERMANN
Kundensegmentierung im Asset Management aus der Sicht der Finanzmarkttheorie

KLAUS SPREMANN
Asset Allokation im Lebenszyklus und Vintage-Programm

ARTHUR DECURTINS
Der Einsatz von Anlagefonds in der privaten Vermögensverwaltung

JÖRG FISCHER
Die Bedeutung der Elektronischen Börse Schweiz für die private Kundschaft

HANS J. BÄR
Private Banking – „Ecstasy" oder Ertragspfeiler?

Inhaltsverzeichnis

VORWORT XIII

NILS HAGANDER
Private Banking 2000: Diskontinuitäten und Erfolgspositionen 1

1	Diskontinuitäten in vier Bereichen	2
2	Traditionelle Vorteile der Schweiz im Off-Shore-Geschäft	3
3	Wachsende Bedeutung des Domestic Private Banking	4
4	Zukünftige Strategie im Private Banking	7
	4.1 Marktsegmentierung	7
	4.2 Distributionskanäle	8
	4.3 Konzentration auf eigene Stärken	8
	4.4 Marktorientierung	10

BRUNO GEHRIG
Qualitätsmanagement im Private Banking 13

1	Verpflichtendes Erbe	13
2	Qualitätsoptimierung als Management-Fokus	16
3	Analyse von Qualitätslücken	17
4	Analyse und Bewertung von Leistungsdimensionen	19
5	Der Kundenbetreuer als Schlüsselfigur	22
6	Qualitätsoptimierung und Branchenstruktur	24
7	Schlussbemerkungen	26

Fussnoten 27
Literatur 27

BEAT BERNET
Logistikstrategien im Private Banking   29

1   Einleitung   29
   1.1 Kernfragen der Private Banking Logistik   29
   1.2 Private Banking Strategie als Logistikstrategie   30
   1.3 Kernbereiche der Private Banking Logistik   31
   1.4 Banklogistik als strategische Erfolgsposition   32

2   Veränderte technologische Rahmenbedingungen   33
   2.1 Aktuelle Trends in der Bankinformatik   33
   2.2 Das Technologie-Framework der Private Banking Logistik   34
   2.3 Konsequenzen   35

3   Szenario Private Banking 2005   36
   3.1 Private Banking als „Financial Coaching"   37
   3.2 Integrierter Problemlösungsansatz   37
   3.3 Boutiquenphilosophie   38
   3.4 Risk Management als zentrale Funktion   38
   3.5 Private Banking als Relationship Banking   39

4   Konsequenzen für die Banklogistik   39
   4.1 Strategische Konsequenzen   39
   4.2 Operative Konsequenzen   41

5   Strategische Optionen für die Private Banking Logistik   42
   5.1 Alternative strategische Denkansätze   42
   5.2 Das Service Center Konzept   43
   5.3 Kooperationsmodelle im Logistikbereich   43

6   Vor einem Paradigmenwechsel   44

Fussnoten   46
Literatur   47

KLAUS BIEDERMANN
Strukturierung privater Vermögen mit Gesellschaften,
Stiftungen und Trusts   49

1   Liechtenstein: die Rahmenbedingungen
     für den Finanz- und Treuhanddienstleistungssektor   49

2	Der Kunde: Erwartungen und Ansprüche an eine Strukturierung privater Vermögen	51
	2.1 Das Bedürfnis nach Strukturen zum Schutz des Familienvermögens	51
	2.2 Das Bedürfnis nach adäquaten Strukturen zur Verfolgung wirtschaftlich-unternehmerischer Tätigkeiten	53
3	Rechtsinstrumente in Liechtenstein zum Schutz des Familienvermögens, insbesondere Stiftungen und Treuhänderschaft (Trust)	54
	3.1 Rechtsgeschichtliche Vorbemerkungen	54
	3.2 Stiftungen und Trust Settlement (Treuhänderschaft) im liechtensteinischen Recht	56
	3.3 Die Technik zur Erfüllung der Funktionen des Schutzes von Familienvermögen	58
	3.4 Die Stellung des Stifters/Treugebers im Leben der Stiftung/Treuhänderschaft	63
	3.5 Anstalt und Treuunternehmen	63
4	Rechtsinstrumente in Liechtenstein zur Verfolgung wirtschaftlich-unternehmerischer Tätigkeiten	64
	4.1 Die typischen Rechtsinstrumente	64
	4.2 Die atypischen Rechtsinstrumente	65
5	Die Liberalität des PGR: Mangelnde Berücksichtigung von Rechtsschutzinteressen?	66

PATRICK ODIER
Private Banking: Gemeinsamkeiten und Unterschiede zur institutionellen Vermögensverwaltung — 69

1	Die Anlageorganisation der Bank	71
2	Die Anlageformen	74
3	Die technische Seite der Verwaltung	77
4	Die Meinung der Privatkunden	79
5	Die Trends für die Zukunft	80

HEINZ ZIMMERMANN
Kundensegmentierung im Asset Management aus der Sicht der Finanzmarkttheorie   83

1	Eine eindimensionale Sichtweise: Der Ansatz der klassischen Portfoliotheorie	85
	1.1 Der traditionelle Ansatz: Markowitz'sche Asset Allocation	85
	1.2 Universelle Portfolioselektion: Tobin's Separationstheorem	86
	1.3 Ein Ansatz zur vereinfachten Identifikation der Risikotoleranz: Roy's Shortfall Ansatz	88
	1.4 Eindimensionaler Benchmark: CAPM und Beta	89
2	Eine differenzierte Sichtweise: Arbitrage Pricing Theory (APT) und Multi-Fonds Investment Engineering	92
3	Asymmetrische Risikoperzeption: Shortfall Risk, Zeithorizont, Optionen	95
	3.1 Shortfall Risk und Zeithorizont	95
	3.2 Shortfall Risk und asymmetrische (konvexe und konkave) Payoffs: Der Effekt von Optionen	97
4	Dynamisches Risk Assessment und die Theorie flexibler Zeithorizonte als neuer Ansatz für die Kundensegmentierung	100
	4.1 Konkav, konvex und Flexibilität des Anlagehorizonts	100
	4.2 Dynamische Strategien und dynamisches Risk Assessment	103
5	Schlussfolgerungen	108
	5.1 Implikationen für die Kundensegmentierung	108
	5.2 Eine mögliche alternative Darstellung des Kapitalmarktgleichgewichts?	108
Fussnoten		110
Literatur		111

KLAUS SPREMANN
Asset-Allokation im Lebenszyklus und Vintage-Programm   115

1	Das Ausgangsproblem	115
2	Humankapital und Finanzkapital	118
3	Intertemporale Allokation	122

4	Endogene Risikoaversion	125
5	Das Vintage-Programm	130
6	Konklusion	133
7	Forschungsströmungen	135

Fussnoten 139
Literatur 144

ARTHUR DECURTINS
Der Einsatz von Anlagefonds in der privaten Vermögensverwaltung 147

1	Zur Ausgangslage	147
	1.1 Zur Entwicklung im Wertschriftengeschäft und im Fondsgeschäft im besonderen	147
	1.2 Die Bedürfnisse des Anlegers – welches sind die Anforderungen an eine moderne private Vermögensverwaltung?	149
2	Der Lösungsansatz	149
	2.1 Die Funktionen der privaten Vermögensverwaltung im Wandel	149
	2.2 Zentralisierung des anlagepolitischen Prozesses	150
	2.3 Zur Rolle des Anlagefonds	151
3	Der Anlagefonds und seine Bedeutung im Rahmen der privaten Vermögensverwaltung	152
	3.1 Das Bausteinkonzept	152
	3.2 Zum Einsatz von Anlagefonds	152
	3.3 Der Anlagestrategiefonds	158
	3.4 Freies Fonds-Shopping versus Bausteinkonzept	160
4	Zusammenfassung	161

Fussnoten 162
Literatur 162

JÖRG FISCHER
Die Bedeutung der Elektronischen Börse Schweiz für die private Kundschaft 163

HANS J. BÄR
Private Banking – „Ecstasy" oder Ertragspfeiler? 171

1	Die Schweizerischen Staatsdefizite	172
2	Das Bankgeheimnis	175
3	Die Schweizerische Effektenbörse	176
4	Das Vermögensverwaltungsgeschäft	176
5	Die volkswirtschaftliche Bedeutung	179

AUTORENVERZEICHNIS 181

Vorwort

Im Leistungsspektrum des Finanzplatzes Schweiz kommt dem Private Banking ein hervorragender Stellenwert zu. Ein Blick in seine Geschichte belegt unmissverständlich, dass sich der Finanzplatz ohne seine besonderen Stärken in diesem Bereich nicht zu einer der wichtigen Branchen des Landes und einem führenden Exporteur von Dienstleistungen hätte entwickeln können. Auch heute ist das Private Banking in bezug auf die Beschäftigung, die Ertragskraft und die Steuerleistungen eine Kernaktivität im Finanzsystem, von der weitere Tätigkeiten wie das Handels-, Emissions- und Treuhandgeschäft nachhaltig profitieren.

Sinngemäss trifft diese Feststellung für die Zukunft zu. Der Finanzplatz Schweiz wird seine Stellung als Wertschöpfer, Arbeitsplatz und Erbringer von Steuerleistungen nur halten und weiter ausbauen können, wenn die erfolgreiche Verteidigung der Erfolgsposition Private Banking gelingt. Dazu bedarf es umfassender Anstrengungen, insbesondere der konkurrierenden Anbieter selbst.

Die am 26./27. September 1994 in Zürich durchgeführte Tagung, auf der dieses Buch beruht, setzte sich zum Ziel, wesentliche Aspekte des Handlungsbedarfs deutlich zu machen und zu vertiefen. Dabei wurde auf eine sinnvolle thematische Breite Wert gelegt, die strategische, markt-, produkte- und kundenbezogene Gesichtspunkte und die äusseren Rahmenbedingungen einschliesst. Das ausgezeichnete Interesse, auf das die Tagung gestossen ist, legte die Publikation der überarbeiteten Beiträge in Buchform nahe. Ich danke den Referenten für ihre Mitwirkung und Frau Daniela Rutz, Frau Monika Spiess sowie Herrn Sascha Rieger für die sorgfältige Bearbeitung der Texte.

St. Gallen, im März 1995   *Bruno Gehrig*

Nils Hagander

Private Banking 2000: Diskontinuitäten und Erfolgspositionen

Der einleitende Beitrag analysiert das veränderte Kundenverhalten, neue Strategien der Anbieter, den Wandel der Rahmenbedingungen und technologische Innovationen als grundlegende Faktoren, die Anpassungszwänge schaffen. Ausgeprägter als in der Vergangenheit – so die Konklusion – werden die Art der Kundensegmentierung und das Management der Distributionskanäle die entscheidenden Erfolgsfaktoren sein.

Mit dem Private Banking erwirtschaften die Schweizer Banken heute fast 30% ihrer Gesamterträge von 33 Milliarden Franken. Es ist damit nicht nur ein bedeutendes, sondern insgesamt auch ein sehr profitables Geschäft. Im Durchschnitt erzeugt das Private Banking einen Return on Equity von über 30%, ein sehr günstiger Wert im Vergleich zu den anderen Geschäftssparten, sei es der Handel, das Grosskundengeschäft und insbesondere auch das Geschäft mit kleinen Firmenkunden und das Retail Banking. Als Messgrösse fast noch wichtiger ist aus unserer Sicht der "Return pro Kadermitarbeiter", denn qualifiziertes Personal ist ein knappes Gut. Auch hier schneidet das Private Banking mit einem Ergebnis von rund 800'000 Franken pro Direktionsmitglied vorteilhaft ab. Nur der Handel kommt auf ein ähnliches Resultat, während Führungskräfte in den anderen Geschäftssparten deutlich weniger "Return" bringen. Insgesamt zeigt das Private Banking also ein positives Bild. Und dennoch ist es sinnvoll, sich zu überlegen, wie die Privatbank im Jahre 2000 aussehen wird: Das Private Banking in der Schweiz steht vor einer Phase tiefgreifenden Umbruchs. Noch ist es für eine endgültige Prognose über die zukünftige Bank zu früh. Anzeichen sind aber zu erkennen, manche Tatsachen stehen fest und lassen erste Überlegungen zu.

1 Diskontinuitäten in vier Bereichen

Aus unserer Sicht sind vier Bereiche des Private Banking von einem tiefgreifenden Wandel betroffen:

→ Die *Kunden*. Der Kunde hat immer höhere Ansprüche und ist gegenüber seiner Bank und dem ihm zugewiesenen Bankberater insgesamt weniger loyal. Für die Banken bedeutet dies steigende Fluktuation der Kunden und damit höhere Marketing- und Akquisitionskosten. Zudem werden die Anlagebedürfnisse der Kunden immer differenzierter. Die bessere Transparenz, die wir insbesondere den zahlreichen Finanzzeitschriften verdanken, lässt die Kunden auch preisbewusster werden. Das gilt vor allem für Kunden im Domestic Private Banking, immer mehr aber auch bei Privatkunden im Off-shore-Bereich.

→ Die *Anbieter*. Die Anbieter selber tragen wesentlich zur Diskontinuität bei: Auf Stufe Finanzplatz herrscht ein aktiver Wettbewerb. Die Schweiz scheint heute noch immer Vorteile zu haben, aber Finanzplätze wie London, Singapore, New York, Hong Kong, Luxemburg holen auf. Auf der Angebotsseite ist auch die Konkurrenz zwischen Domestic und Off-shore Private Banking zu erwähnen. Traditionelle Standortvorteile der Schweiz – ein stabiles Währungsumfeld, Garantie freien Kapitalverkehrs und politische Stabilität – bestehen zwar noch, der Abstand zu umliegenden Ländern ist jedoch klar geringer geworden.

Wir gehen heute davon aus, dass der Domestic Private-Banking-Markt, d.h. Private Banking für Kunden mit Vermögen in ihrem Herkunftsland, stärker wachsen wird als das Off-shore-Geschäft. Damit entsteht eine neue Kategorie von Konkurrenten. In der Schweiz sind im Off-shore-Geschäft in den letzten Jahren einige Konkurrenten sehr aggressiv aufgetreten. Ausländische Konkurrenten wie die Private-Banking-Tochter der Citibank, Natwest oder aber Goldman Sachs zeigen heute ein sehr starkes Profil auf dem Schweizer Bankenplatz. Sie werben den Schweizer Banken Mitarbeiter ab und positionieren sich im direkten Wettbewerb, um Marktanteile aufzubauen. Auch Schweizer Institutionen haben gezielt Strategien implementiert, sei es zur Verbesserung der Ertragskraft, sei es zur Erhöhung des Marktanteils. Insgesamt ist das Geschäft interessanter geworden, der Kunde hat mehr Auswahlmöglichkeiten, und die Ansprüche an die Privatbanken nehmen zu.

- → Die *Rahmenbedingungen*. Veränderte Rahmenbedingungen führen zu einer Erosion der Absprachen und damit zu einer völligen Deregulierung der Konditionen des Geschäfts. Die fortschreitende Globalisierung der Finanzmärkte stellt zudem neue Anforderungen an die Banken, auf der Seite der Produkte wie auch der Kundenbetreuung. Alles in allem machen steuerliche Rahmenbedingungen, die weiterhin bestehende relative Ineffizienz des Kapitalmarktes und die immer wieder auftretende Infragestellung des Bankgeheimnisses den Standort Schweiz weniger attraktiv.
- → Die *Technologie*. Diskontinuitäten zeigen sich auch auf der technologischen Seite. Die technischen Möglichkeiten werden zwar insgesamt immer besser, sie führen aber zu einer permanent steigenden Kapitalintensität des Geschäfts. Die technischen Fortschritte insbesondere im Bereich der Kommunikation lassen zudem den Informationsvorsprung der Banken gegenüber ihren Kunden immer geringer werden.

Zusammen erzeugen diese Entwicklungen einen grossen Druck auf Veränderung des Private-Banking-Geschäfts, und entsprechend gross sind die Erwartungen.

2 Traditionelle Vorteile der Schweiz im Off-Shore-Geschäft

Das Private Banking war ursprünglich geprägt durch das Angebot von Sicherheit und Diskretion und somit das Off-shore-Geschäft. Nach unseren Schätzungen bestehen weltweit rund 3'000 Mia. Franken an Off-shore plazierten Vermögen. Von diesem grossen, sehr interessanten Geschäftspotential kontrolliert die Schweiz schätzungsweise 35–45%. Massgebliche Konkurrenten sind London und Luxemburg, aber auch nordamerikanische und in immer grösserem Umfang asiatische Off-shore-Plätze. Die Schweiz hat klare Wettbewerbsvorteile im Off-shore Private Banking. Grösstes und wichtigstes Asset ist der heutige Bestand von etwa 1'200 Mia. Franken ausländischer Kundengelder. Dann die über eine Million persönlicher, sehr tiefer Kundenbeziehungen, die von schätzungsweise 5'000 erfahrenen Anlageberatern gepflegt werden. Zudem besteht ein Netz von Vermittlern im Ausland und eine anerkannte Tradition in der internationalen Vermögensverwaltung. Im Konkurrenzkampf der Off-shore-Finanzplätze gewinnt die Schweiz nach Punkten noch immer, was aus verschiedenen Gründen jedoch nicht selbstverständlich ist.

3   Wachsende Bedeutung des Domestic Private Banking

Domestic Private Banking gewinnt rasant an Bedeutung. Insgesamt schätzen wir den weltweiten Private-Banking-Markt auf über 10'000 Mia. Franken. 70-80% dieser Vermögen sind on-shore, d.h. domestic, 20-30% sind als off-shore zu klassieren. Vier Faktoren sprechen dafür, dass Domestic Private Banking immer mehr zu einer Alternative des Off-shore Banking wird:

→ Zumindest in der Europäischen Union ist der freie Kapitalverkehr gesichert. Auch wenn es diesbezüglich z.B. in Italien noch zahlreiche Einschränkungen gibt, nimmt das Vertrauen der Anleger zu, dass der Staat effektiv die freie Verfügung über das eigene Vermögen im In- und Ausland garantiert. Die Motivation, Gelder ausser Landes zu bringen, nimmt daher ab, obwohl paradoxerweise die Möglichkeiten dazu tendenziell steigen.

→ Service- und Dienstleistungsangebote der Banken im europäischen und amerikanischen Raum haben sich signifikant verbessert. Wir sind überzeugt, dass Schweizer Banken aufgrund der ausgezeichneten Fähigkeiten ihres Personals noch immer einen Vorsprung aufweisen, auch wenn die relativen Unterschiede kleiner werden.

→ Das politische Umfeld hat sich insbesondere in Europa mit der europäischen Integration und nach dem Fall des Eisernen Vorhangs kontinuierlich stabilisiert. In der Hoffnung, dass dies in der Zukunft so weitergeht, müssen wir anerkennen, dass der Konkurrenzvorteil eines "Safe Haven" relativ zur lokalen Anlage von Geldern an Attraktivität verliert.

→ Die Inflationsbekämpfung und damit die Geldwertstabiliät sind heute prioritäres Ziel aller Nationalbanken. Die Erfolge der europäischen Länder im Rahmen des Europäischen Währungssystems, aber auch der Nationalbanken, sei es in Südamerika, sei es in ehemaligen Ostblockländern, lassen sich durchaus sehen. Wir dürfen davon ausgehen, dass zukünftig die Flucht ins Ausland im Sinne einer Flucht vor der Geldentwertung an Bedeutung verliert.

Das Private Banking ist heute geprägt durch die Konkurrenz zwischen Off-shore und Domestic Private Banking. Wichtigstes Differenzierungskriterium zwischen den Banken ist der Service und die Fähigkeit, eine erstklassige Performance auf den verwalteten Vermögen nachzuweisen. Performance wird nicht nur wichtiger, sondern auch schwieriger zu erzielen. Eine Analyse typischer Private-Banking-Portfolios der 70er

Jahre zeigt, dass die Asset Allocation stark schweizerfranken-lastig war und dass zudem der Schweizerfranken gegenüber den Lokalwährungen der Auslandkunden systematisch Kursgewinne verzeichnete. Wir gehen davon aus, dass ein bedeutender Teil der Gesamtperformance der Auslandkunden-Konten den Kursgewinnen des Schweizerfrankens zu verdanken war.

In den 80er Jahren hat sich dies klar geändert. Asset Allocation erfolgt heute nach Benchmarks in Abhängigkeit der Basiswährung der Kunden, und der Schweizerfranken gewinnt nicht mehr systematisch an Wert gegenüber den Lokalwährungen der Kunden. Demgegenüber steht eine zunehmende Orientierung an den Aktien- und Bond-Indices. Es gilt nun also, die Performance durch eine erstklassige Titelselektion resp. Fondsselektion sicherzustellen. Dazu ist eine konsistente, klare Anlagepolitik erforderlich, aber auch ein mit eiserner Disziplin umgesetzter Investmentprozess, gute Research-Fähigkeiten (eigene oder zugekaufte) und Kollektivanlagen, die über eine ausgezeichnete Performance verfügen.

Das Angebot von Domestic-Private-Banking-Dienstleistungen bedingt ausserdem eine Präsenz vor Ort. Diese geographische Dimension kommt in der Matrix in Abbildung 1 zum Ausdruck:

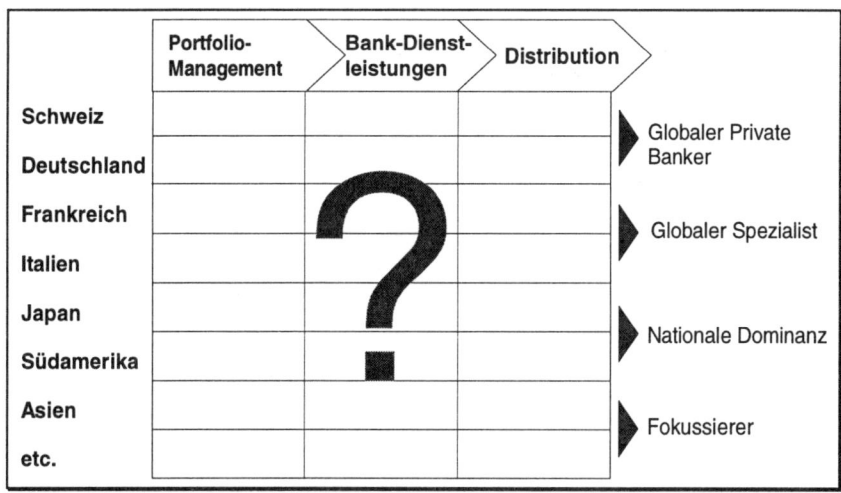

Abbildung 1: Denkbare Strategien im Domestic Private Banking

Dem Geschäftssystem des Private Bankers (Portfoliomanagement, Angebot von Basisdienstleistungen und natürlich die Distribution, d.h.

der eigentliche Kundenkontakt) sind vertikal die für Domestic-Private-Banking-Strategien prioritären Ländern gegenübergestellt. Neben der Schweiz scheinen insbesondere Deutschland, Frankreich und Italien interessant, aber auch Japan und selektiv südamerikanische und asiatische Länder sind denkbar. In diesem Spielfeld sind nun Strategien zu definieren. Sie werden stark davon abhängig sein, wieviel Mittel eine Bank bereit ist, für Domestic Private Banking einzusetzen, was die Voraussetzungen für eine Präsenz vor Ort sind, und wie gross das Synergiepotential des übergreifenden Banking geschätzt wird. Aus unserer Sicht sind vier strategische Modelle denkbar:

→ Der *globale Private Banker* bietet in den wichtigsten Ländern sämtliche Domestic Private-Banking-Dienstleistungen vom Portfoliomanagement bis zur Distribution an. Die Frage ist, für wie viele globale Spieler es im heute verfügbaren Markt Platz gibt.

→ Der *globale Spezialist* pickt sich aus dem Geschäftssystem eine Funktion heraus und baut darauf seine Rolle auf. Denkbar ist etwa, Portfoliomanagement oder Abwicklungs-Dienstleistungen für andere Banken zu übernehmen.

→ Die *geographische Konzentration* auf ein bestimmtes Land ist eine andere Strategie. Im Bereich Portfoliomanagement und eventuell auch bei den Bankdienstleistungen sind länderübergreifend Synergien durchaus realisierbar. Andererseits glauben wir, dass auf der Kundenseite nur ausgewählte Segmente echt internationale Domestic Private-Banking-Bedürfnisse haben. Ein Grossteil der Kunden wird sich durchaus mit einer exzellenten, starken nationalen Privatbank zufrieden geben.

→ Als letzte denkbare Strategie ist der *Fokussierer* zu erwähnen. Damit ist eine Bank oder Organisation gemeint, die sich auf der Matrix ein oder zwei kleine Felder heraussucht und sich darauf konzentriert. Ein Beispiel wäre ein Allgemeiner Wirtschafts-Dienst, der sich in Deutschland auf Distributionsdienstleistungen konzentriert; ein anderes Beispiel sind Asset-Management-Spezialisten, die bestimmte Fondsprodukte erzeugen und dann über andere Banksysteme vertreiben lassen.

Aus diesem Menü möglicher Strategien gilt es, die auf die Stärken der Bank zugeschnittene und von ihr finanzierbare Strategie auszuwählen. Alle Strategie-Modelle erscheinen aus heutiger Sicht möglich. Wir glauben, dass alle ganz wesentliche Chancen bieten.

4 Zukünftige Strategie im Private Banking

Was wird nun den zukünftigen Erfolg einer Private-Banking-Strategie bestimmen? Wir glauben, dass sich der Wettbewerb zukünftig im Marketing und in der Distribution abspielen wird. Die Fähigkeit, den Markt zu seinen Gunsten zu segmentieren und den Kunden über spezifische Distributionskanäle zu erreichen, wird zum entscheidenden Erfolgsfaktor. Unterschiede wird es in der Definition des Marktes geben. Es ist jedoch denkbar, dass sich einzelne Wettbewerber auf ausgewählte Elemente der Wertschöpfungskette konzentrieren werden.

4.1 Marktsegmentierung

Der Private-Banking-Markt wird in Zukunft viel präziser segmentiert als heute. Marktsegmentierungs-Fähigkeiten werden damit zu einem grundlegenden Erfolgsfaktor. Heute verwendete Segmentierungsansätze, die uns bekannt sind, unterscheiden insbesondere nach Grösse der Kunden und nach Herkunft resp. Risikofähigkeit der Kunden. Zudem konzentriert sich die Segmentierung mancher Banken auf den Kundenstamm, d.h. auf das bereits akquirierte Geschäft, viel weniger jedoch auf den potentiellen Markt.

Hier einige Beispiele möglicher Segmentierungsansätze für die vier beschriebenen Strategien: Ein Segment für den globalen Private Banker wäre z.B. die Kundschaft mit Bedürfnissen nach überregionalem Private-Banking. Citibank beispielsweise spricht dieses Segment der "Super High Networth Individuals", die Private-Banking-Bedürfnisse in mehreren Ländern haben, ganz gezielt an. Kundensegmente mit spezifischem Kaufverhalten – z.B. Kunden, die bereit sind, Private-Banking- oder Finanzdienstleistungen über Telefon oder andere alternative Medien einzukaufen – könnten dagegen ein Segmentierungsansatz für einen globalen Spezialisten sein. Für den Fokussierer bietet sich als wichtiges Segmentierungskriterium etwa der Lebenszyklus oder bestimmte Ereignisse an. Der Aussendienst gut geführter Versicherungsgesellschaften ist zum Beispiel bezüglich Segmentierung und Akquisition nach Ereignissen bedeutend weiter fortgeschritten als die uns bekannten Privatbanken.

4.2 Distributionskanäle

Die immer feinere Segmentierung des Marktes und die gleichzeitig zunehmende Konkurrenz zwischen Instituten, welche Finanzdienstleistungen anbieten, führt zu einem härteren Wettbewerb unterschiedlicher Distributionskanäle. Neben dem traditionellen Bankkanal profilieren sich heute im Domestic Private Banking insbesondere unabhängige Vermögensverwalter, dann die Aussendienste von Lebensversicherungen, die teilweise sehr attraktive, steuereffiziente Produkte anbieten, und schliesslich Finanzplaner, die insbesondere in den USA und in England Erfolg haben, für die wir aber durchaus auch in Kontinentaleuropa ein Potential sehen. Interessant ist auch der grosse Erfolg der Strukturvertriebe und Direktvertriebe in den letzten Jahren. Natürlich überwiegt der traditionelle Bankkanal noch immer. Wir sind aber überzeugt, dass der Bankkanal bedeutende Marktanteile an alternative Kanäle verlieren wird. Damit entsteht eine ganz neue Dimension des Wettbewerbs: der Kampf um den eigentlichen Kundenkontakt.

4.3 Konzentration auf eigene Stärken

Wie wir gesehen haben, verlangen die zukünftigen Strategien vermehrt nach lokaler Präsenz auch in anderen Ländern, und neue Erfolgsfaktoren wie Kundensegmentierung und Distributionsfähigkeit kommen hinzu. Privatbanken sollten sich demnach in Zukunft vermehrt auf ihre Stärken konzentrieren.

Im Vergleich mit anderen Industriesektoren erbringen die Banken, wie auch die Versicherungen, einen wesentlich grösseren Anteil ihrer Wertschöpfung selber. Die Maschinenindustrie und ganz besonders die Elektronikindustrie konzentriert sich auf ca. 20% der Gesamtwertschöpfung. Pharma und Prozessindustrien sind mit ca. 50% Eigenwertschöpfung und ca. 50% Fremdwertschöpfung etwas weiter integriert, während die Dienstleistungsunternehmen in der Regel noch fast die gesamte Wertschöpfung selber erbringen.

Die Privatbank des Jahres 2000 wird sich unserer Ansicht nach die Make/Buy- oder besser die Buy/Make-Frage bewusst stellen müssen. Der Bankier wird sich auf seine effektiven Stärken, zum Beispiel im eigentlichen Kundenkontakt, konzentrieren und sein Geschäftssystem nicht mit einem Produktionsapparat belasten, der ihm bei der Differenzierung im Markt eher hinderlich ist. Die Tatsache, dass heute die meisten Schnittstellen zwischen Bankdienstleistungen standardisiert sind und die Kommunikation immer besser und preiswerter wird, unterstützt diesen Trend ganz klar. Insgesamt führen Make/Buy-Strategien zu einer verbesserten Effizienz des Ressourceneinsatzes, sei es Kapital oder Management-Talent.

Wie soll nun über die Make/Buy-Strategie entschieden werden? Eine Antwort gibt die Entscheidungsmatrix in Abbildung 2, die den Fähigkeiten auf der vertikalen Achse die Erfolgsfaktoren auf der horizontalen Achse gegenüberstellt.

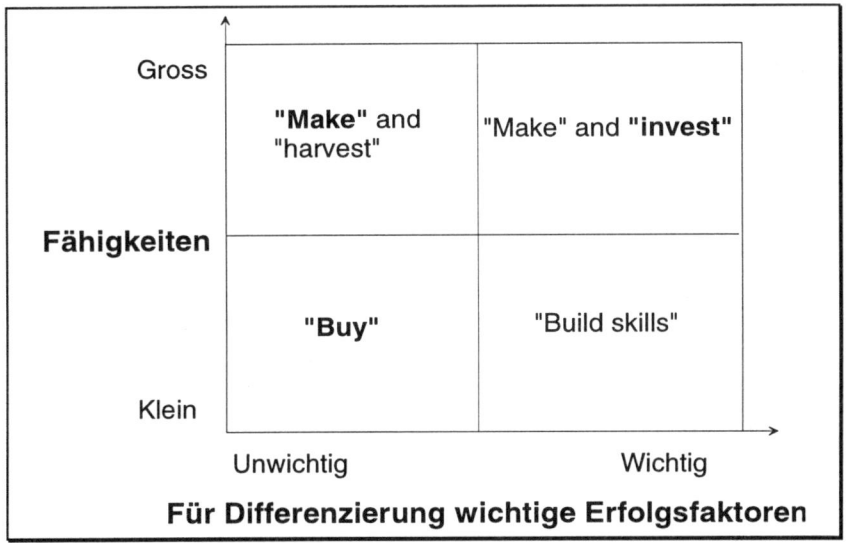

Abbildung 2: Aufbau und Konzentration auf eigene Stärken

→ Leistungen, welche die Bank selbst nicht gut erbringen kann, zum Beispiel wegen fehlender kritischer Masse, und die für Kunden zwar notwendig, aber nicht entscheidend sind, können eingekauft werden (Feld links unten). Aus Sicht einer Privatbank ist hier zum Beispiel an Custody Services zu denken.

→ Eine "Harvest"-Strategie scheint für Aufgaben am Platz, die die Bank zwar gut kann, die für die strategische Position am Markt aber nicht entscheidend sind (Feld links oben). Ernten heisst, das Preisniveau zu halten und keine weiteren Investitionen zu tätigen. Beispiel für dieses Feld sind manche historisch gewachsene oder auf bestimmte Personen zugeschnittene Aktivitäten wie etwa der Handel. Aus Sicht des Managements ist hier nur sicherzustellen, dass solche Aktivitäten keine Entscheidungskapazität absorbieren und kein zukünftiges Kapital oder zum Beispiel EDV-Projektressourcen binden.

→ Kritisch sind Aktivitäten, die für die Kunden der Bank wichtig sind, für die die Bank aber nicht ausreichend befähigt ist (Feld rechts unten). Hier muss rasch gehandelt werden. Dabei ist der Aufbau von Fähigkeiten nur eine Möglichkeit, denkbar sind auch strategische Allianzen oder langfristige Verträge mit Lieferanten. Beispiele solcher Lücken sind fehlende Kontrolle der Distributionskanäle oder Lücken im Portfoliomanagement.

→ Der strategisch wichtigste Bereich der Bank sind jene Schlüsselfähigkeiten, die einen hohen Kundennutzen bringen und damit die Möglichkeit, sich am Markt zu differenzieren (Feld rechts oben). Diesem Bereich muss höchste Priorität in allen Entscheidungen eingeräumt werden. Interessant ist, dass bei sehr nüchterner Betrachtung dieses Feld gar nicht so gross ist. Aus unserer Sicht gehören zu dieser Kategorie insbesondere sämtliche Aktivitäten im direkten Markt- und Kundenkontakt wie Akquisition, Beratung und die strategische oder taktische Allokation von Assets.

4.4 Marktorientierung

Eine klare Ausrichtung auf den Kunden ist der vierte wesentliche Aspekt einer zukünftig erfolgreichen Private-Banking-Strategie. Für eine Bank stellen sich hier mehrere Fragen:

Marketing
→ Ist die Marktsegmentierung wirklich marktorientiert oder wird "nur" der aktuelle Kundenstamm segmentiert?
→ Kennt die Bank die Bedürfnisse ihrer Kunden? Haben sich diese gewandelt?
→ Werden alle relevanten Kundeninformationen systematisch gesammelt? Wieviel dieser Information ist nur in den Köpfen der Kundenbetreuer vorhanden?

Distribution
→ Kontrolliert die Bank den Kontakt zum Kunden wirklich?
→ Löst sie die Kundenbedürfnisse umfassend, oder spricht der Kunde auch mit anderen Beratern?
→ Verfügt sie über Know-how mit alternativen Distributionskanälen?

Produkte
→ Sind die Produkte kundenorientiert und unterscheiden sie sich positiv von jenen der Konkurrenz?
→ Ist das Pricing kostendeckend und reflektiert es den Kundennutzen?
→ Sind die Preispotentiale im Vergleich zur Konkurrenz ausgeschöpft, oder wird unnötig Discount gewährt?

Prozesse und Organisation
→ Konzentriert sich die Bank auf das Private Banking?
→ Wird Make/Buy als eine Alternative betrachtet?
→ Sind die Mitarbeiter den Herausforderungen der Zukunft gewachsen?
→ Ist der Führungsstil transparent und teamorientiert?

Wenn Sie diese Fragen im Sinne Ihrer Kunden befriedigend beantworten können, haben Sie einen wesentlichen Schritt zur Zukunftssicherung geleistet.

Bruno Gehrig

Qualitätsmanagement im Private Banking

Die weltweit führende Stellung des Finanzplatzes Schweiz im Crossborder Private Banking ist vielfältigen kompetitiven Angriffen ausgesetzt, die absehbar zunehmen werden. Umso wichtiger scheint die rigorose Implementierung eines systematisch auf den Kundennutzen ausgerichteten Qualitätsmanagement. Der Beitrag stellt ein Vorgehenskonzept dar. Dabei wird deutlich, dass der Auswahl, Ausbildung und dem effizienten Einsatz der Kundenbetreuer(innen) entscheidendes Gewicht zukommen muss.

Spätestens seit 1990 steht der Finanz- und Bankplatz Schweiz im Zeichen seines folgenschwersten Restrukturierungsprozesses seit den Dreissiger Jahren. Was sich abspielt, ist nicht nur eine Renovation, sondern ein schwieriger Umbau, der auch vor dem Mauerwerk nicht Halt macht. Primär betroffen ist das Inlandgeschäft, gekennzeichnet durch eine Qualitätserosion von Ausleihungsportfolios und nachhaltig geprägt durch eine auf die Dauer kommerziell nicht zu rechtfertigende Ressourcenbindung in der Distribution. Auch auf diesem Hintergrund kommt der gegenwärtigen und zukünftigen Profitabilität des Vermögensverwaltungsgeschäfts besondere Bedeutung zu. Sie ist entscheidend für viele gegenwärtig auf Mischrechnungen angewiesene Mehrproduktinstitute ebenso wie für die Branche als Ganzes, deren Stabilität und volkswirtschaftliche Stellung durch die Ertragskraft der Vermögensverwaltung positiv beeinflusst wird.

1 Verpflichtendes Erbe

Tatsächlich bildet die Vermögensverwaltung eine der imposantesten „success stories" in der Entwicklung der schweizerischen Volkswirtschaft. Im Zusammenwirken beeindruckender unternehmerischer Leistungen mit augenfälligen Standortvorteilen und glücklichen situativen Zufälligkeiten entstand als attraktives Erbe der heutigen Generation eine kommerziell starke Position. Ihre quantitative Erfassung bereitet allerdings etwelche Schwierigkeiten, weil umfassende Angaben zu den anvertrauten Vermögenswerten fehlen. Immerhin lassen die durch eine jedes Jahr etwas grössere Zahl von Banken publizierten Depotwertzahlen und Hochrechnungen aus den Kommissionserträgen eine Schätzung der Grössenordnung zu. (Abbildung 1)

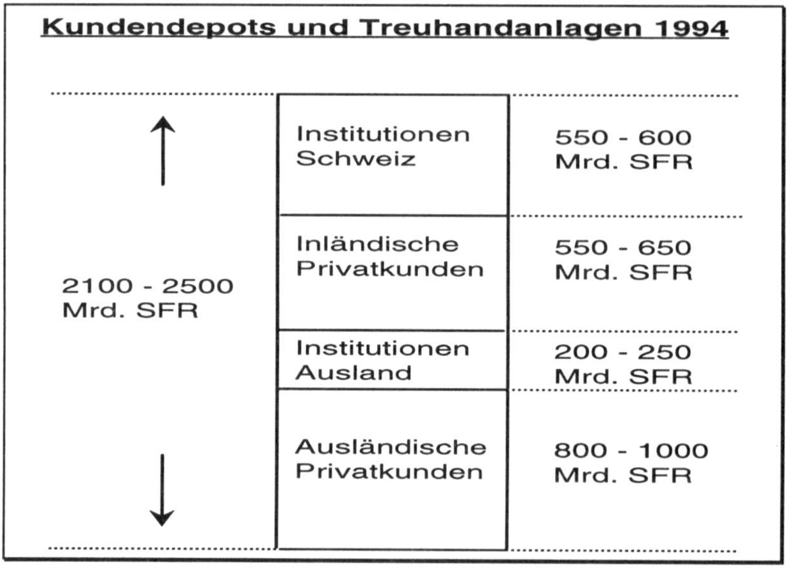

2100 - 2500 Mrd. SFR	Institutionen Schweiz	550 - 600 Mrd. SFR
	Inländische Privatkunden	550 - 650 Mrd. SFR
	Institutionen Ausland	200 - 250 Mrd. SFR
	Ausländische Privatkunden	800 - 1000 Mrd. SFR

Kundendepots und Treuhandanlagen 1994

Abbildung 1: Kundendepots und Treuhandanlagen 1994

Demnach beläuft sich das Total der den in der Schweiz domizilierten Banken anvertrauten Kundengelder auf SFR 2'100 bis 2'500 Mrd. Davon dürften je etwa die Hälfte auf Kunden mit Domizil Schweiz und Ausländer entfallen. Im Inland machen die institutionellen Vermögen mit rund SFR 600 Mrd. zirka die Hälfte aus. Dies wird sich absehbar ändern, weil insbesondere die zweite Säule zu hohen Wachstumsraten des institutionellen Inlandteils beitragen wird. Demgegenüber nimmt der Bankplatz Schweiz in der Verwaltung institutioneller Auslandvermögen keine herausragende Position ein. Wichtigste Gründe dafür sind die Stempelsteuer, die lange Zeit behindernde Gesetzgebung über Anlagefonds und die in diesem Kundensegment untergeordnete Bedeutung des

Standortvorteils Bankgeheimnis. Den kommerziellen Kern der Vermögensverwaltung in der Schweiz bilden zweifellos die ausländischen Privatkunden. Nicht nur weil auf sie knapp die Hälfte der Vermögenswerte entfallen. Ertragsbezogen ist insbesondere wichtig, dass in diesem Bereich im Vergleich zu den inländischen Privatkunden das durchschnittliche Kundenvermögen und der Anteil der Depots mit Verwaltungsvollmacht deutlich höher liegen.

Gemäss einer durch Chase initialisierten Studie nimmt die Schweiz im Cross-Border Private Banking die klar führende Stellung ein. (Abbildung 2)[1].

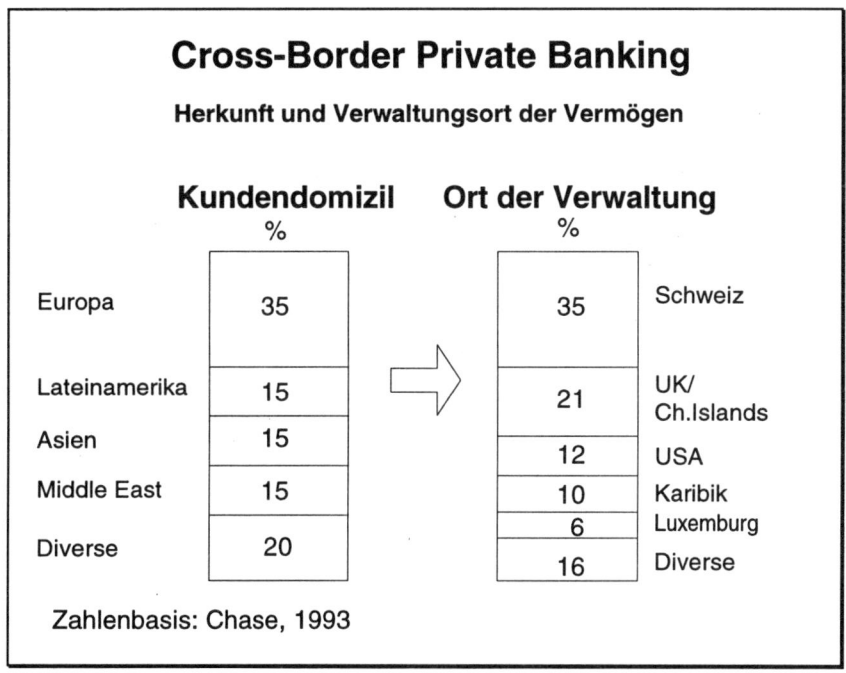

Abbildung 2: Cross-Border Private Banking

Demnach legten 1993 High Net Worth Individuals Finanzaktiven im Wert von $ 2'100 Mrd. bei Finanzdienstleistern ausserhalb ihres Domizillandes an. Die geschätzten Angaben zur geografischen Herkunft und Destination dieser Vermögen illustrieren die besondere Bedeutung Europas bezüglich der Herkunft und vor allem für die Verwaltung dieser Vermögen. Der globale schweizerische Marktanteil von 35% entspricht Vermögenswerten von etwa $ 735 Mio. und liegt in der Grössenordnung der eigenen Schätzung von SFR 800 - 1'000 Mio. Jedenfalls bringt er zum Ausdruck, dass der Finanzplatz Schweiz als Exporteur von Dienstleistungen an wohlhabende Privatkunden auch in den globalen Proportionen die Spitzenstellung belegt. Sie ist das Resultat eines über 200-jährigen Bemühens, das durch keine schwerwiegenden Erschütterungen unterbrochen wurde. Vom weitgehend bilanzunwirksamen Ertragsstrom dieser Aktivität profitieren die Banken und andere Vermögensverwalter in unterschiedlichem Mass. Insbesondere fällt auf, dass die Kantonal-, Regional- und Raiffeisenbanken auf dieser Bühne keine Hauptrollen spielen.

Es gehört zu den Charakteristika dieser ertragskräftigen, aber deswegen kompetitiv heftig umstrittenen Geschäftsart, dass die Kunden kurzfristig wenig mobil sind. Eingespielte, oft über Generationen gewachsene Beziehungen schwinden weniger rasch und unvermittelt dahin wie in einem Transaktionsgeschäft, beispielsweise im Handel oder bei den Emissionen. Das hat offensichtliche Vorteile für etablierte Häuser und Nachteile für ambitiöse Neulinge. In bezug auf die Verteidigung erreichter Positionen ist tückisch, dass Leistungsschwächen nicht sehr rasch als Warnlichter im Management-Informationssystem zum Ausdruck kommen. Da drohen zwischen den Anfängen eines Leistungsdefizits und dem korrigierenden Massnahmeneinsatz folgenschwere Zeitverzögerungen. Umso unerlässlicher ist im Private Banking das kontinuierliche Bemühen um eine optimale Dienstleistungsqualität.

2 Qualitätsoptimierung als Management-Fokus

Die durch ausländische Privatkunden erlebte Dienstleistungsqualität hängt von verschiedenen Faktoren ab. Bedeutungsvoll ist die Unterscheidung zwischen externen Leistungsfaktoren (Stabilität der Rahmenbedingungen, Bankgeheimnis, Konvertibilität) und den durch das Management kontrollierten Leistungsbeiträgen (Professionalität der Mitarbeiter, Pricing). Zweifellos sind letztere im vergangen Jahrzehnt für den Wettbewerbserfolg wichtiger geworden. Dies kommt auch in zwei 1986 und 1992 durchgeführten Delphi-Umfragen bei schweizerischen Bankiers zum Ausdruck. (Abbildung 3)[2]

Wurde 1986 die Professionalität hinter den externen Leistungsfaktoren politische Stabilität und Bankgeheimnis als drittwichtigster Faktor genannt, so rückte 1992 das Fachwissen als Erfolgsfaktor auf den ersten Platz vor. Gleichzeitig sahen die Befragten 1992 das

Bankgeheimnis und die politische Stabilität als zweit- bzw. drittwichtigsten „grossen Vorteil für die Wahl der Schweiz als Land für die Vermögensverwaltung". Ob auch die Kunden so urteilen würden, bleibe dahingestellt.

Hauptfaktoren für das Private Banking in der Schweiz		
	1986	1992
Politische Stabilität	1	3
Bankgeheimnis	2	2
Professionalität	3	1
Quelle: Arthur Andersen Delphi-Studien 1986 und 1992		

Abbildung 3: Hauptfaktoren für das Private Banking in der Schweiz

Sicher ist in jedem Falle, dass an einer auf die Kundenzufriedenheit ausgerichteten Strategie kein Weg vorbeiführt. Der Erkenntnis, dass es mit der speditiv-freundlichen Erledigung von Reklamationen sein Bewenden nicht haben kann, trägt das Qualitätsmanagement als Primärorientierung der Unternehmenstätigkeit an der Erfüllung von Kundenbedürfnissen Rechnung.[3]

Nicht zufällig erfährt die Systematik des Quality-Management auch bei Schweizer Banken in einer Zeit intensiveren Wettbewerbs auf Käufermärkten zunehmendes Interesse.

3 Analyse von Qualitätslücken

Auch im Private Banking bildet die optimal erreichte Kundenzufriedenheit das wichtigste gegenwärtige und zukünftige Wertschöpfungspotential. Qualitätsmanagement ist das systematische Bestreben des Unternehmens, diese grundlegende Erfolgsvoraussetzung permanent sicherzustellen.

Die Qualität von Private Banking Services ist keine objektiv-technische Kategorie. Vielmehr resultiert sie subjektiv beim Kunden aus dem Vergleich seiner Dienstleistungserwartung mit dem erlebten, durch die Bank geleisteten Service[4]. Ziel des Qualitätsmanagement muss es daher sein, Qualitätslücken zu identifizieren und zu verhindern.

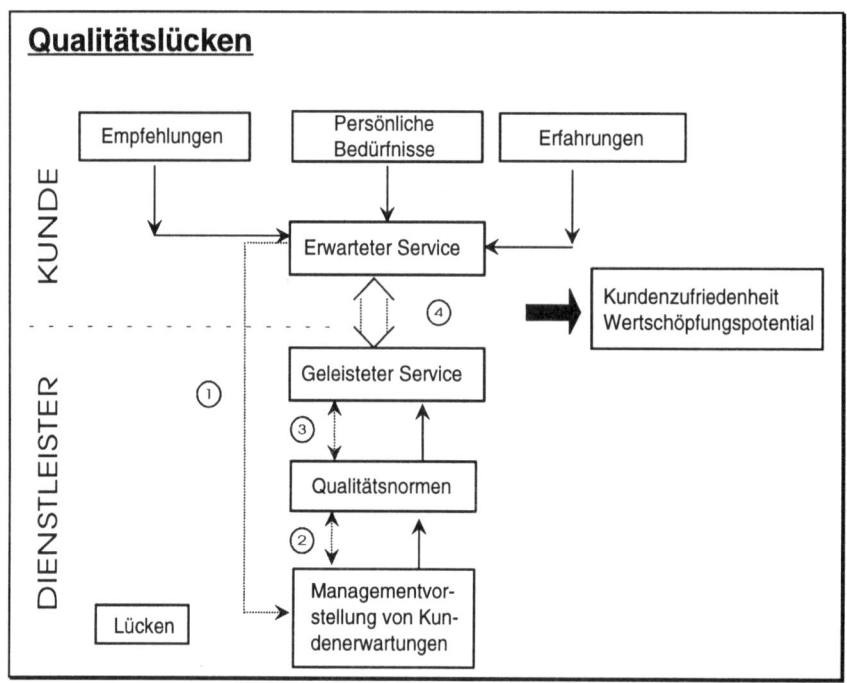

Abbildung 4: Qualitätslücken

Abbildung 4 illustriert die für das „Gap-Management" wichtigen Zusammenhänge. Die für die Kundenzufriedenheit massgebenden negativen Diskrepanzen zwischen erbrachten und erwarteten Dienstleistungen (4) werden in entscheidendem Masse verursacht durch die Wirkungslücken (1) - (3). Lücke (1) ergibt sich aus Fehlbeurteilungen des Management über das, was die Kunden erwarten. Sie spielt im Private Banking deswegen eine besondere Rolle, weil die Bank in diesem klassischen Individualgeschäft mit zahllosen unterschiedlichen Einzelsituationen konfrontiert ist. Zusätzlich liegt es in der Natur dieser auf persönlichem Vertrauen und Diskretion aufgebauten Aktivität, dass der Beratungsprozess zwischen Anlageberater und Kunde für das Management in bedeutendem Mass intransparent bleibt. Hierin liegt ein

Argument für die Forderung, dass im Private Banking auch die Chefs bis zu einem gewissen Grad in Kundenbeziehungen involviert sein sollten. Vor allem aber ist unverzichtbar, dass die Führung das durch die Kundenbetreuer laufend gewonnene Informations- und Erfahrungskapital systematisch nutzt. Lücke (2) führt zu Qualitätsproblemen, wenn die Umsetzung von Qlitätsvorstellungen in operationelle Ziele und Projekte widersprüchlich, einseitig oder unvollständig vorgenommen wird. In diesen Bereich gehören inadäquate Kompetenzen ebenso wie überrissene produktebezogene Zielvorgaben, unrealistische Betreuungslisten nicht weniger als ungenügend differenzierte Portfoliostrukturen. Ganz besonders im Private Banking entscheidet die Umsetzung an der Kundenfront über Erfolg oder Misserfolg im Wettbewerb (Lücke 3). Das vorbehaltlose, glaubwürdige Committment des Management zur Qualitätsorientierung ist eine notwendige, nicht aber zureichende Erfolgsbedingung. Nicht weniger kommt es darauf an, dass die Sensibilität und das Engagement für die kundenbezogene Qualitätsoptimierung das Denken und Handeln aller Mitarbeiter leitet. Nur als prägendes Charakteristikum der Unternehmenskultur kann die Qualitätsorientierung zu den bestmöglichen Ergebnissen führen. In diesem Prozess kommt dem Kundenbetreuer die Schlüsselrolle zu, wovon noch die Rede sein wird.

4   Analyse und Bewertung von Leistungsdimensionen

Das Quality Gap-Management setzt ein zuverlässiges Verständnis der Abhängigkeit der Kundenzufriedenheit von den verschiedenen Dimensionen der eigenen Dienstleistung voraus. Darin liegt die Basis jeglicher auf die Erhöhung des Kundennutzens ausgerichteten Strategie.

Das Problem liegt nicht darin, einen Katalog von Leistungsdimensionen zu identifizieren, deren bestmögliche Erfüllung höchste Kundenzufriedenheit sichert.

Die Abbildung 5 unterscheidet beispielsweise acht Dimensionen. Man könnte auch zwanzig Stichworte nennen, oder sich auf fünf beschränken. Solche Listen sind operativ insofern noch wenig hilfreich, als keine Bank bei allen Leistungsdimensionen Maximalwerte anstreben soll und unter Berücksichtigung kommerzieller Gegebenheiten erreichen kann. Niemand kann „in jeder Hinsicht führend" sein, auch wenn sich so manches Unternehmensleitbild mit solchen Floskeln ziert.

Leistungsdimensionen der Kundenzufriedenheit	
o Verständnis	o Sicherheit
o Fachkompetenz	o Kommunikationsfähigkeit
o Zuverlässigkeit	o Umfeldattraktivität
o Wirtschaftlichkeit	o Freundlichkeit

Abbildung 5: Leistungsdimensionen der Kundenzufriedenheit

Weitaus schwieriger und für die Umsetzbarkeit entscheidend ist es, pro Kundengruppe die für die Zufriedenheit dominanten Leistungsdimensionen zu definieren. Konzeptionell geht es um die Art des Zusammenhangs zwischen dem Erfüllungsgrad von Leistungsdimensionen und dessen Auswirkung auf die Kundenzufriedenheit. (Abbildung 6)[5]

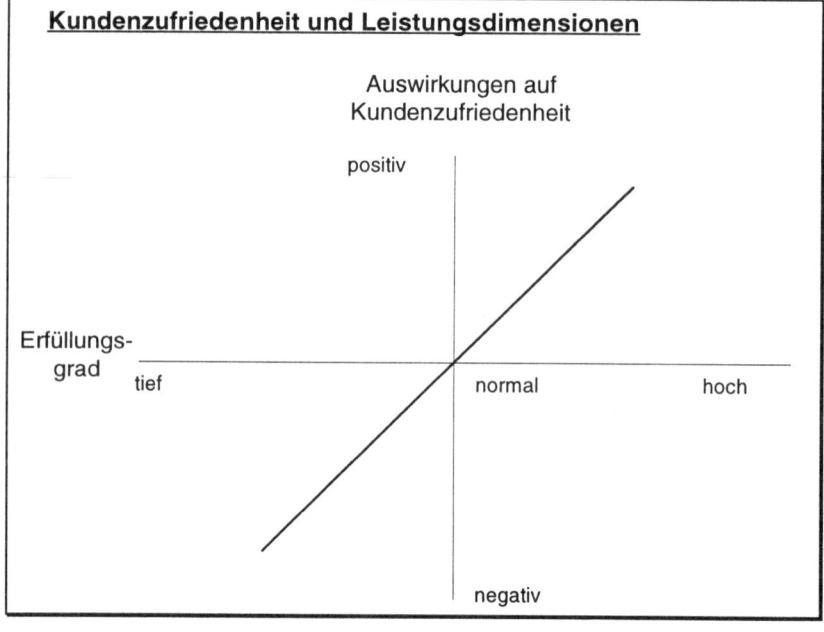

Abbildung 6: Kundenzufriedenheit und Leistungsdimensionen

Gewiss, maximal ist der Kundennutzen, wenn bezüglich aller Leistungsdimensionen möglichst hohe Erfüllungswerte erreicht werden, somit Positionen im oberen Quadranten rechts. Indessen macht Qualitätsoptimierung als praktisches Konzept nur Sinn, wenn sie fokussiert betrieben wird. Sie muss sich den Umstand zunutzemachen, dass die Kundenzufriedenheit auf unterschiedliche Art vom Erfüllungsgrad einzelner Leistungsdimensionen abhängt.

Im Private Banking sind insbesondere zwei Abhängigkeitsmuster zu unterscheiden, die man als „Killer"- und „Winner"-Elemente bezeichnen könnte. Mit der fehlerfreien Transaktionsabwicklung generiert keine Privatbank in relevantem Mass Kundenzufriedenheit und Wettbewerbsvorteile. Es lohnt sich nicht, in bezug auf diese Leistung einen relativ zum Markt überragenden Erfüllungsgrad anzustreben. Ein Platz „im Feld" genügt. Dagegen erweisen sich Erfüllungsgrade unterhalb des Marktstandards als Nutzen-Killer, weil sie die Kunden in höchstem Masse verärgern. Ähnliche Leistungsdimensionen sind etwa die Diskretion, die Erreichbarkeit des Kundenbetreuers oder das adäquate äussere Erscheinungsbild der Bank und ihrer Mitarbeiter. Für sie gilt in der Abbildung 7 der durch die gestrichelte Linie angegebene Zusammenhang zwischen Kundenzufriedenheit und Erfüllungsgrad. Offensichtlich bildet im Umgang mit diesen Killer-Elementen die Schadenvermeidung das entscheidende Prinzip.

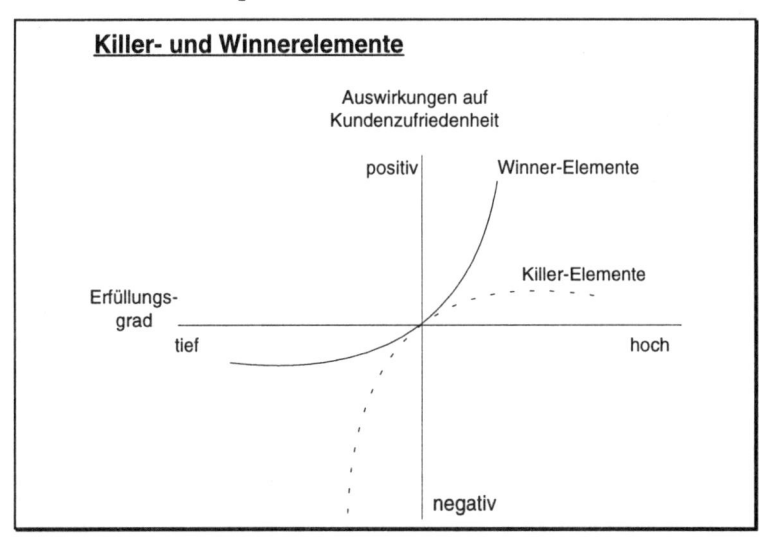

Abbildung 7: Killer- und Winnerelemente

Anders hängt die Kundenzufriedenheit ab von „Winner"-Elementen wie der individuellen Aufmerksamkeit, der Kompetenz zur integrierten Strukturierung von Vermögen, der Flexibilität in bezug auf ergänzende Services oder dem Potential zur Entwicklung einer langfristigen, freundschaftlichen Beziehung. Diese Leistungsdimensionen eignen sich als kompetitive Handlungs- und Differenzierungsparameter. Über Erwarten gute Leistungen führen zu hoher Kundenzufriedenheit und eröffnen der Bank interessante Wertschöpfungspotentiale.

Qualitätsmanagement im Markt muss auf dem optimierten Einsatz der unterschiedlichen Leistungsdimensionen beruhen. Im Private Banking kommt dabei der kundenindividuellen Ausgestaltung des Leistungsmix hohe Bedeutung zu. Zwar sind mehrere Leistungsdimensionen für alle Kunden von vergleichbarer Bedeutung und daher auf der Stufe des Unternehmens allgemein festzulegen, aber gerade im Bereich von „Winner"-Elementen muss dem individuellen Vorgehen hohe Bedeutung zukommen. Das in der Abbildung 7 wiedergegebene Schema lässt sich bei der Analyse einzelner Kundenbeziehungen oder in bezug auf Kundentypen einsetzen. Es zwingt zum Setzen von Prioritäten und führt zu Konklusionen mit Schwerpunkten, die sich als Basis eines fokussierten Marktauftritts eher eignen als undifferenzierte Listen mit vielen Verbesserungsvorschlägen.

5 Der Kundenbetreuer als Schlüsselfigur

In der kompetitiven Positionierung der eigenen Leistungsqualität neigen Unternehmungen häufig zur Überschätzung von Qualitätsdifferenzen. Auch Banken glauben oft an Qualitätsunterschiede, die Kunden und Markt nicht wahrzunehmen vermögen. Umso wichtiger ist der rigorose Fokus auf die wenigen Leistungsdimensionen, in denen sich realistische Profilierungschancen bieten.

In diesem Unterfangen wird der Kundenbetreuer zur Schlüsselfigur. Nicht nur, aber vor allem er hat es in der Hand, der Kundenbeziehung jene Individualität und Einzigartigkeit zu geben, mit der sie gegenüber kompetitiven Angriffen nahezu immun, jedenfalls aber ertragreich wird. Private Banking ist das People's business, weil Vertrauen, Loyalität und Sympathie nur zwischen Menschen entstehen und bestehen können. Aber Private Banking ist auch ein Geschäft von Organisationen, weil der Kundenbetreuer nur in einem günstigen, unterstützenden Umfeld Spitzenleistungen erbringen kann. Zur optimierten Arbeitssituation gehören insbesondere vier Voraussetzungen.

→ *Informatikunterstützung:* Über die Kunden, Märkte und Produkte muss sich der Betreuer auf effiziente Art informieren können. Zwischen dem Erfüllungsgrad dieser Forderung und der Qualität der Kundenkontakte besteht ein folgenschwerer Zusammenhang. Mängel führen nahezu zwingend dazu, dass Kundenbesuche schlecht vorbereitet beginnen und der Betreuer während des Gesprächs kaum professionell und flexibel reagieren kann. Überdies wird die aus Kosten- und Motivationsgründen unerlässliche administrative Entlastung nur mit optimierter Informatik gelingen. Anbieter, die in der beratungsunterstützenden Informatik den Anschluss verpassen, werden mit fatalen Risiken konfrontiert sein.

→ *Produktesortiment:* Im Private Banking muss ein Produktesortiment zur Verfügung stehen, das die individualisierte Kombination zulässt. Das Wertschöpfungspotential einer Kundenbeziehung lässt sich umso besser erschliessen, je perfekter der Fit zwischen Kundenbedürfnissen und Dienstleistung gelingt. Diesen Match kann der Betreuer nur erreichen, wenn er produktebezogene Kombinationsfreiräume nutzen kann. Dies gilt auch für die optimale Wahl von Anlagestrategien, die immer weniger mit zwei oder drei Mustern auskommen kann. Die Efficient Frontier besteht aus einer Vielzahl von Risiko-Ertragskombinationen, und für viele Kunden sind Downside-Risiken viel wichtiger als Upside-Chancen, was sich mit symmetrischen Risikokonzepten nicht erfassen lässt.

→ *Lernkurveneffekte:* Ein Kundenbetreuer muss von Lernkurveneffekten profitieren können. Dies verlangt einerseits die zweckmässige Kundensegementierung pro Berater nach Kundentyp. Nur durch die gezielte Ausbildung und die erprobte Erfahrung aus ähnlichen Beratungssituationen kann ein spezifisches Know-How entstehen, das Spitzenleistungen ermöglicht. Anderseits hat jede Lernkurve eine Zeitachse. Von ihr kann die Bank nur profitieren, wenn sie die Berater langfristig einsetzen kann. Im Private Banking sind Beraterwechsel ernsthafte Schadensfälle, selbst wenn die betroffenen Kunden der Bank treu bleiben.

→ *Spezialistensupport:* Als Generalist mit begrenzten Kenntnissen des analytischen Rüstzeugs und einem Anwenderwissen der Spezialgebiete seines multidisziplinären Geschäfts ist der Berater auf den effizienten Spezialistensupport angewiesen. Dies verlangt unterstützendes Teamwork, das nicht zur bevormundenden Dominanz der spezialisierten Alleswisser verkommen darf.

Auch im Private Banking kommt es entscheidend und immer ausgeprägter auf die Performance des Portfolio Management an. Aber gleichzeitig fordert der Markt mehr Performance in der Beratung von Kunden, die nicht nur einen Vermögensverwalter, sondern einen finanziellen Berater suchen. Die Trends sind im Gange: Es verschieben sich die Gewichte von problemlosen, losgelöst von der Gesamtsituation des Kunden verwalteten „Stand-alone" Depots zu integrierten Betreuungsaufgaben. Fiskalische und familienbezogene Strukturierungsprobleme gewinnen an Bedeutung. Das Private Banking für Unternehmer, das zwingend kommerzielle Dienstleistungen einschliesst, weist überdurchschnittliche Entwicklungspotentiale auf. Schliesslich ist das Finanzwissen der Erben meist höher als das ihrer Väter.

Diesen Anforderungen kann nur entsprechen, wer fachlich und charakterlich kompetente Berater ausbilden, akquirieren und in den eigenen Reihen halten kann. Der Feststellung eines Genfer Bankiers, dass im Private Banking die Performance am Arbeitsmarkt über Sieg oder Niederlage entscheide, ist nichts hinzuzufügen.

6 Qualitätsoptimierung und Branchenstruktur

Qualitätsmanagement als kundenorientierte Optimierung von Dienstleistungsprozessen muss auch im Private Banking zu einer konsequent auf Erträge und Kosten ausgerichteten Restrukturierung von Abläufen führen. Vor allem sind es zwei wirtschaftliche Kräfte, welche dieses Reengineering steuern.

Die Abbildung 8 enthält eine grobe Unterscheidung der für das Private Banking relevanten Phasen des Wertschöpfungsprozesses. Als Tendenzaussagen dürften die graphisch angedeuteten Feststellungen zutreffen, dass die Betriebsgrössenvorteile der einzelnen Phasen von oben nach unten abnehmen, während sich die Wertschöpfungsintensität in der Stufenfolge umgekehrt verhält. Die Funktionen Kontoführung, Zahlungsverkehr und Wertschriftenverwaltung sind extrem fixkostenintensive Commodities. In bezug auf die Kundenzufriedenheit enthalten sie vorwiegend Killer-Elemente (Abb. 7). Sie tragen wenig zur Individualisierung im Markt bei. Es geht primär darum, diese Serviceteile in guter Qualität und möglichst billig bereitzustellen. Gänzlich verschieden sind die wirtschaftlichen Charakteristika der

Beratungs- und Betreuungsstufe. Dort positioniert sich das Unternehmen im Markt, erreicht es den entscheidenden Teil seiner Wertschöpfung. In dieser Funktion sind die Grössenvorteile von untergeordneter Bedeutung.

Wertschöpfung Private Banking

Prozessphasen — Grössenvorteile

- Kontoführung
- Zahlungsverkehr
- Wertschriftenverwaltung

- Execution
  - Wertschriften
  - Geldmarkt, Metalle
  - Devisen

- Portfolio Management

- Beratung
- Betreuung

Wertschöpfungsintensität

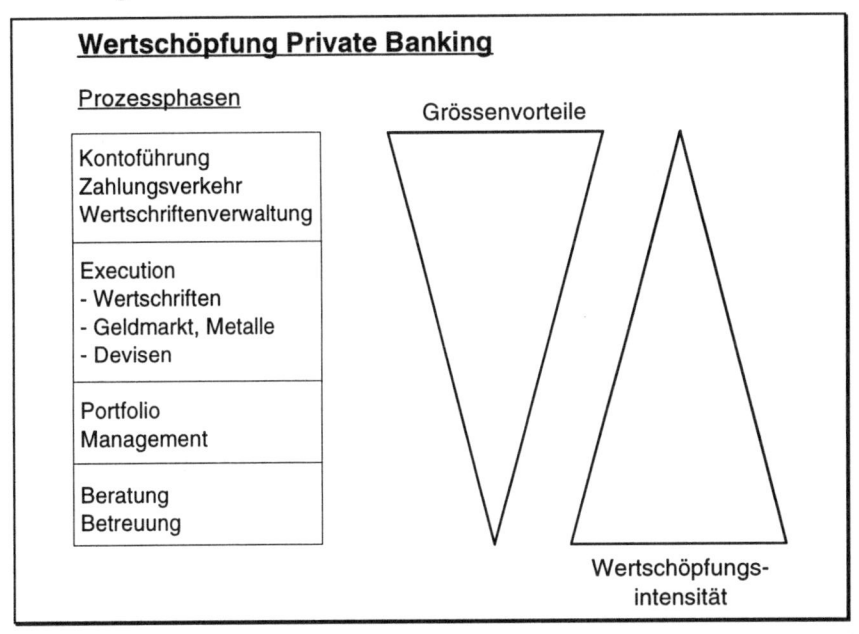

Abbildung 8: Wertschöpfung Private Banking

In einer Welt, die dank der Informatik die einzelnen Phasen separierbar gemacht hat, führt die Optimierung der Prozesse in den verarbeitenden Funktionen zur Konzentration, während sich die Beratungs- und Betreuungsfunktion durch eine fragmentierte Anbietervielfalt auszeichnet.

Wenn diese Tendenzaussagen zutreffen, ist auch im schweizerischen Private Banking noch mit erheblichen Umstrukturierungen zu rechnen. Zahlreiche Anbieter leisten sich eine viel zu umfassende Fertigungstiefe. Sie produzieren mit unzureichenden Volumia Serviceteile selbst, die sie anderswo weitaus billiger und ohne Nachteile für die Zufriedenheit ihrer Kunden beziehen könnten. Und umgekehrt nutzen Grossproduzenten von Verarbeitungsleistungen ihre Ertragspotentiale als Wholesalers noch nicht konsequent aus. Gewiss scheint, dass die Informatikentwicklung der näheren Zukunft diesen Desintegrationsprozess hin zu marktmässig vernetzten Strukturen stark beschleunigen wird.

Er wird getrieben sein durch einen auf den Kundennutzen ausgerichteten Entscheid über „Make" oder „Buy".

7 Schlussbemerkungen

Unter zahlreichen Aspekten wird das Private Banking den Pressionen des wirtschaftlichen Wandels ausgesetzt sein. Aber dies wird wenig an seiner bunten Vielfalt ändern, die in der Heterogenität der Kunden und ihrer Präferenzen begründet ist. Dies gilt zunächst für seine Geographie. Private Banking ist und bleibt im Kundenauftritt dezentral. Im Unterschied zu anderen Bankgeschäften gibt es in diesem Bereich keinen „Zug zur Mitte". Die Aktivitäten werden sich auch in Zukunft in mehreren Zentren und an zahllosen kleineren Plätzen mit stärkerer Ausprägung in den Grenzregionen abspielen. Vielfältig wird auch die Struktur der Anbieter bleiben, gekennzeichnet durch die kompetitive Koexistenz von spezialisierten Banken, Universalbanken und Nischenspielern aller Art. Entscheidend wird es auf die zweckmässige und konsequente Segmentierung ankommen, die den bunten Fächer der Bedürfnisse individuell zu erfüllen vermag, der sich zwischen einem „beinahe retail"- und einem Top-Kunden auftut.

Die Chancen des Private Banking hängen auch, ja empfindlich von der Zukunft seiner politischen und wirtschaftlichen Rahmenbedingungen ab. Mindestens ebenso wichtig sind indessen die unternehmerischen Herausforderungen, die in diesem Geschäft zu bestehen sind. Qualitätsmanagement, systematische Kundenorientierung und Restrukturierung der Wertschöpfungsprozesse sind modische Kürzel, die relevante Handlungszwänge kennzeichnen. Entscheidend wird die den steigenden Anforderungen gerechte Ausbildung und Rekrutierung von Kundenberatern sein, von geeigneten Persönlichkeiten mit den Gaben des breiten Generalistenwissens, der technischen Kompetenz und des Durchstehvermögens im Kundenkontakt.

Fussnoten

1. The Chase Manhattan Private Bank, Private Banking, Geneva 1993.
2. Arthur Andersen, Finanzplatz Schweiz. Perspektiven, Herausforderungen, Chancen, Zürich 1986, S. 59.
 Arthur Andersen, Das schweizerische Bankwesen an der Schwelle zum Jahr 2000, Zürich 1992, S. 37.
3. Von Werne, U., Gestaltungsempfehlungen für ein dienstleistungsspezifisches Total Quality Management-Konzept – Dargestellt am Beispiel des Bankensektors, Diss. HSG, Hallstadt 1994.
4. Die nachfolgenden Überlegungen basieren auf Parasuraman, A., Zeithaml, V.A., Berry, L.L., Delivering Quality Service, New York 1990.
5. Die Darstellung orientiert sich am sog. Kano-Modell, vgl. Bokelmann, D., Kunden begeistern - Dazu gehört mehr als nur Fehlerfreiheit, in: QZ-Qualität und Zuverlässigkeit, 37. Jg, Heft 10 (1992), S. 572 f.

Literatur

Arthur Andersen,
Finanzplatz Schweiz. Perspektiven, Herausforderungen, Chancen, Zürich 1986.

Arthur Andersen,
Das schweizerische Bankwesen an der Schwelle zum Jahr 2000, Zürich 1992.

Bokelmann, D.,
Kunden begeistern - Dazu gehört mehr als nur Fehlerfreiheit, in: QZ-Qualität und Zuverlässigkeit, 37. Jg, Heft 10 (1992).

The Chase Manhattan Private Bank, Private Banking, Geneva 1993.

Parasuraman, A., Zeithaml, V.A., Berry, L.L.,
Delivering Quality Service, New York 1990.

Von Werne, U.,
Gestaltungsempfehlungen für ein dienstleistungsspezifisches Total Quality Management-Konzept – Dargestellt am Beispiel des Bankensektors, Diss. HSG, Hallstadt 1994.

Beat Bernet

Logistikstrategien im Private Banking

Die vielzitierte „Revolution im Bankwesen" ist entscheidend die Konsequenz von Veränderungen in Informatik und Technologie. Das gilt in ausgeprägtem Masse auch für das Private Banking, wo die moderne Logistik alle Entscheidungs- und Handlungsbereiche erfasst. Der Autor analysiert Quantensprünge in der banklogistischen Entwicklung und leitet daraus strategische und operative Konsequenzen ab. Er plädiert für einen Paradigmenwechsel: Von der Logistik als Hilfsmittel zur Logistik als definierender Kraft dessen, was Private Banking ist.

1 Einleitung

1.1 Kernfragen der Private Banking Logistik

Eine Strategie definiert in einem bestimmten Umfeld den gewählten Weg zum angestrebten Ziel[1]. Sie legt fest, wie, womit und in welchem Zeitraum man ein bestimmtes Ziel erreichen will. Im Mittelpunkt einer Untersuchung zur Logistikstrategie im Private Banking[2] stehen damit Fragen wie:

→ Welche *Bedeutung* kommt heute und morgen den logistischen Elementen im Rahmen der strategischen Zielsetzungen des Private Banking zu?

→ Was sind die relevanten *Rahmenbedingungen* einer modernen Private Banking Logistik, und wie werden sich diese Rahmenbedingungen in der absehbaren Zukunft entwickeln?

→ Wie verändert sich das strategische *Geschäftsfeld Private Banking* in den nächsten fünf bis zehn Jahren, und was heisst das für die entsprechende logistische Unterstützung, die im Rahmen dieses Veränderungsprozesses benötigt wird?

→ Was sind die *strategischen Schlussfolgerungen*, die es daraus für die Ausrichtung der Private Banking Logistik der Zukunft abzuleiten gilt?

→ Und schliesslich: Welche strategischen *Alternativen und Varianten* zur Positionierung, Organisation und Ausgestaltung der Banklogistik der Zukunft stehen zur Diskussion, und wie sind diese Optionen zu bewerten?

Private Banking Strategien sind vielfach noch immer zu stark auf eine Verbesserung und Optimierung des heutigen Zustandes ausgerichtet worden. Man kann sich noch zuwenig deutlich vorstellen, dass die Welt des Private Banking morgen anders aussehen wird als heute. Es fehlt vielleicht auch ein wenig an Phantasie, um zu erkennen, dass wir jetzt, Mitte der 90er Jahre, in der Banklogistik einen eigentlichen Trendbruch erleben. Wir sind uns gewohnt, die Zukunft als eine Wirkung zu verstehen, deren Ursache in unserem heutigen Entscheiden und Handeln liegt. Für das Private Banking wäre angesichts der sich abzeichnenden Technologiesprünge eine einfache Extrapolation der Entwicklungen der vergangenen Jahre der falsche strategische Denkansatz.

1.2 Private Banking Strategie als Logistikstrategie

Der Spruch von der „Revolution im Bankwesen" ist heute Allgemeingut eines jeden Sparkassenverwalters. Weniger Allgemeingut ist die Erkenntnis, wo und wodurch diese Revolution stattfindet: im Bereich der Informatik, der Banktechnologie und damit der Banklogistik[3]. Es ist nicht so, dass die Banklogistik im Private Banking sich verändert, weil das Bankenumfeld sich verändert; es ist nicht so, dass die Banklogistik der Zukunft sich einer wie auch immer definierten Revolution im Bankwesen anzupassen hat. Es ist genau umgekehrt – die Bank, unser Bankwesen, ja der Begriff der Bank und damit auch des Private Banking selbst beginnen sich hinsichtlich Inhalt und Funktion wegen der Informatik, wegen der Technologie und damit wegen den sich daraus ergebenden neuen Möglichkeiten und Chancen im Zusammenhang mit der Banklogistik zu verändern.

Wenn wir Private Banking Strategien entwickeln, so entwickeln wir bei genauem Hinsehen eigentlich in erster Linie *Logistikstrategien*. Wenn wir uns im Private Banking strategische Ziele setzen wie Erhalt oder Wachstum von Marktanteilen, Rentabilitäts- oder Produktivitätsvorgaben oder Produktziele, und wenn wir anschliessend daran gehen,

Strategien zu deren Erreichung zu entwickeln, so stehen fast immer und in erster Priorität logistische, das heisst technologische Aspekte im Mittelpunkt des Interesses. Oder, um es ein wenig provokativ zu formulieren: *Private Banking Strategie wird immer mehr zur Logistikstrategie.* Die folgenden Abschnitte sollen diese These etwas eingehender beleuchten und untermauern.

1.3 Kernbereiche der Private Banking Logistik

Banklogistik umfasst im Private Banking längst nicht nur das gute alte Back Office, die Informatik oder die Verwaltungsfunktionen der Bank. Der Begriff, so wie er im Rahmen dieser Ausführungen verstanden werden soll, stellt eine *umfassende Plattform* zur Planung, Entscheidung, Durchführung und Kontrolle von Transaktionen aller Art im Private Banking zur Verfügung[4]. Die Abbildung 1 zeigt in schematischer Darstellung die Kernelemente dieser Plattform, die im komplexen Zusammenspiel das definieren, was die moderne Private Banking Logistik definiert[5].

Entscheidungsunterstützung	Auftragsgenerierung	Risk-Management
	Auftragsdurchführung	
	Auftragsverarbeitung	
	Auftragsverwaltung	

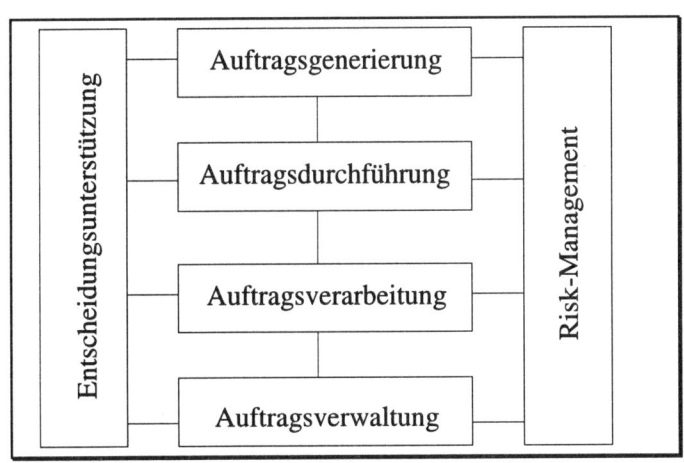

Abbildung 1: Kernbereiche der Banklogistik

→ Im Rahmen der *Auftragsgenerierung* stellt die Banklogistik Instrumente zur Verfügung wie beispielsweise Erfassungshilfen, automatisierte Auftragsgenerierung, Plausibilitäts- und Bonitätsprüfungen, Electronic Banking, aber auch Informationstools von Reuters, Telekurs, von Clearingorganisationen, Korrespondenten, elektronischen Börsen usw.

→ Die *Auftragsdurchführung* beinhaltet alle logistischen Elemente im Zusammenhang mit dem Routing der Transaktionen zu bankinternen oder -externen Stellen, während die
→ logistischen Elemente der *Auftragsverarbeitung* im wesentlichen die Unterstützung der drei Kernfunktionen der Verbuchung, des Clearing/Settlements und der Kunden- bzw. bank- und gegenparteiseitigen Abrechnung einschliessen.
→ Die *Auftragsverwaltung* schliesslich beinhaltet die Logistikunterstützung in Funktionen wie MIS, Reporting, Corporate Actions, Kontrollen aller Art, Archivierung etc.
→ Zusätzlich zu diesen eher produktionsorientierten Elementen kommt der Banklogistik aber in zwei weiteren Bereichen eine immer grössere Bedeutung zu: Im Bereich der *Entscheidungsunterstützung* sowie im Bereich des *Risk Management*. Hier kommen in zunehmendem Masse Instrumente und Technologie zum Einsatz, die es vor kurzem noch gar nicht gab: Expertensysteme, neuronale Netze, Kommunikationssysteme, Simulationsprogramme usw.[6]

Die so definierte umfassende Konzeption der modernen Banklogistik, die letztlich alle Entscheidungs- und Handlungsbereiche des Private Banking umfasst, macht deutlich, dass Banklogistik heute und in Zukunft nicht mehr einfach eine unterstützende Funktion des Bankgeschäftes ist – Banklogistik wird in zunehmendem Masse zu demjenigen Element, das den Begriff des modernen Private Banking überhaupt erst *definiert*.

1.4 Banklogistik als strategische Erfolgsposition

Als *strategische Erfolgsposition* (SEP) bezeichnet man „eine in einer Unternehmung durch den Aufbau von wichtigen und dominierenden Fähigkeiten bewusst geschaffene Voraussetzung, die es dieser Unternehmung erlaubt, im Vergleich zur Konkurrenz langfristig überdurchschnittliche Ergebnisse zu erzielen"[7]. Die Banklogistik ist in den vergangenen Jahren im Private Banking (und nicht nur hier) in zunehmendem Masse zu einer solchen SEP geworden. Ihre heute schon grosse und tendenziell weiter zunehmende strategische Bedeutung lässt sich anhand einer ganzen Reihe von Punkten aufzeigen[8]:

→ Sie ist zu einem der wichtigsten Kriterien bei der Beurteilung von *Leistungsfähigkeit und Qualitätsstandard* der Bank durch den Kunden geworden.

→ In der Logistik werden heute *Mittel* in einem so hohen Ausmass gebunden wie in keinem anderen Bankbereich.
→ Fehlentscheidungen im Logistikbereich *können kaum mehr korrigiert* werden (bzw. nur mit unverhältnismässigem Ressourceneinsatz).
→ *Effizienz* und *Produktivität* der Logistik beeinflussen wesentlich die Wirtschaftlichkeit und Profitabilität der Gesamtbank.

2 Veränderte technologische Rahmenbedingungen

2.1 Aktuelle Trends in der Bankinformatik

Die Bankinformatik als das zentrale Element der Private Banking Logistik befindet sich inmitten einer Entwicklung, die mit dem Begriff *Quantensprung* umschrieben werden muss. Während die vergangenen Jahre eine wenn auch atemberaubend schnelle, so aber doch in einem gewissen Sinne stetige Entwicklung in den wichtigsten Kernbereichen der Informatik brachten, so sehen wir uns heute mit einem eigentlichen *Trendbruch* konfrontiert[9]. In den verbleibenden Jahren dieses Jahrzehnts wird die Bankinformatik dem Benutzer eine Funktionalität und Performance zur Verfügung stellen, die vor wenigen Jahren noch nicht einmal erahnt werden konnte. Einige Stichworte mögen verdeutlichen, in welche Richtung diese Entwicklung geht[10]:

→ *Hardwaretechnologie:* Im Mittelpunkt der Entwicklung steht die weitere exponentielle Erhöhung der Performance von Prozessoren, von Speicherkapazitäten, die Reduktion der Komponentengrössen und des Energieverbrauches.
→ *Speichertechnologie:* Für die Banklogistik von Bedeutung sind insbesondere die sich abzeichnende rasche Weiterentwicklung der optischen Speichermedien (Kapazitäten, Zugriffszeiten), aber auch die Verbesserung der bestehenden Technologien, die den Platzbedarf von Tapes und Bändern drastisch reduzieren werden.
→ *Input-/Output-Technologie:* Spracherkennung, Scanningtechniken, Touch-Screen Optionen, Multimedia-Input, Handschriften- und Mustererkennungen sind Beispiele von bevorstehenden technologischen Entwicklungen, welche die Banklogistik der Zukunft prägen werden.
→ *Netzwerk- und Kommunikationstechnologie:* Hier liegt ganz eindeutig das Schwergewicht der künftigen Entwicklung. Neue

Technologien im Netzwerkbereich, Satellitenverbindungen, aber auch neue Standards und Protokolle werden der Bank die Nutzung der vielfältigen Kommunikationsoptionen ermöglichen.

→ *Datenbanktechnologie:* Verteilte Datenbanken, Objektorientierung, Datenbankmanagement im Netzwerk, Datensicherheit und -integrität oder Metasysteme mit Multimedia-Ausrichtung sind Beispiele der Entwicklungen der näheren Zukunft, die in der Banklogistik ihren Niederschlag finden werden.

→ *Softwaretechnologie:* Neben neuen Betriebssystemen und Entwicklungstools werden wir in wenigen Jahren eine ganz neue Generation von Bankenapplikationen zur Verfügung haben, die auf der Philosophie der Objektorientierung basieren, alle nur denkbaren Funktionen und Schnittstellen abzudecken vermögen und insbesondere mit modernsten Workflow-Ansätzen die Prozesse in der Bank neu definieren werden.

Die Konsequenzen aus dieser Entwicklung werden das Gesicht der Bankinformatik grundlegend verändern. Rechenzentren im bisherigen Sinn werden mehr und mehr verschwinden und durch verteilte Hard- und Softwaresysteme ersetzt werden. Jede Bank wird weltweit mit jeder anderen, aber auch mit vielen Kunden vernetzt sein. Operatingfunktionen werden drastisch reduziert, Entwicklungsfunktionen grundlegend neu definiert. Die Hardware wird hinsichtlich Platz, Klima, Geräusch weit geringere Anforderungen stellen als heute.

2.2 Das Technologie-Framework der Private Banking Logistik

Die Abbildung 2 zeigt in schematischer Darstellung die zentralen Elemente eines Technologie-Frameworks für das moderne Private Banking. Alle angeführten Elemente sind als Teil eines Ganzen zu verstehen und definieren in ihrem Zusammenspiel die Logistik-Plattform des zukunftsorientierten Private Banking.

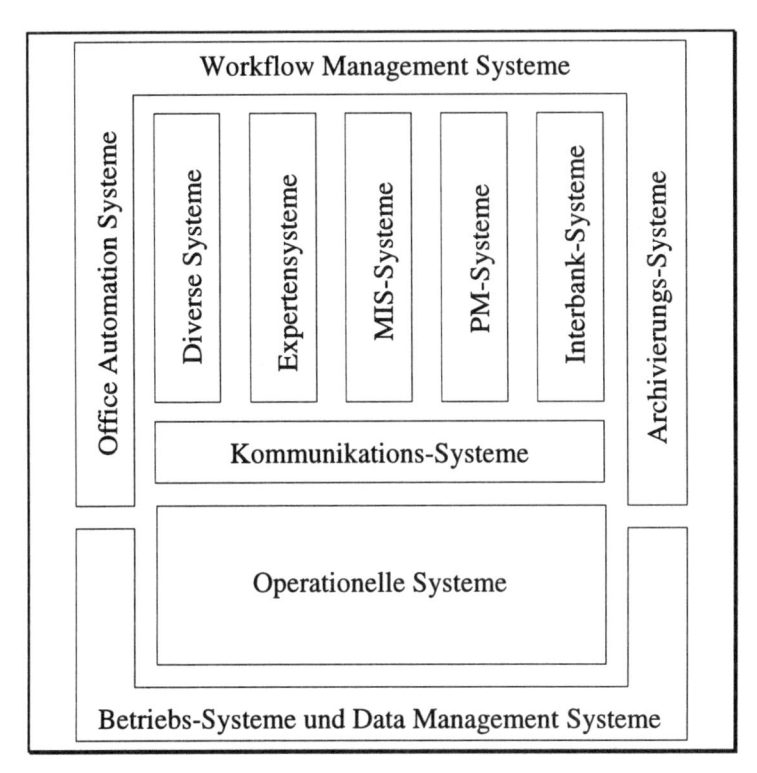

```
┌─────────────────────────────────────────────────────────────┐
│              Workflow Management Systeme                    │
│  ┌──────┬─────┬─────┬─────┬─────┬──────┬──────┐             │
│  │Office│Div. │Exp. │MIS- │PM-  │Inter-│Arch. │             │
│  │Auto. │Sys. │Sys. │Sys. │Sys. │bank- │Sys.  │             │
│  └──────┴─────┴─────┴─────┴─────┴──────┴──────┘             │
│              Kommunikations-Systeme                         │
│              Operationelle Systeme                          │
│      Betriebs-Systeme und Data Management Systeme           │
└─────────────────────────────────────────────────────────────┘
```

Abbildung 2: Technologie-Plattform Private Banking

2.3 Konsequenzen

Wir stehen damit vor einem eigentlichen Quantensprung in der modernen Banklogistik. Neue Philosophien, neue Konzepte und neue Methoden werden die Bankinformatik in der 2. Hälfte der 90er Jahre grundlegend revolutionieren. Diese technologischen Veränderungen werden nicht nur die Art und Weise prägen, wie Private Banking betrieben wird, sondern sie werden auch Konsequenzen haben für die relevanten *wettbewerbsstrategischen Rahmenbedingungen* im Private Banking. Drei Stichworte zeigen, was damit gemeint ist:

→ *Markteffizienz:* Die Markteffizienz wird in allen elektronischen Märkten weiterhin stark zunehmen[11]. Entsprechend tiefer werden die Margen im Arbitragegeschäft. Globale Informations- und Kommunikationssysteme, verbunden mit einem immer besseren Computertrading, machen individuelle Strategien mit dem Ziel, "den Markt zu schlagen", immer unwahrscheinlicher. Wir nähern uns im Private Banking in grossen Schritten dem bisher nur in den Lehrbüchern der Volkswirtschaft gern zitierten "vollkommenen Markt".

→ *Produkte:* Die Banktechnologie wird weiterhin in zunehmendem Masse die Innovationsrate im Private Banking erhöhen und die Dauer der Produktlebenszyklen senken. Die Grenze des Machbaren liegt je länger desto weniger in der Technologie als vielmehr in der Kreativität der Bankmitarbeiter. Technologie führt zu Produkten, und nicht umgekehrt!

→ *Wettbewerb:* In fast allen Marktbereichen des Private Banking reisst die Technologie – im Gleichschritt mit einem globalen Trend zur Deregulierung – etablierte Eintrittsbarrieren nieder, die bisher das Private Banking vor allzu frostigen Wettbewerbswinden geschützt haben. Umgekehrt eröffnet sie dem Private Banking neue Marktsegmente – beispielsweise in Bereichen wie Allfinanz, Fondsmanagement oder bei den derivaten Produkten.

Die veränderten technologischen Rahmenbedingungen schaffen damit auch für das Private Banking neue Markt- und Wettbewerbsbedingungen, auf die sich die Bank und insbesondere die Banklogistik auszurichten hat. Die Antizipierung der technologischen Entwicklung und das Ableiten der richtigen Schlussfolgerungen aus dieser Entwicklung für die Definition der eigenen Investitionsprioritäten wird eine der zentralen Bedingungen für ein erfolgreiches Bestehen und Überleben einer Bank am Markt sein[12].

3 Szenario Private Banking 2005

Logistikstrategien sind, im Unterschied zu anderen funktionalen Strategien in der Bank, auf einen relative langen Zeitraum von 5-8 Jahren ausgelegt. So lange dauert es auch heute noch, bis komplexe technologische Projekte nicht nur realisiert und erfolgreich umgesetzt, sondern – über verschiedene stets verbesserte Systemgenerationen hinweg – definitiv abgeschrieben werden können. Die heutige strategische Orientierung der künftigen Logistik muss damit von einem visionären Szenario des Private Banking ausgehen, auf das hin sie sich auszurichten hat, selbst dann, wenn einzelne Aspekte dieses Szenarios für die nächsten paar Jahre noch nicht oder nicht im prognostizierten Umfang Realität werden sollten.

3.1 Private Banking als „Financial Coaching"

→ *Erweiterung des Begriffsinhaltes:* Die wichtigste der heute absehbaren Entwicklungen weist auf eine wesentliche Erweiterung des Begriffsumfanges des künftigen Private Banking hinweg von der Vermögensverwaltung im engeren Sinn zum eigentlichen Coaching des Kunden in allen direkt oder indirekt finanzbezogenen Fragestellungen. Das „Portfolio" des Kunden besteht aus einer Vielzahl von finanzbezogenen Elementen, die es in einem auf die individuellen Bedürfnisse und Zielsetzungen eines jeden Kunden ausgerichteten Portfoliomanagement in einen Systemzusammenhang zu bringen und entsprechend zu optimieren gilt.

→ *Stärkere Gewichtung der Beratungskomponente:* Damit wird künftig der Beratungskomponente ein noch weit höheres Gewicht zukommen, als dies heute schon der Fall ist – nicht nur für „grosse", sondern auch für kleinere Private Banking Kunden.

→ *Von der „Kunst" zum Informationsmanagement:* Private Banking, definiert als Portfoliomanagement und Vermögensverwaltung, wird heute immer noch gerne als „Kunst" verstanden. Die zunehmende Komplexität der Produkte, die steigende Markteffizienz und die im Rahmen des alle finanziellen Aspekte des Kunden umfassenden anlagepolitischen Entscheidungsprozesses werden für die „Künstler" nicht mehr viel Platz übrig lassen – gefragt ist vielmehr ein effizientes Informationsmanagement, das die nahezu unübersehbare Flut an entscheidungsrelevanten Informationen kanalisiert und selektioniert.

3.2 Integrierter Problemlösungsansatz

Private Banking geht damit je länger desto mehr von einem integrierten Problemlösungsansatz aus, der Fragen der Steuerplanung, der Erbschaftsregelung, des Versicherungsschutzes, der Liquiditätsplanung usw. in einem möglichst individualisierten Financial Controlling zusammenfasst. Zwei Stichworte charakterisieren dabei die künftige Kundenbeziehung: Performance und Vertrauen.

→ *Performance:* Wo heute noch primär grosse Kunden und Institutionelle die Performance[13] bei der Beurteilung ihrer Bankbeziehung stark gewichten, werden künftig alle Kundensegmente sehr stark performanceorientiert werden. Die eigentliche „Performance-Elastizität" der Kunden, definiert als Reaktionsindex des Kunden auf (primär negative) Veränderungen der Performance, wird stark zunehmen. Auch hier wieder wird jedoch die Performance in zunehmendem Masse nicht als rein quantitative Grösse, sondern unter Einbezug umfassender qualitativer Aspekte und unter dem oben erwähnten Aspekt des integrierten Financial Coaching zu definieren sein.

→ *Vertrauen*: Integrierte, alle finanziellen Bedürfnisse des Kunden umfassende und abdeckende Problemlösungen im Private Banking basieren auf einem sehr weit gehenden Vertrauensbonus des Kunden der Bank gegenüber – nicht zuletzt deshalb, weil der Kunde, um von den umfassenden Private Banking Leistungen profitieren zu können, der Bank viel mehr Informationen zu sich und seinem Umfeld offenbaren muss, als dies heute in der Regel der Fall ist[14]. Vertrauen und standardisierte, schematisierte Vermögensverwaltung schliessen sich jedoch weitgehend aus.

3.3 Boutiquenphilosophie

Private Banking Produkte werden immer stärker auf spezifische Kundenbedürfnisse ausgerichtet. Grundlage dazu ist eine im Vergleich zu heute weit komplexere und vielschichtigere *Kundensegmentierung*. So werden wohl die traditionellen Segmente „Privatkunden" und „Institutionelle Kunden" recht bald schon einer differenzierteren Segmentierung anhand effektiver Bedürfnisse weichen – es gibt private Kunden mit professionellen Ansprüchen und Institutionelle, deren Bedürfnisse sich kaum vom Standard-Individualkunden unterscheiden.

Ausgerichtet auf die teils recht unterschiedlichen Bedürfnisse der einzelnen Kundensegmente werden aus den heutigen, alle Produkte, Kundengruppen oder Marktsegmente umfassenden Private Banking Einheiten *zielgruppenorientierte Boutiquen* entstehen. Daneben werden *Spezialbanken*, die auf bestimmte Produkte ausgerichtet sind, stark zunehmen. Grössere Banken werden sich nach dem „Shop-in-the-Shop" Prinzip zu organisieren versuchen.

3.4 Risk Management als zentrale Funktion

Im weitgehend effizienten Markt wird das Risk Management zu einem der zentralen Elemente des Private Banking. Wo der Markt kaum mehr zu schlagen und damit eine Rendite nicht mehr zu optimieren ist, gilt es die Risiken des Portfolios zu minimieren. Heute verspricht und verkauft die Bank in erster Linie *Rendite* – morgen wird sie primär *Sicherheit* verkaufen. Private Banking Produkte werden immer mehr zu Produkten zur Absicherung und zum Werterhalt von finanziellen Positionen aller Art.

3.5 Private Banking als Relationship Banking

Die exponentielle Entwicklung der Banktechnologie wird im Private Banking dafür sorgen, dass die qualitativen Elemente der Beziehung zwischen Kunde und Bank eine Renaissance erleben. Wo die Technologie die Produkte und Leistungen nivelliert, gewinnt die Beziehung zwischen Menschen wieder an Bedeutung. Private Banking wird sich mehr und mehr zu einem *Beziehungsgeschäft* zurückentwickeln – nicht die Menge und die Komplexität der angebotenen Produkte, sondern die persönliche Beziehung zwischen Kunde und Bank wird zum ausschlaggebenden Argument für den Auf- und Ausbau der Kundenbeziehung[15].

In wenigen Jahren wird die Banktechnologie alle Funktionen des heutigen Private Banking abdecken – bis auf eine: den Kontakt mit dem Kunden, das Gespräch zwischen Menschen, den Aufbau einer qualitativen Dimension, die man *Vertrauen* nennt. Die wohl wichtigste Maxime für das Private Banking der Zukunft lautet: *Back to basics* – zurück zu dem, was eigentlich im Terminus Private Banking zum Ausdruck gebracht wird: Dass im Mittelpunkt des künftigen Private Banking nicht in erster Linie Wissen und Können einer Institution stehen dürfen, sondern eine persönliche Beziehung zwischen Menschen. Die Banktechnologie soll diese Entwicklung fördern und unterstützen.

4 Konsequenzen für die Banklogistik

Aus diesen hier nur rudimentär skizzierten Entwicklungstrends im Private Banking lassen sich eine Reihe strategischer und operativer Konsequenzen für die künftige Banklogistik ableiten.

4.1 Strategische Konsequenzen

→ *Markt- und Kundensegmentierung:* Die wohl wichtigste Aufgabe der künftigen Private Banking Strategie ist eine fundierte Markt-

und Kundensegmentierung, die weit über das hinausgeht, was heute gemeinhin unter diesem Begriff verstanden wird. Sie muss der Bank das vielschichtige Persönlichkeitsprofil eines jeden Kunden aufzeigen, Veränderungen in seiner Bedürfnisstruktur genauso abbilden wie soziale oder psychologische Phänomene und Trends in einzelnen Segmenten oder Querverbindungen über Segmente und Individuen hinweg. Die Logistik muss – mittels modernster Datenbanktechnik, Fuzzy Logic, neuronaler Netze etc.[16] – die entsprechenden instrumentalen Grundlagen und Rahmenbedingungen schaffen, um allenfalls auch die sogenannte „segment-of-one"-Strategie umsetzen zu können[17].

→ *Massgeschneiderte Massenfertigung:* Die Welt des Private Banking wird zunehmend instabil. Aufgesplitterte Märkte, Produkte mit immer kürzeren Lebenszyklen und entsprechend kürzeren Entwicklungszeiten ersetzen die heute noch weitgehend genormten Dienstleistungen für mehr oder minder homogene Märkte. Eine der zentralen Forderungen an bisherige Logistiklösungen war, Bankprodukte zu möglichst günstigen Preisen zu produzieren und zu verkaufen. Das neue Paradigma heisst: Bankprodukte so zu produzieren, dass möglichst viele Kunden genau die Leistungen erhalten, die ihren individuellen Bedürfnissen entsprechen. Banklogistik muss nicht in erster Linie die Bedürfnisse einer wie auch immer definierten „Front" abdecken – Banklogistik muss Markt- und Kundenbedürfnisse befriedigen! Produkte müssen buchstäblich atomisiert werden – aus einer Vielzahl standardisierter Bausteine kann jeder Kunde auf der Grundlage einer „Salatbuffet-Strategie" auf ihn zugeschnittene individuelle Produkte zusammenstellen[18]. Oder, um es mit KOTLER zu sagen: „Anstatt die Bank als Fliessband-Bereitsteller von standardisierten Dienstleistungen zu sehen, kann man sie auch als Betrieb mit Kundenauftragsfertigung und flexiblen Produktionsmöglichkeiten betrachten"[19].

→ *Added-value Produktdesign:* Klassische Private Banking Produkte werden zur Commodity. Das Produktedesign bzw. die Modularisierung des Leistungsangebotes muss auf die Kreation von added-value für Kundensegmente, ja letztlich für jeden einzelnen Kunden ausgerichtet sein. Die Banklogistik muss die dazu notwendige Flexibilität in der Produktion der Leistungen sicherstellen.

→ *Technologie als Commodity:* Wo heute noch in Banken die Technologie sehr erfolgreich als strategische Erfolgsposition definiert und eingesetzt werden kann, wird morgen modernste Informatik Allgemeingut sein. Jeder kann sich ein auf die sehr weitgehenden Bedürfnisse des Private Banking ausgerichtetes Informatiksystem kaufen – Banktechnologie wird zur Commodity. Ihr Wert bemisst sich einzig danach, wie die einzelne Bank im Vergleich zur Konkurrenz die Technologie zur Abdeckung individueller Kundenbedürfnisse zu nutzen vermag.

→ *Quality-Leadership Strategie* anstatt Cost Leadership: Allem Preiswettbewerb zum Trotz werden nicht die billigsten, sondern die besten Private Banking Anbieter überleben. Die meisten Banken werden im sich abzeichnenden Preiswettbewerb insbesondere im Vergleich zu Konkurrenten aus dem Near- und Non-Banks-Bereich mittelfristig keine Chance haben. Die Private Banking Logistik muss sich nicht über den Preis, sondern über die Qualität definieren. Vergleichsmassstab sind dabei in zunehmendem Masse nicht mehr die Konkurrenten aus der Region oder dem eigenen Land, sondern die in der Logistik weltweit besten Konkurrenten.

4.2 Operative Konsequenzen

→ *Segmentorientierte Organisation:* Private Banking Logistik muss segmentorientiert ausgerichtet werden. Es wird in Zukunft keine Einheitslogistik für alle Kunden mehr geben – unterschiedliche Kundenbedürfnisse stellen unterschiedliche Anforderungen an die Logistik. Das heisst, dass künftig für unterschiedliche Kundensegmente unterschiedliche logistische Rahmenbedingungen zu schaffen sind. Die dadurch entstehenden Einbussen an Produktivität und Wirtschaftlichkeit wird mehr als wettgemacht durch die für solche Lösungen am Markt durchsetzbaren höheren Preise.

→ *Standardisierung versus Spezialisierung*: Individualisierte Massenfertigung geht davon aus, dass Gleiches gleich und Ungleiches ungleich behandelt werden soll. Die Aufgabe der Logistikstrategie besteht unter anderem darin zu erkennen, wo die gemeinsame Grundlage aller künftigen Bankleistungen liegt, und wo individuelle logistische Rahmenbedingungen bereitzustellen sind.

→ *Trennung in Einheiten Vermögensverwaltung/Portfoliomanagement, Trading und Factory*: Die drei Funktionen Vermögensverwaltung, Handel und Abwicklung definieren heute gemeinsam den Begriff des Private Banking. Künftig werden diese drei Elemente in zunehmendem Masse auseinandergebrochen. Je Element werden unterschiedliche Kooperationen eingegangen, können mit verschiedenen Partnern unterschiedliche logistische Synergien genutzt werden.

→ *Logistik für Beratung:* Die Bedeutung der Beratung nimmt in allen Geschäftsfeldern des Private Banking stark zu. Das heisst, dass auch eine entsprechende, auf Beratungsfunktionen ausgerichtete Logistik zu konzipieren ist.

Private Banking Logistik der Vergangenheit war (und ist heute noch) weitgehend *abwicklungsorientiert.* Sie soll eine effiziente, kostengünstige Verarbeitung auf der Grundlage der Order-Transport-Philosophie ermöglichen. Diese Grundausrichtung der Banklogistik, hinter der in erster Linie das Ziel der Kostenminimierung (bzw. die Strategie der Cost-Leadership) steht, ist heute in vielen Fällen noch gültig, wird morgen aber in allen Fällen überholt sein. Mehr und mehr rückt das Ziel der Qualitätsoptimierung in den Vordergrund logistischer Überlegungen. Dabei wird Qualität definiert als Kundenfokussierung – als Ausrichtung aller logistischen Entscheidungen und Handlungen auf die Bedürfnisse des einzelnen Kunden. Die Private Banking Logistik der Zukunft muss deshalb schwergewichtig *entscheidungsorientiert* ausgerichtet werden.

5 Strategische Optionen für die Private Banking Logistik

5.1 Alternative strategische Denkansätze

Eine Reihe strategischer Optionen stehen zur Verfügung, wenn es darum geht, die Private Banking Logistik auf die Anforderungen der Zukunft auszurichten. Nach wie vor versuchen die meisten Banken, sich auch im Bereich der Logistik eine möglichst weitgehende Unabhängigkeit zu bewahren. Dies in der meist irrigen Annahme, dass Kooperationen im Logistikbereich mit anderen Marktpartnern der erste Schritt sind zum Untergang der eigenen Bank als selbständiges Institut.

Die Rahmenbedingungen für Kooperationen waren in der Vergangenheit noch nicht ideal. Insbesondere im Bereich der Informatik erwiesen sich Barrieren oft als unüberwindbar. So konnte beispielsweise die *Mandantenfähigkeit* der Systeme – eine unabdingbare Voraussetzung für eine effiziente Kooperation im Back Office Bereich – nur selten realisiert werden. Heute sind die meisten dieser Schwierigkeiten überwindbar. In Zukunft wird es kaum mehr technologische Hindernisse in der Private Banking Logistik mehr geben.

Die verschiedenen Optionen zur strategischen Ausrichtung der Private Banking Logistik können anhand der beiden Dimensionen *Kooperationsgrad* und *Funktionalität* charakterisiert werden.

Funktionalität Kooperationsgrad	Technologie-funktionen	Abwicklungs-funktionen	Alles
A1: Unabhängigkeit			V_{13}
A2: Kooperation	V_{21}	V_{22}	V_{23}
A3: Outsourcing	V_{31}	V_{32}	V_{33}

Abbildung 3: Strategische Kooperationsvarianten

5.2 Das Service Center Konzept

Zu den wichtigsten strategischen und organisatorischen Trends in der Banklogistik gehört die Diskussion im Zusammenhang mit der Zusammenfassung von Logistikfunktionen innerhalb einer Bank oder zwischen mehreren Banken zu *Service Centers*. Im Rahmen solcher Service Centers können Logistikfunktionen aus der eigenen Bank ausgegliedert und damit wesentliche Fixkostenblöcke abgebaut bzw. variabilisiert werden. Die Entwicklungen im logistikrelevanten Umfeld des Private Banking führen fast zwingend zum Schluss, dass über die nächsten Jahre eine wachsende Zahl von Banken ihre Logistikfunktionen auf solche Service Centers übertragen wird.

5.3 Kooperationsmodelle im Logistikbereich

Grundsätzlich kann man in der Banklogistik unterscheiden zwischen horizontalen, vertikalen und integralen Kooperationsmodellen. *Horizon-*

tale Kooperationsmodelle stellen einzelne Funktionen in den Mittelpunkt der Zusammenarbeit – beispielsweise die Informatik, das Settlement von Wertschriften, Zahlungsverkehr etc. *Vertikale* Kooperationsmodelle bauen die Zusammenarbeit auf einzelnen Produkten oder Produktbereichen auf und suchen dort nach möglichst weitgehenden Synergien (beispielsweise Retail Banking, Fondsgeschäft). *Integrale* Kooperation dagegen sucht quer über Funktionen und Produkte hinweg eine gemeinsame Basis zur Zusammenarbeit aufzubauen[20].

6 Vor einem Paradigmenwechsel

Wir stehen heute vor oder besser gesagt inmitten eines eigentlichen *Paradigmenwechsels*. Ein Paradigma ist ein Glaubenssatz. Im Bereich der Banklogistik für Private Banking Funktionen heisst das aktuelle Paradigma: Logistik ist ein Hilfsmittel zur Transaktionsverarbeitung und Verwaltung, ist letztlich ein Instrument zur Steigerung der Effizienz und Wirtschaftlichkeit im Back Office. Logistik und Private Banking verhalten sich zueinander wie Mittel und Zweck – ohne gute Logistik kein erfolgreiches Private Banking, d.h. keine erfolgreiche Vermögensverwaltung, kein erfolgreiches Brokerage, keine erfolgreiche Transaktionsabwicklung.

Das neue Paradigma dagegen wird lauten: Logistik ermöglicht nicht Private Banking – Logistik *definiert* Private Banking, und damit: Private Banking, mit dem Begriffsinhalt, den wir heute damit verbinden, ist fast ausschliesslich Logistik. Oder anders gesagt: Wir werden den Begriff Private Banking grundlegend anders, grundlegend neu definieren müssen. Banking wird zu einem komplexen System, bestehend in erster Linie aus globaler Kommunikation und Kommunikationstechnologie. Die Inhalte, die wir heute mit diesem Begriff in Verbindung bringen – Analyse der Kundenprofile, Definition einer Anlagepolitik, Ableitung von entsprechenden Anlagestrategien und Anlageentscheidungen, Asset Allocation, Performancemessung, Depot- und Kontoführung, Transaktionsverarbeitung usw. – all diese Funktionen sind letztlich analytische Prozesse, sind Funktionen, die durch die Logistik, sprich Bankinformatik, übernommen werden können und auch übernommen werden. Dem heutigen Portfolio Manager und Vermögensverwalter wird es gehen wie dem Piloten – von Künstler, der mit Gefühl und dem berühmten „Gespür" seine Maschine aktiv ins Ziel fliegt, zum Technocontroller, der vom Start bis zur Landung in einem durch die Logistik bestimmten Umfeld primär passiv Überwachungsfunktionen ausübt. Oder, um beim Private Banker zu bleiben: vom Anlageberater bzw. Vermögensverwalter, der durch Wissen und Können und durch sein „Gefühl im Bauch" für seine Klienten wie seine Bank überdurchschnittliche Performance erzielt, zum Portfolio Controller, der Technik und Technologie einsetzt, nicht um besser zu sein als die anderen – das wird ihm langfristig noch weniger gelingen als heute schon – sondern um angesichts von Märkten mit nahezu vollkommener Effizienz nicht schlechter abzuschneiden als die Konkurrenz.

Aus gegebenen Rahmenbedingungen eine adäquate Anlagepolitik ableiten, alternative Strategien bewerten und in einem immer komplexeren Umfeld die entsprechenden Anlageentscheidungen treffen, sie rationell und zielgerecht umsetzen, die entsprechenden Transaktionen verarbeiten – das werden ausgeklügelte Softwaresysteme in wenigen Jahren noch weit besser können, als sie das heute schon können. Der Private Banker, der morgens seine Zürcher Zeitung und die Financial Times oder was auch immer liest, ein, zwei Sitzungen mit der Wirtschaftsstudien-Abteilung besucht, einige Telefonate mit Brokern und anderen Vermögensverwaltern führt und anschliessend seine Dispositionen trifft – er wird wohl bald schon im noch zu schaffenden Museen für Bankgeschichte seinen Ehrenplatz in der Abteilung „Private Banking der Vergangenheit" erhalten.

Die Entwicklung der Banklogistik wird uns *eine neue Generation von Private Bankern* bescheren. Es werden Fachleute sein, die zwar all die technischen Features, die ihnen die künftige Banklogistik bietet, perfekt beherrschen, die Instrumente und Technologie virtuos einzusetzen vermögen – die aber wissen, dass das selbstverständlich ist, dass nicht das ihr Produkt ist, sondern etwas ganz anderes: nämlich dem Kunden zu zeigen, dass man seine Probleme versteht, dass man sie in einen Systemzusammenhang zu stellen weiss, dass man Zeit hat zum Zuhören, zum Erklären, zum Verstehen. Die Legionen von smarten Technokraten, die heute das Berufsbild des Portfolio Managers bestimmen, werden binnen kurzem aufgrund der Entwicklung der Banktechnologie das gleiche Schicksal erleiden wie ihre Kollegen heute im Börsen- und im Devisenhandel. Oder, um es auf einen ganz einfachen Punkt zu bringen: Wir werden dank der Entwicklung der Banklogistik viel weniger Portfolio Manager brauchen. *Dafür aber viel mehr Banquiers!*

Fussnoten

1 vgl. zum Strategiebegriff etwa Porter (1993), Gälweiler (1987) oder Kilgus (1994).

2 Mit Private Banking bezeichnen wir im folgenden die Summe der Funktionen der Vermögensverwaltung/des Portfoliomanagements, des Handels sowie aller damit verbundenen Abwicklungs- und Verwaltungsfunktionen, unabhängig davon, ob diese Funktionen von Privatbanken, Universalbanken oder anderen Institutionen erbracht werden.

3 Mit Bankinformatik bezeichnen wir im folgenden alle Hard- und Softwareelemente sowie alle mit der entsprechenden Entwicklung, dem Operating und dem Unterhalt verbundenen Funktionen; der Begriff der Banktechnologie erweitert diese Definition um Kommunikationselemente sowie um andere technologische Aspekte des Bankgeschäftes. Alle diese Funktionen werden, nochmals erweitert um Aspekte wie Immobilienverwaltung, Lagerwesen, organisatorische Aspekte etc., im Begriff Banklogistik zusammengefasst.

4 Beispiele: Kauf/Verkauf von Wertpapieren, Devisentransaktionen, Lombardkredite, Corporate Actions, Stammdatenmanagement etc.

5 vgl. dazu Bernet (1993) S. 119ff.

6 vgl. zum Einsatz solcher Instrumente etwa Moser (1990) oder Chorafas (1992).

7 vgl. zum Begriff der strategischen Erfolgsposition Pümpin (1989) S.34ff.

8 vgl. dazu Bernet (1993) S. 37ff.

9 vgl. Burrus (1994).

10 vgl. dazu Grupp (1993) S. 45ff.

11 vgl. zur Effizienz elektronischer Märkte und deren Bedeutung für die Banklogistik auch Schmid (1994) sowie Fama (1991).

12 vgl. dazu auch Gehrig (1992) S. 373f.

13 vgl. zum modernen Performancebegriff etwa Zimmermann (1992).

14 vgl. dazu auch Ritter (1993).

15 vgl. Bernet (1994).

16 vgl. zum Einsatz moderner Informatik im Private Banking Signer (1992) sowie Füser/Schmidmeier (1994).

17 vgl. dazu Oetinger (1993).

18 vgl. dazu Pine (1994).

19 Kotler, zitiert in Pine (1994) S. 177 f.

20 Eine eingehende Analyse der Kooperation als bankbetriebliche Strategie findet sich bei Lengwiler (1988).

Literatur

Bernet, B.,
Back Office Management für Banken und Finanzorganisationen; Stuttgart 1993.

Bernet, B.,
Relationship Pricing, in: Die Bank 12/1994.

Burrus, D.,
Technotrends, Wien 1994.

Chorafas, D.N.,
The new technology of financial management, New York 1992.

Fama, E.F.,
Efficient Capital Markets II, in: Journal of Finance, Vol. 46 No.5 1991, S.1575-1657.

Füser, K./Schmidtmeier, S.,
So werden Anleger-Risiken kalkulierbar, in: Bank Magazin 10/1994 S.59-63.

Gälweiler, A.,
Strategische Unternehmungsführung, Frankfurt 1987.

Gehrig, B.,
Im Wandel der Wettbewerbsverhältnisse: Der Finanzplatz Schweiz und das Liechtensteinische Bankwesen unter Anpassungszwang, in: Finanzmarkt und Portfolio Management, 6. Jg. 1992, Nr.4 S.370-386.

Grupp, H.,
Technologie am Beginn des 21. Jahrhunderts, Heidelberg 1993.

Kilgus, E.,
Strategisches Bankmanagement, Bern 1994.

Lengwiler, Ch.,
Kooperation als bankbetriebliche Strategie, Bern 1988.

Moser, B.,
Modernes Portfoliomanagement und Informationstechnologie, Bern 1990.

Pine, J.B.,
Massgeschneiderte Massenfertigung, Wien 1994.

Porter, M.E.,
Wettbewerbsstrategie, Frankfurt 1993.

Pümpin, C.,
Management strategischer Erfolgspositionen, Bern 1989.

Ritter, D.S.,
Relationship Banking, Chicago 1993.

Signer, D.,
Computer-Integriertes Private Banking, Bern 1992.

Schmid, B.,
Electronic Banking - Strategien der Zukunft, in: Geldinstitute, 25. Jg., Heft 7/8 1994 S. 46-56.

Spremann, K./Zur, E.(Hrsg.),
Controlling, Wiesbaden 1992.

Zimmermann, H.,
Performance-Messung im Asset Management, in: Spremann/Zur(1992) S. 49-109.

Klaus Biedermann
Strukturierung privater Vermögen mit Gesellschaften, Stiftungen und Trusts

Private Banking ist eine multidisziplinäre Dienstleistung, die verschiedene Komponenten zu einem Ganzen zusammenführt. Ihre Wertschätzung verdankt sie in wesentlichem Mass den das Portfolio-Management ergänzenden Dienstleistungen. Zu ihnen gehört in vielen Fällen die in Bezug auf die individuellen Verhältnisse des Kunden optimale rechtliche Strukturierung von Vermögen, insbesondere mit Gesellschaften, Stiftungen und Trusts. Der Beitrag gibt einen kompakten Überblick über die Strukturierungslösungen, die das liechtensteinische Recht bietet.

1 Liechtenstein: Die Rahmenbedingungen für den Finanz- und Treuhanddienstleistunsgssektor

Die tragenden Säulen des liechtensteinischen Finanz- und Treuhanddienstleistungssektors, heute der für das Steueraufkommen des Staates wichtigste Wirschaftssektor, lassen sich unschwer aufzählen. Es sind dies wie folgt:
→ Steuerliche Privilegierung von Holdingunternehmen (juristische Personen und Stiftungen) sowie von Sitzunternehmen (juristische Personen) und Treuhandvermögen.
→ Ein liberales und gestaltungsreiches Personen- und Gesellschaftsrecht.
→ Ein stark geschütztes Berufsgeheimnis für Rechtsanwälte, Treuhänder und Banken.
→ Hohe Anforderungen an die Ausbildung und Sachkompetenz der im Finanz- und Treuhanddienstleistungssektor tätigen Personen.
→ Praktisch keine Doppelbesteuerungsabkommen.

→ Rechtshilfe lediglich im allgemeinen Strafrechtsbereich (nicht im Steuerbereich)
→ Anonymität der Kundenbeziehungen.

Einen Teil dieser Voraussetzungen hat Liechtenstein bereits in den Zwanziger Jahren geschaffen: Das Steuergesetz von 1921 hat die steuerliche Privilegierung von Holdingunternehmen und Sitzunternehmen (einschliesslich Treuhandvermögen) eingeführt, das Personen- und Gesellschaftsrecht von 1926 mit dem nachfolgenden Gesetz über das Treuunternehmen von 1928 haben eine Fülle von Rechtsinstrumenten zur Haltung und Verwaltung privater Vermögen sowie zur Verfolgung wirtschaftlich-unternehmerischer Ziele zur Verfügung gestellt. Gleichfalls im Jahre 1924 hat sich Liechtenstein im Zollvertrag zu einer Wirtschaftszone mit der Schweiz zusammengeschlossen und ab dieser Zeit den Schweizer Franken als Währung benutzt. Letzteres wurde im Jahre 1980 im Währungsvertrag mit der Schweiz rechtlich sanktioniert und institutionalisiert. Der Geheimnisschutz für wirtschaftliche Vorgänge wurde im Staatsschutzgesetz aus dem Jahre 1949 verankert (heute ins Strafgesetz übernommen), desgleichen wurde im Jahre 1967 das Berufsgeheimnis der Treuhänder und Rechtsanwälte zusätzlich statuiert. Dieses letztere Gesetz ist seither mehrfach geändert worden. Es sieht heute strenge Voraussetzungen an die persönliche und sachliche Kompetenz der Rechtsanwälte und Treuhänder vor. Gleichzeitig ist heute die staatliche Überwachungs- und Sanktionsgewalt verstärkt ausgestaltet. Das Bankgeheimnis wurde im Gesetz über die Banken und Sparkassen aus dem Jahre 1960 verankert. Auch dieses Gesetz ist mehrfach geändert und verschärft worden. Ohne dass hier auf Einzelheiten einzugehen ist, mag darauf hingewiesen werden, dass im Jahre 1992 einschneidende Änderungen und Verschärfungen der Gesetze über die Rechtsanwälte/Rechtsagenten, Treuhänder, Wirtschaftsprüfer und Patentanwälte vorgenommen wurden. Die entsprechenden Berufsgeheimnisse sind jedoch beibehalten worden.

Zusätzlich zum Berufsgeheimnis wird de facto im Registerbereich die Anonymität des Kunden respektiert, indem faktisch alle Gründungen und Mutationen treuhänderisch über Treuhänder/Anwälte vorgenommen werden, ohne dass der wirtschaftliche Gründer/Berechtigte in den Registerunterlagen aufscheint.

Die Anonymität des wirtschaftlich Berechtigten liechtensteinischer Sitzunternehmen (einschliesslich Stiftungen und Treuhandvermögen) kann derzeit auch gegenüber liechtensteinischen Banken gewährleistet werden, da im Unterschied zur Schweiz die Vereinbarung zwischen den liechtensteinischen Banken und der liechtensteinischen Regierung über die Sorgfaltspflicht, das Berufsgeheimnis der Rechtsanwälte und Treuhänder schützt, d.h. diese letzteren können gegenüber der Bank erklären, den wirtschaftlich Berechtigten zu kennen, ohne diesen gegenüber der Bank offenzulegen. Derzeit sind Arbeiten im Gange, diese Sorgfaltspflichtsvereinbarung durch ein Gesetz über die Sorgfaltspflichten bei der Entgegennahme von Vermögenswerten zu ersetzen. Ohne auf Einzelheiten einzugehen, mag hier vermerkt werden, dass die Absicht besteht, alle Berufsgeheimnisträger in diese Sorgfaltspflicht einzubinden mit der Wirkung, dass die Identifikation und Kenntnis des wirtschaftlich Berechtigten durch einen der Berufsgeheimnisträger genügt und die Identität des wirtschaftlich Berechtigten nicht weiteren Teilnehmern des Finanz- und Treuhanddienstleistungssektors, wie z.B. Banken, weitergegeben werden muss.

2 Der Kunde: Erwartungen und Ansprüche an eine Strukturierung privater Vermögen

Jeder Kunde ist individuell und seine Erwartungen, Vorstellungen und Bedürfnisse sind aufgrund seiner individuellen Situation naturgemäss unterschiedlich. Trotzdem lassen sich eine Reihe typischer bzw. immer wiederkehrender Bedürfnisse beispielhaft aufzählen. Im Sinne einer ersten Unterteilung derselben ist zunächst zwischen zwei Kategorien zu unterscheiden, nämlich
→ dem Bedürfnis nach Strukturen zum langfristigen Schutz des Familienvermögens, gegenüber Drittinteressen und gegenüber Eigeninteressen von Beteiligten,
→ dem Bedürfnis nach Strukturen zur Verfolgung wirtschaftlich-unternehmerischer Tätigkeiten.

2.1 Das Bedürfnis nach Strukturen zum Schutz des Familienvermögens

Das Bedürfnis nach Schutz des Familienvermögens umfasst eine Reihe von typischen Teilbedürfnissen, deren wesentlichste sich wie folgt aufzählen bzw. beschreiben lassen:
→ Das Bedürfnis nach Bindung des Familienvermögens über Generationen hinweg, d.h. Vermögen in der Familie zu behalten

und Familienvermögen der Verfügungsgewalt einzelner Familienmitglieder zu entziehen. Die Erfüllung dieses Bedürfnisses bewirkt, dass die entsprechenden Teile *in specie* oder *wirtschaftlich zur res extra comercium werden*.
→ Das Bedürfnis nach Abschottung des Familienvermögens gegenüber dem Zugriff von Drittparteien. Dieses Schutzbedürfnis betrifft Ansprüche zukünftiger Gläubiger (sei es des Staates oder Privatpersonen) gegenüber dem Kunden selbst, der eine entsprechende Struktur errichtet bzw. zu errichten gedenkt, sowie gegenüber Mitgliedern seiner Familie. Das Familienvermögen soll, mit anderen Worten, als Haftungssubstrat dem Zugriff Dritter entzogen werden bzw. bleiben.
→ Die Begünstigungsnachfolge am Familienvermögen soll fest oder flexibel für die nächsten Generationen festgelegt werden.
→ Die Begünstigungsnachfolge soll einfach und vor allem ohne Mitwirkung staatlicher Organe, was im gegebenen Fall vor allem die mit Erbschaftsabhandlungen betrauten Gerichte bedeutet, vor sich gehen.
→ Einzelne Familienmitglieder sollen vor sich selbst oder aber auch gegenüber anderen Familienmitgliedern geschützt werden.
→ Das Familienvermögen soll unter eine neutrale Verwaltung gestellt werden, mit gar keiner oder wenig Mitwirkungszuständigkeit der begünstigten Familienmitglieder.

Als Reaktion auf allgemein- und steuerpolitische Entwicklungen der Nachkriegsjahre haben sich neben den obgenannten engeren Bedürfnissen zum Schutz des Familienvermögens weitere Schutzbedürfnisse entwickelt, die sich vor allem gegen den Zugriff des Staates auf Familienvermögen richten. Diese Schutzbedürfnisse äussern sich in

→ einem Schutzbedürfnis gegenüber exzessiver Einkommens- und Vermögensbesteuerung, d.h. im Bedürfnis nach einer Struktur, die eine legale Verminderung der Besteuerung des Familienvermögens und dessen Ertrags bewirken kann,
→ einem Schutzbedürfnis gegenüber staatlichen Verfügungsbeschränkungen, z.B. Devisenkontrollen oder kriegsrechtlich begründete Verfügungsbeschränkungen bzw. Vergnügungsausschluss und Unterstellung unter staatliche Zwangsverwaltung,
→ einem Schutzbedürfnis gegenüber staatlichen Enteignungshandlungen,

→ einem Schutzbedürfnis gegenüber politischen Verfolgungshandlungen,
→ einem legitimen Bedürfnis nach Anonymität sowie
→ einem Bedürfnis nach Mobilität der gewählten Struktur, um solchen ntwicklungen rechtzeitig auszuweichen.

2.2 Das Bedürfnis nach adäquaten Strukturen zur Verfolgung wirtschaftlich-unternehmerischer Tätigkeiten

Die Verfolgung wirtschaftlich-unternehmerischer Tätigkeiten beinhaltet in allen Fällen den Einsatz von persönlichen und sachlichen Mitteln, d.h. den Einsatz persönlicher und allenfalls zugekaufter Arbeitskraft und den Einsatz von eigenem und allenfalls geliehenem Kapital zur Erreichung der vorgesehenen wirtschaftlich-unternehmerischen Zielsetzung: sowohl der sachbezogenen Zielsetzung im Sinne des unternehmerischen Produktions- bzw. Tätigkeitserfolges als auch der wirtschaftlichen Zielsetzung im Sinne der Erwirtschaftung eines angemessenen Gewinnes für das eingesetzte Kapital. Dem Risiko ausgesetzt sind die eigene und zugekaufte Arbeitskraft, das eigene und geliehene Kapital, die Forderungen von Drittgläubigern gegenüber dem Unternehmen und, im Falle von Finanzdienstleistungen für Dritte, die von diesen allenfalls anvertrauten Vermögenswerte.

Im Bereich dieses wirtschaftlichen Handelns sind seitens des Unternehmers selbst sind verschiedene Strukturierungsbedürfnisse vorhanden, die natürlich je nach individueller Situation unterschiedlich sind. Dennoch lassen sich auch hier beispielhaft eine Reihe typischer Strukturierungsbedürfnisse aufzählen, nämlich:

→ Einfachheit und Übersichtlichkeit der Struktur
→ Anpassungsfähigkeit an die individuellen Bedürfnisse
→ Adäquate Organisation der Entscheidungsprozesse
→ Operationelle Einfachheit
→ Haftungsbeschränkung
→ Minimum an gesetzlich-reglementarischen Zwangsvorschriften
→ Anonymität der/des Inhaber/s
→ Geschäfts- und Betriebsgeheimnisschutz im eigentlichen Sinne (Geheimhaltungspflicht der Organträger) und im weiteren Sinne (möglichst wenig Informationszugang der Öffentlichkeit).

Zwischen einzelnen der obgenannten Bedürfnisse des Unternehmers und den Schutzbedürfnissen Dritter, wie z.B. der Kapitalgeber und sonstiger

Gläubiger aus dem Unternehmensbetrieb sowie Arbeitskräften, besteht ein Interessengegensatz, der ein sorgfältiges Abwägen dieser Interessen erfordert.

3 Rechtsinstrumente in Liechtenstein zum Schutz des Familienvermögens, insbesondere Stiftung und Treuhänderschaft (Trust)

3.1 Rechtsgeschichtliche Vorbemerkungen

Das Bedürfnis nach Bindung des Familienvermögens über Generationen hinweg ist so alt wie die Menschheit selbst. Es besteht hier kein Anlass, weit in die Rechtsgeschichte zurückzugehen. Noch in der jüngsten Rechtsgeschichte gab es im europäischen Rechtsraum die Möglichkeit, Land über Generationen zu binden, und zwar in römisch-germanischen Rechtsordnungen mit dem Rechtsinstrument des sogenannten *fideicommissum* und in der common-law Rechtsordnung mit dem Rechtsinstrument des sogenannten *strict settlement* (unter Verwendung des sogenannten *fee entail*). Beiden ist gemeinsam, dass der jeweilige Begünstigte direkt Eigentümer des Landes war und dessen Nutzniessung genoss, jedoch nicht in der Lage war, darüber unter Lebenden oder von Todes wegen zu verfügen, da die Nachfolge in das Land bereits durch den ursprünglichen Begründer des *fideicommissum* bzw. des *strict settlement* vorgegeben war, nämlich Nachfolge in der Regel zum jeweils erstgeborenen Sohn (in manchen Regionen zum jüngsten, oder auch zum Erstgeborenen ohne Rücksicht auf das Geschlecht). Durch die grosse Kodifikation in den römisch-germanischen Rechtsordnungen ist diese direkte Bindung des Familienvermögens durch Devolution an Familienmitglieder der kommenden Generationen stark eingeschränkt worden, indem in der Regel lediglich noch die fideikommissarische Substitution oder Nacherbeneinsetzung über zwei Generationen möglich ist. In der common-law Rechtsordnung ist eine solche zeitliche Beschränkung schon viel früher durch die sogenannte *rule against perpetuities* eingeführt worden, die besagt, dass die Volleigentümerschaft mit voller Verfügungsgewalt nach einer Periode, definiert als ein existentes Leben plus einundzwanzig Jahre, vorfixiert werden muss, was in etwa zwei Generationen entspricht.

Das *fideicommissum* bzw. das *strict settlement* mit seinem inhärenten Verfügungsverbot über den Sachgegenstand war aus Gründen des

Publikumsschutzes mit wenigen Ausnahmen nicht geeignet, bewegliches Vermögen zu beinhalten, so dass es praktisch auf das Land beschränkt blieb. Beide wiesen zudem aus der Sicht der Begründer einen allfälligen Nachteil auf: Der jeweilige in der gegebenen Zeit Begünstigte hatte Besitz und Nutzniessung des Sachgegenstandes und konnte (auch wenn entsprechende Regelungen dagegen bestanden) die wirtschaftliche Substanz des gebundenen Sachgegenstandes beeinträchtigen. Deshalb wurden Rechtsinstrumente gesucht und gefunden, welche Besitz und Kontrolle unabhängigen Dritten und die Begünstigung den jeweiligen Familienmitgliedern zuweisen: Diese Rechtsinstrumente waren in den römisch-germanischen Rechtsordnungen die *Familienstiftung* und in den common-law Rechtsordnungen das *trust settlement*. Auch wenn beide rechtsdogmatisch anders ausgestaltet waren – bei der Familienstiftung war diese als eigenständige Rechtsperson Rechtsträger des Sachgegenstandes, während beim Trust Settlement als ursprünglich schuldrechtlich organisierter Rechtsstruktur der oder die Trustees Rechtsträger des Sachgegenstandes waren –, so muss hier klar festgehalten werden, dass es sich bei beiden um Rechtsinstrumente handelt, die funktional gesehen eindeutig dasselbe sind und nicht in Gegensatz gestellt werden können: Es handelt sich bei beiden um Rechtsinstrumente zur Bindung von Familienvermögen.

In den römisch-germanischen Rechtsordnungen haben die grossen Kodifikationen des allgemeinen bürgerlichen Rechts, welche (und dies trifft selbst auf die neuesten dieser Kodifikationen zu) als eine der Zielsetzungen die Auflösung feudaler Familienvermögensstrukturen hatten, nicht nur die Fideikommisse zeitlich auf zwei Generationen beschränkt, sondern die Familienstiftungen praktisch gänzlich aufgehoben. Im Unterschied dazu ist in den common-law Rechtsordnungen nichts dergleichen geschehen: Sie haben das Rechtsinstrument des Trust Settlement beibehalten und es lediglich dahingehend eingeschränkt, dass es derselben rule against perpetuities unterliegt, also im wesentlichen zeitlich auf zwei Generationen beschränkt sein muss. Diese Kodifikationen haben mit der praktischen Aufhebung der Familienstiftung gewissermassen das Kind mit dem Bade ausgeschüttet: Im Kampf gegen die Feudalstrukturen haben sie in alleiniger Berücksichtigung der Familienbindungsfunktion der Stiftung ein Rechtsinstrument der Strukturierung von Familienvermögen ersatzlos gestrichen, das durchaus auch andere schützenswerte Funktionen hätte erfüllen können. Die alleinige zeitliche Beschränkung der Familienstiftungen hätte durchaus genügt, die rechtspolitische Zielsetzung der Auflösung feudaler Familienstrukturen zu erfüllen. Das Fehlen von Familienstiftung/-treuhänderschaft macht sich heute in der Planung von Familienvermögen schmerzlich bemerkbar. Es kommt nicht von ungefähr, dass in Deutschland die Testamentsvollstreckung zeitlich immer länger ausgedehnt wurde, in Frankreich das Projekt einer Fiducie wieder bis zur Parlamentsreife ausgearbeitet wurde (jetzt jedoch im Finanzministerium hängengeblieben ist) und Österreich letztes Jahr die private Familienstiftung wiederum gesetzlich eingeführt und geregelt hat.

3.2 Stiftung und Trust Settlement (Treuhänderschaft) im liechtensteinischen Recht

Die letzte grosse Kodifikation im liechtensteinischen Recht ist das Personen- und Gesellschaftsrecht aus dem Jahre 1926 (kurz das *PGR*) mit seiner Ergänzung aus dem Jahre 1928, dem Gesetz über das Treuunternehmen (kurz das *TrUG*). Im Unterschied zu den zeitlich vorausgegangenen Kodifikationen der unmittelbar umliegenden Länder Schweiz, Österreich und Deutschland hat der Gesetzesredaktor Dr. Wilhelm Beck der politischen Zielsetzung der Aufspaltung feudaler Familienstrukturen im Gesetzeswerk keinen Raum gelassen. Das PGR kennt mehrere Rechtsinstrumente mit Familienvermögensbindungs- und Familienvermögensschutzfunktionen, nämlich

→ den Familienfideikommiss,
→ die Heimstätte,
→ die Familienstiftung,
→ die Treuhänderschaft (Trust Settlement).

Im Unterschied zu den umliegenden römisch-germanischen Rechtsordnungen sowie der common-law Rechtsordnung beinhaltet das PGR keine zeitliche Beschränkung auf runde zwei Generationen. Hingegen gibt es der Regierung die Befugnis, mittels Verordnung eine zeitliche Beschränkung einzuführen, eine Befugnis, von der die Regierung bis anhin keinen Gebrauch gemacht hat.

Es besteht hier keine Notwendigkeit, näher auf Familienfideikommiss und Heimstätte einzugehen, da sie beide nur von lokaler Bedeutung und für den „internationalen" Klienten als Strukturierungsinstrument nicht verwendbar sind. Für diesen jedoch durchaus interessant und verwendbar sind Familienstiftung und Familientreuhänderschaft, da beide die vorangehend erwähnten Bedürfnisse zum Schutz des Familienvermögens in optimaler Weise zu befriedigen vermögen. Bevor wir hier auf die Technik der Ausgestaltung von Familienstiftung und Familientreuhänderschaft zum Erreichen dieser Zielsetzungen eingehen, ist es zunächst vonnöten, kurz etwas zum Unterschied bzw. den verschiedentlich erwähnten Vor- und Nachteilen von Familienstiftung einerseits bzw. Familientreuhänderschaft andererseits auszuführen.

Zunächst ist im Gegensatz zu mancherlei Aussagen festzuhalten, dass die beiden Rechtsinstrumente genau *dieselbe Funktion erfüllen*. Sie unterscheiden sich lediglich rechtsdogmatisch dadurch, dass die Familienstiftung eine juristische Person ist und mittels ihrer Exekutivorgane handelt, während die Familientreuhänderschaft keine juristische Person ist, sondern ein grundsätzlich schuldrechtlich begründetes (jedoch dinglich verstärktes) Verhältnis darstellt, bei dem der oder die Treuhänder Rechtsträger des Treugutes mit einer im Innenverhältnis liegenden Verpflichtung gegenüber den Begünstigten sind. In den das Innenverhältnis sowohl bei Familienstiftung wie Familientreuhänderschaft ausgestaltenden Bestimmungen lässt sich grundsätzliche Übereinstimmung feststellen. Es trifft in keiner Weise zu, dass die Stiftung „flexibler" ist, d.h. den nachträglichen Wünschen des Stifters leichter angepasst bzw. später einfacher den Wünschen der dannzumaligen Begünstigten entsprechend verändert werden kann. Familienstiftung wie Familientreuhänderschaft weisen beide dieselbe grundlegende typische Charakteristik auf, nämlich:

→ Die grundsätzliche Unwiderruflichkeit, es sei denn, der Stifter/Treugeber hätte sich den Widerruf *ausdrücklich vorbehalten*.

→ Die grundsätzliche Unabänderlichkeit, es sei denn, der Stifter/Treugeber hätte sich eine Abänderung ausdrücklich vorbehalten oder den Treuhändern/Stiftungsorganen oder Drittpersonen ausdrücklich eine solche Abänderungsbefugnis eingeräumt.

→ Die absolute Bindung an den ursprünglich bei Errichtung ausgedrückten Stifter-/Treugeberwillen.

Es besteht schlichtweg weder ein funktionaler noch inhaltlicher Unterschied bei beiden Institutionen, sondern lediglich ein rechtsdogmatischer, nämlich die Ausgestaltung der Stiftung als juristischer Person (wobei wir hier die sogenannten unselbständigen Stiftungen beiseite lassen) und der Treuhänderschaft als grundsätzlich schuldrechtliches, jedoch dinglich verstärktes Verhältnis.

3.3 Die Technik zur Erfüllung der Funktionen des Schutzes von Familienvermögen

3.3.1 Die Bindung des Familienvermögens durch dessen Verselbständigung

Familienstiftung und -treuhänderschaft werden durch Rechtsgeschäft des Stifters/Treugebers unter Lebenden oder von Todes wegen errichtet. Der Errichtungsakt umfasst die Willensäusserung, dass und nach welchen Massgaben und Bestimmungen eine Familienstiftung/-treuhänderschaft errichtet wird und die Entäusserung des entsprechenden Vermögens seitens des Stifters/Treugebers und dessen rechtliche Übergabe an die Stiftung bzw. den Treuhänder. Das Familienvermögen wird dadurch verselbständigt, wird zum *patrimonium*, das nunmehr vom Stifter/Treugeber völlig losgelöst ist. Mit Ausnahme seiner allfällig ausdrücklich vorbehaltenen Rechte hat der Stifter/Treugeber keinerlei rechtliche Zuständigkeit mehr: Seine Rolle erschöpft sich in der Errichtung der Stiftung bzw. der Treuhänderschaft. Das Familienvermögen ist nunmehr, soweit es in die Stiftung/Treuhänderschaft eingebracht wurde, gebunden: Es wird in seiner Integrität durch die Stiftung bzw. den Treuhänder gehalten mit der Zweckbindung der Begünstigung der im Statut genannten Begünstigten. Obgleich die Stiftungsräte bzw. Treuhänder i.d.R. eine umfassende Verwaltungs- und Verfügungszuständigkeit haben, ist die Integrität des gebundenen Familienvermögens gewährleistet, da ihre Verfügungszuständigkeit bei der Verwaltung des Familienvermögens lediglich dessen allfällige Substitution durch andere Vermögenswerte zulässt. Eine Verfügung ohne Substitution ist nur im Bereich der Verteilungszuständigkeit, d.h. der Befugnis, Zuwendungen an die Begünstigten zu machen, gegeben. Die Verselbständigung hat sofortige und unmittelbare Wirkungen.

3.3.1.1 Entzug des Familienvermögens als Haftungssubstrat gegenüber Gläubigern des Stifters/Treugebers

Mit der vollständigen Errichtung der Stiftung/Treuhänderschaft hat sich der Stifter/Treugeber seines entsprechenden Vermögens begeben. Es bildet nicht mehr Teil seines Privatvermögens und ist damit dem Haftungszugriff seiner Gläubiger entzogen. Der Preis dieses „Erfolges" ist die Aufgabe seines eigenen Vermögensinteresses.

Dieser Entzug von Vermögen aus dem Haftungszugriff der Gläubiger des Stifters/Treugebers ist jedoch nicht immer möglich: Es gilt der Grundsatz, dass bestehende Gläubigerinteressen nicht benachteiligt werden dürfen. In Hinsicht darauf, dass die Begünstigten solcher Stiftungen/Treuhänderschaften ihre Begünstigung *unentgeltlich* erlangen, bestimmt das PGR deshalb, dass die Stiftungs-/Treuhänderschaftserrichtung dem Anfechtungsrecht von Gläubigern unterliegt, analog den Bestimmungen über die Schenkungsanfechtung. Das bedeutet, dass innerhalb des Zeitraumes von einem Jahr vor Errichtung keine im Rahmen von Zwangsverfahren gegenüber dem Stifter/Treugeber unbefriedigte Gläubiger vorhanden sein dürfen. Solche unbefriedigten Gläubiger müssen nachweisen, dass im Rahmen von Zwangsverfahren ihre Forderungen nicht befriedigt wurden bzw. auch im Rahmen neuer Verfahren nicht befriedigt würden, und sie müssen die Errichtung der Stiftung/Treuhänderschaft innert eines Jahres ab Bewilligung der Zwangsvollstreckung anfechten.

Diese Anfechtung führt allerdings nicht zu einer Aufhebung der Stiftung/Treuhänderschaft, sondern begründet einen pekuniären Anspruch gegenüber Stiftung/Treuhänderschaft auf Auszahlung der entsprechenden Forderungssumme. Dieser Anspruch verjährt in jedem Falle nach Ablauf von fünf Jahren seit Vornahme der anfechtbaren Rechtshandlung.

3.3.1.2 Entzug des Familienvermögens als Haftungssubstrat gegenüber Gläubigern der Begünstigten

Durch die Verselbständigung des Familienvermögens ist auch ein Zugriff der Gläubiger der Begünstigten nicht gegeben, da die Letzteren keine rechtliche Zuständigkeit am Stiftungs-/Treuhandvermögen haben. Es ist jedoch möglich, dass Gläubiger von Begünstigten Zugriff auf deren *Begünstigungsrechte* haben. Auf diesen Aspekt wird noch zurückzukommen sein.

3.3.2 *Zusätzlich erforderliche Regelmechanismen*

Mit der Verselbständigung des Familienvermögens ist das erste Ziel, die Bindung des Familienvermögens und zusätzlich die Abschottung desselben gegenüber Gläubigern von Stifter/Treugeber und Begünstigten erreicht. Nunmehr bedarf es jedoch weiterer Vorkehrungen, um diesem verselbständigten Vermögen Struktur und Organisation zu geben, um die weiter genannten Schutzfunktionen zu erfüllen.

3.3.2.1 Die Regelung der Begünstigtennachfolge

Zur Bindung des Familienvermögens über Generationen bedarf es der Regelung der Begünstigtennachfolge im Statut. Die Verselbständigung des Familienvermögens in Verbindung mit der Begünstigtennachfolge bewirkt den Ausschluss der sonst üblichen Regeln und Verfahren der Nachfolge in Privatvermögen, nämlich letztwillige Verfügung/gesetzliche Erbfolge und entsprechende gerichtliche Erbschaftsverfahren.

Je nach Wunsch und Absicht des Stifters/Treugebers kann dieser bei Errichtung die Begünstigtennachfolge fest oder flexibel ausgestalten, d.h.

→ er sieht feste Begünstigungsrechte in zeitlicher Aufeinanderfolge vor oder

→ er sieht inhaltlich nicht feststehende Begünstigungen vor und überlässt es dem Stiftungsrat/Treuhänder (manchmal im Zusammenwirken mit Kuratoren/Protektoren), in seinem Ermessen von Zeit zu Zeit Zuwendungen an die Begünstigten vorzunehmen oder ihnen nach seinem Ermessen zu einem bestimmten Zeitpunkt ein inhaltlich festes Begünstigungsrecht einzuräumen, sei es widerruflich oder unwiderruflich oder

→ er sieht eine Mischung aus beiden vor, wobei es auch möglich ist, Begünstigungsrechte an Bedingungen (suspensiv oder resolutiv) zu knüpfen.

Wie ersichtlich, sind hier den Gestaltungsmöglichkeiten kaum Grenzen gesetzt. Es ist jedoch festzuhalten, dass der Stifter/Treugeber anlässlich der Errichtung die grundsätzliche Entscheidung zu treffen hat, welche Art der Begünstigungsregelung für die Stiftung/Treuhänderschaft zu gelten hat. Nachträgliche Änderungseingriffe des Treugebers sind, soweit ausdrücklich vorbehalten, nicht möglich.

Die liechtensteinische Familienstiftung/Treuhänderschaft ist nicht geeignet, *Pflichtteilsrechte* zu umgehen. Das PGR sieht (im Unterschied zu verschiedenen common-law Rechtsordnungen, wie z.B. Cayman Island und Guernsey) ausdrücklich vor, dass durch die Errichtung einer Familienstiftung/-Treuhänderschaft in ihrem Pflichtteil verletzte Erben ihren Anspruch gegenüber der Stiftung/Treuhänderschaft geltend machen können. Diese sogenannte Anfechtung bedeutet jedoch nicht eine Anfechtbarkeit der Stiftung/Treuhänderschaft im Sinne einer Vernichtbarkeit, sondern beinhaltet lediglich einen pekuniären Anspruch auf Auszahlung der entsprechenden Summe aus der Verkürzung des Pflichtteils.

3.3.2.2 Der Ausschluss der Begünstigungsrechte als Haftungssubstrat für die Gläubiger der Begünstigten

Grundsätzlich unterliegen inhaltlich feststehende Begünstigungsrechte dem Haftungszugriff der Gläubiger des entsprechenden Begünstigten. Das PGR sieht jedoch vor, dass im Statut der Stiftung/Treuhänderschaft ausdrücklich bestimmt werden kann, dass *unentgeltlich* erworbene Begünstigungsrechte dem Haftungszugriff der Gläubiger der Begünstigten entzogen sind. Diese Unentgeltlichkeit ist wesentliche Voraussetzung für den Entzug. Sie bedeutet insbesondere, dass sich der Stifter/Treugeber nicht der Haftung entziehen kann, indem er eine Stiftung/Treuhänderschaft errichtet und sich selbst ein Begünstigungsrecht einräumt.

Bei der Ausgestaltung als Ermessensstiftung/-treuhänderschaft ist ein Zugriff der Gläubiger der Begünstigten solange nicht gegeben, als die Treuhänder/Stiftungsräte ihr Ermessen zur Einräumung inhaltlich bestimmter Begünstigungsrechte nicht ausgeübt haben, da hier der Begünstigte noch keinen rechtlich festen Anspruch hat. Auch hier müsste jedoch für den Fall der Ausübung im Statut ausdrücklich der Haftungsentzug im Statut vorgesehen sein.

3.3.2.3 Neutrale Verwaltung durch Stiftungsrat/Treuhänder: Garant der Integrität des Familienvermögens und Schutz der Begünstigten

Der Stiftungsrat/Treuhänder kann das Familienvermögen nur nach Massgabe des Status verwalten, darüber verfügen und zugunsten der Begünstigten nach Massgabe ihrer Begünstigungsrechte verwenden, seien letztere vorbestimmt oder deren Einräumung in des Stiftungsrates/Treuhänderrates Ermessen liegen. Es liegt am Stifter/Treugeber, bei der Errichtung vorzusehen, inwieweit er eine *in specie* oder *wirtschaftliche* Integrität des Vermögens beibehalten will. Durch spezifische Veräusserungsverbote bestimmter Vermögenswerte kann er durch weitestgehenden zeitlichen Aufschub von Kapitalzuwendungen an die Begünstigten eine langdauernde wirtschaftliche Integrität beibehalten.

Die Verwaltungs- und Verfügungszuständigkeit liegt ausschliesslich beim Stiftungsrat/Treuhänder, und die Begünstigten haben keinerlei Mitwirkungsrechte, es sei denn, solche seien ausdrücklich im Statut vorgesehen. Diese neutrale Verwaltung durch Drittpersonen bewirkt einen effektiven Schutz einzelner Familienmitglieder gegenüber anderen, da kein Familienmitglied sich in irgendeiner Weise über die Interessen des anderen hinwegsetzen kann.

Die neutrale Verwaltung kann auch zum Schutz des einzelnen Begünstigten gegenüber sich selbst eingesetzt werden: Soweit Zuwendungen an Begünstigte oder die Einräumung von Begünstigungsrechten in das Ermessen der Stiftungsräte/Treuhänder gelegt werden, bedeutet dies einen effektiven Schutz gegenüber Verschwendung und Unerfahrenheit der Begünstigten.

3.3.3 Der Schutz gegenüber dem Wohnsitzstaat des Stifters/ Treugebers bzw. der Begünstigten durch die Verselbständigung des Familienvermögens

Durch die Ausgliederung des entsprechenden Vermögens aus dem Privatvermögen des Stifters/Treugebers und die fehlende Verfügungszuständigkeit der Begünstigten in Verbindung mit der Domizilierung der Stiftung/Treuhänderschaft in Liechtenstein (oder einer sonstigen geeigneten Rechtsordnung) lassen sich zukünftige Besteuerungen minimieren und die Wirkung zukünftiger Verfügungsbeschränkungen oder gar Enteignungshandlungen ausschliessen. Allerdings ist bei all diesen Vorkehrungen zu beachten, dass auch die geographische Plazierung des Vermögens selbst sorgfältig gewählt werden muss, um einen wirklichen Schutz zu erlangen. Ohne dass es hier möglich wäre, auf Einzelheiten einzugehen, ist weiters darauf hinzuweisen, dass die Auslandsdomizilierung von Familienvermögen mittels Stiftung/Treuhänderschaft Gegenstand zahlreicher gesetzlicher Anti-Steuervermeidungsvorschriften ist und sich daher eine eingehende und sorgfältige Steuerplanung unter Berücksichtigung der individuellen Gegebenheiten aufdrängt.

3.4 Die Stellung des Stifters/Treugebers im Leben der Stiftung/ Treuhänderschaft

Mit der Errichtung der Stiftung/Treuhänderschaft hat sich die Rolle des Stifters/Treugebers erschöpft. Qua Stifter/Treugeber hat er grundsätzlich keinerlei Berechtigung mehr, im Leben der Stiftung/Treuhänderschaft mitzuwirken, es sei denn, er hätte sich im Statut ausdrücklich Befugnisse vorbehalten, was an sich durchaus möglich ist. So wird z.B. oftmals vorgesehen, dass dem Stifter/Treugeber die Befugnis vorbehalten wird, Nachfolgetreuhänder zu benennen, bei der Ausübung von Verteilungsbefugnissen der Treuhänder seine Zustimmung zu geben und andere Befugnisse mehr. Diese Befugnisse kommen ihm jedoch nicht qua Stifter/Treugeber zu, sondern als Befugnisträger aus dem Statut. Der Vorbehalt solcher Befugnisse ist jedoch ein doppelschneidiges Schwert: Werden zu viele Befugnisse vorbehalten, so kann der Fall eintreten, dass die Stiftung/Treuhänderschaft plötzlich ihre Substanz verliert und zu einer Struktur degradiert, die völlig vom Stifter/Treugeber kontrolliert wird. Da sie spätestens in diesem Zeitpunkt dem Stifter/Treugeber wirtschaftlich zuzurechnen ist, verliert sie die der echten Verselbständigung des Familienvermögens inhärenten Vorteile und ist nicht mehr in der Lage, die vorgesehene Funktion zu erfüllen. Der Verlust der eigentlichen Stiftungs-/Treuhänderschaftsqualität ist hierbei ein gradueller Vorgang, und es kann nicht von vorneweg gesagt werden, an genau welchem Punkt die wirtschaftliche Zurechnung an den Stifter/Treugeber erfolgt.

3.5 Anstalt und Treuunternehmen

Neben der reinen Familienstiftung/-treuhänderschaft stellt das PGR noch zwei weitere Rechtsinstrumente zur Verfügung, die in ähnlicher Weise Familienschutzfunktionen wahrnehmen und gewährleisten können, nämlich die Anstalt und das Treuunternehmen. Beide weisen eine weitestgehende privatautonome Gestaltungsfreiheit auf. Vielfach wird diese Gestaltungsfreiheit im Sinne der Erfüllung der obgenannten Funktionen des Schutzes von Familienvermögen verwendet. Im lokalen Fachjargon sprechen wir dann von sogenannten stiftungsrechtlich organisierten Anstalten und Treuunternehmen.

In der Praxis hat sich jedoch (und dies eigenartigerweise sowohl für Anstalt wie für Treuunternehmen) eine *verkehrstypische* Ausgestaltung

durchgesetzt, die sich dadurch auszeichnet, dass sich der Gründer/-Treugeber eine ganze Reihe von Rechten und Befugnissen vorbehält, die zusammengefasst als Gründer- bzw. Treugeberrechte bezeichnet werden und von Gesetzes wegen übertragbar und vererblich sind. Diese sind in der Regel
→ Die Befugnis, Begünstigte oder Destinatäre zu bestellen.
→ Die Befugnisse, welche bei körperschaftlich organisierten Strukturen dem obersten Versammlungsorgan zukommen, wie z.B. Bestellung und Abberufung des Verwaltungsrates, Statutenänderungen, Auflösung, Abnahme der Jahresrechnungen und Gewinnverwendung, Verwendung des Liquidationserlöses.
Seit der (nach Auffassung des Vortragenden missglückten) Revision des PGR aus dem Jahre 1980 gilt auch die gesetzliche Vermutung, dass bei Fehlen von benannten Begünstigten/Destinatären der Gründer einer Anstalt der Begünstigte ist. Eine gleichlautende Vermutung fehlt allerdings im Gesetz über das Treuunternehmen.

Es sprengt den Rahmen dieses Aufsatzes, auf die Vor- und Nachteile dieser verkehrstypischen Ausgestaltung von Anstalt und Treuunternehmen im einzelnen einzugehen. Es ist jedoch darauf hinzuweisen, dass es durch die gesetzlich vorgesehene Vererblichkeit von Gründerrechten zu einer Spaltung von Gründer- und Begünstigtenrechten kommen kann. Dieser Aspekt wird leider oft vernachlässigt, und damit sind die potentiellen Schwierigkeiten vorprogrammiert.

4 Rechtsinstrumente in Liechtenstein zur Verfolgung wirtschaftlich-unternehmerischer Tätigkeiten

4.1 Die typischen Rechtsinstrumente

Die wirtschaftlich-unternehmerische Tätigkeit beinhaltet in allen Fällen stetigen Rechtsverkehr mit Drittpersonen. Dieser Rechtsverkehr bedarf der Rechtssicherheit, und einer der Aspekte der hier geforderten Rechtssicherheit ist eine gewisse Mindeststruktur der Teilnehmer, in der die gegenseitigen Schutzinteressen abgewogen und berücksichtigt werden. Aus dieser Erkenntnis heraus hat der Gesetzesredaktor des PGR auf gewagte Experimente verzichtet und regelt im PGR die auch in den umliegenden Ländern bekannten Rechtsinstrumente, nämlich
→ stille Gesellschaft
→ Kollektivgesellschaft

→ Kommanditgesellschaft
→ Gesellschaft mit beschränkter Haftung
→ Aktiengesellschaft und Kommanditaktiengesellschaft
→ Anteilsgesellschaft.

In der Praxis hat sich die Aktiengesellschaft als die meistgebrauchte Struktur durchgesetzt. Die übrigen Rechtsinstrumente werden nur selten eingesetzt.

Die Aktiengesellschaft des PGR begnügt sich mit einem Aktienkapital von Sfr. 50'000.- und weist entweder Namens- oder Inhaberaktien auf. In der internen Strukturierung folgt sie weitgehend dem schweizerischen Vorbild, wobei jedoch das Aktienrecht des PGR eine Reihe von durchaus interessanten Eigenständigkeiten aufweist, die hier kurz aufgezählt werden mögen:

→ Neben Nominalwertaktien sind auch Quotenaktien zugelassen (Wert ausgedrückt in einem Bruchteil des Kapitals)
→ Möglichkeit der Unterpariemission
→ Verzicht auf Regelung von Mitarbeiteraktien
→ Möglichkeit und Regelung von Mitarbeiteraktien
→ Möglichkeit des veränderlichen Eigenkapitals
→ Nebenleistungsaktien
→ Möglichkeit der Entlöhnung von Aktionären für Nebenleistungen
→ Gratisaktien
→ Austauschbare Vorzugsaktien
→ Aktien mit Stimmrechtsaufschub
→ Spezielle Stimmrechtsaktien
→ Kapitalauszahlung an Aktionäre durch die Gesellschaft mit dem Recht der Gesellschaft, die Rückzahlung zu verlangen

Diese beispielhafte Aufzählung vermag darzulegen, dass das liechtensteinische Aktienrecht nicht starr ist, sondern vielerlei Ausgestaltungsmöglichkeiten bietet. Allerdings weist das liechtensteinische Aktienrecht im Sinne von Gläubiger- und Minderheitenschutz sowie Schutz wohlerworbener Rechte eine Reihe von zwingenden Bestimmungen auf, die nicht umgangen werden können.

4.2 Die atypischen Rechtsinstrumente

Die oben angeführten Rechtsinstrumente zur Verfolgung wirschaftlich-unternehmerischer Zielsetzungen sind allesamt *körperschaftlich* strukturiert. Vielfach unbemerkt geblieben und im Schatten der verkehrstypisch ausgestalteten Anstalten und Treuunternehmen oftmals übersehen wird die Tatsache, dass sowohl Anstalt wie Treuunternehmen gleichfalls körperschaftlich ausgestaltet werden können. Zufolge Fehlens von zwingenden Bestimmungen, wie sie in den typischen Rechtsinstrumenten zahlreich vorhanden sind, lassen sich hier Strukturen verwirklichen, die Bedürfnisse zu befriedigen vermögen, welche mit den typischen Rechtsinstrumenten nicht zu befriedigen sind. Mit Anstalt und Treuunternehmen lässt sich eine massgenau auf die individuellen Bedürfnisse des Klienten zugeschnittene Struktur verwirklichen.

Auch die Treuhänderschaft selbst lässt sich, und hier folgt das liechtensteinische Recht dem Trustrecht verschiedener Einzelstaaten der USA, als Ersatz für die Inkorporation und damit als Struktur für die Verfolgung wirtschaftlich-unternehmerischer Ziele verwenden. Der Trust wird als sogenannter *business trust* strukturiert, wobei den Begünstigten (die dann zumeist auch gleichzeitig Treugeber sind) Rechte zukommen, wie sie den Mitgliedern körperschaftlich organisierter klassischer Rechtsinstrumente zustehen: Dies jedoch mit dem Unterschied, dass auch hier weitgehend zwingende Vorschriften fehlen. Das Gesetz über das Treuunternehmen war eigentlich als Spezialgesetz für den sogenannten business trust gedacht und enthält weitgehende diesbezügliche Bestimmungen. Leider ist jedoch der Gesetzesredaktor nicht dabei geblieben, sondern hat in diesem Gesetz sowohl den business trust betreffende Bestimmungen statuiert, wie allgemeine Bestimmungen betreffend die Treuhänderschaft sowie weitere Bestimmungen, die Treuunternehmen mit stiftungsrechtlicher (insbesondere familienstiftungsrechtlicher) Ausgestaltung betreffen. In Tat und Wahrheit müsste man das Gesetz über das Teuunternehmen vollkommen neu redigieren und systematisch richtig unterteilen. In seiner gegenwärtigen Fassung ist es sehr schwer verständlich und gibt Anlass zu mancherlei Fehlinterpretationen.

5   Die Liberalität des PGR: Mangelnde Berücksichtigung von Rechtsschutzinteressen?

Die Liberalität des Personen- und Gesellschaftsrechtes hat diesem leider auch den Ruf eingebracht, haftungsrechtlich zuwenig strenge Massstäbe anzulegen. Dieser Vorwurf kann nicht erhoben werden, wenn man das PGR richtig liest. Es genügt nicht, lediglich die einer Gesellschaftsform spezifischen Gesetzesvorschriften anzusehen, also z.B. die Aktienrechtsvorschriften. Es ist auch erforderlich, die diesen vorangestellten allgemeinen Bestimmungen über die Verbandspersonen zu berücksichtigen. In diesen finden sich mehr als adäquate Haftungsvorschriften. So mag beispielhaft darauf hingewiesen werden, dass das PGR (und dies seit 1926) bereits die Haftung des sogenannten Grossanteilhabers und damit die Haftung des sogenannten Schattenverwaltungsrates (shadow director) kennt. Ebenfalls streng und einschneidend ist die Haftung der Verwaltung geregelt, die für die Beobachtung der Grundsätze einer sorgfältigen Geschäftsführung und Vertretung einzustehen hat. Klare Regelungen bestehen für den Fall von Kapitalverlust und Überschuldung. Gleichfalls eingehend geregelt ist das Klagerecht von Mitgliedern und Gläubigern von Verbandspersonen.

Patrick Odier

Private Banking: Gemeinsamkeiten und Unterschiede zur institutionellen Vermögensverwaltung

Die Geschichte der Vermögensverwaltung in der Schweiz ist geprägt durch das Geschäft mit privaten Kunden. Erst in der neueren Vergangenheit sind institutionelle Anleger zu einem bedeutenden Kundensegment geworden. Absehbar werden sie – insbesondere im Fonds-, Versicherungs- und Pensionskassenbereich – weiterhin stark zunehmende Finanzvermögen zu verwalten haben. Die Schnittstellen zwischen der privaten und der institutionellen Vermögensverwaltung sind gekennzeichnet durch Synergien und Unterschiedlichkeiten. Sie zu identifizieren und Lösungsmöglichkeiten aufzuzeigen, ist das Ziel dieses Beitrages.

Heutzutage tritt der durchschnittliche Sparer nicht nur als *privater Anleger*, sondern mehr oder weniger direkt auch als *institutioneller Anleger* auf, ohne dass ihm dies in vielen Fällen immer genau bewusst ist. Durch die jeden Monat in Pensionskassen eingezahlten Lohnprozente fliessen regelmässig Gelder in die Kanäle der institutionellen Vermögensverwaltung. Ebenfalls wird durch den Erwerb von Fondsanteilen oder durch den Abschluss von Lebensversicherungen zur Kollektivierung privater Gelder beigetragen.

Von Interesse muss daher die Frage sein, wo denn die Unterschiede in den Bedürfnissen zwischen diesen beiden Anleger-Kategorien liegen. Private Anleger achten in ihrem Anlageverhalten in der Regel auf zwei Hauptpunkte:
→ Gute absolute Performance
→ Vermeidung von realisierten Verlusten

Bei den institutionellen Anlegern zählen nicht zwei, sondern drei Hauptpunkte:

→ Gute absolute Performance
→ Vermeidung von realisierten Verlusten
→ Klar definiertes Vorgehen

Wieso steht eine klar definierte Vorgehensweise bei institutionellen, nicht aber bei privaten Kunden im Vordergrund? Im Private Banking trägt letztlich der Kunde die Verantwortung für seine Anlagen und *deren Risiken* selber. Anders ist es bei den institutionellen Anlegern. Sie handeln praktisch immer *im Namen einer Institution* und letztlich ihrer wirtschaftlich Begünstigten. Ihr gegenüber müssen sie regelmässig Rechenschaft ablegen.

Aufgrund dieses Unterschiedes lassen sich *drei interessante Fragen* stellen:

→ Inwiefern bestehen Unterschiede zwischen der institutionellen Vermögensverwaltung und dem Private Banking?
→ Gibt es Vorteile in der institutionellen Vermögensverwaltung, die man dem privaten Kunden zugute kommen lassen kann?
→ Gibt es auch Nachteile? Besteht nicht etwa das Risiko, dass durch eine Angleichung wichtige Ziele der privaten Kunden missachtet werden, oder geht vielleicht die für die Betreuung von privaten Kunden notwendige Flexibilität verloren?

Die Darstellung einer zunehmenden Professionalität in der Vermögensverwaltung für private Kunden ist das Hauptanliegen dieses Artikels. Dabei soll durch die Abstützung auf die Erfahrungen bei Lombard Odier & Cie ein möglichst praxisnahes Bild vermittelt werden.

Gemeinsamkeiten und Unterschiede des Private Banking zur institutionellen Vermögensverwaltung werden aufgrund von verschiedenen Themenkreisen untersucht, und abschliessend werden mögliche Trends in der Zukunft aufgezeigt:

→ Die Anlageorganisation der Bank
→ Die Anlageformen
→ Die technische Seite der Verwaltung
→ Die Meinung der Privatkunden
→ Die Trends für die Zukunft

Bei allen Ausführungen wird vorausgesetzt, dass der Kunde der Bank vorgängig einen *Verwaltungsauftrag* erteilt hat. Dadurch wird die Bank ermächtigt, alle Handlungen auszuführen, die sie im Rahmen der üblichen bankmässigen Vermögensverwaltung als zweckmässig erachtet. Im Private Banking wird allerdings oft von Kundenseite missachtet, dass ein Verwaltungsauftrag der Bank erteilt wird – und nicht etwa einem Bankangestellten persönlich. Durch diesen Verwaltungsauftrag verpflichtet sich die Bank (und nicht eine Einzelperson), die Verantwortung für die Vermögensverwaltung zu tragen und deren Überwachung sicherzustellen.

Neben der treuhänderischen Beziehung zwischen dem Kunden und der Bank existiert gleichwohl eine entscheidende Vertrauensbasis zwischen Kunde und Vermögensverwalter.

Eine effiziente Anlageorganisation bestimmt das Beziehungsgeflecht zwischen allen Beteiligten – dem Kunden, dem Vermögensverwalter und der Bank.

1 Die Anlageorganisation der Bank

Der Anlageorganisation einer Bank kommt im Private Banking eine Schlüsselrolle zu.
→ Wie sieht heute die Anlageorganisation einer Bank aus?
→ Was sollte vorhanden sein, bevor private oder institutionelle Kunden empfangen werden können?

Eine erfolgreiche Anlageorganisation stützt sich auf drei Hauptpfeiler:
→ Auf einen disziplinierten Prozess zur Festlegung der Anlagepolitik
→ Auf ein professionelles Team von Vermögensverwaltern
→ Auf eine organisierte Administration, d.h. ein effizientes Back Office, unterstützt durch eine erstklassige Logistik.

Obwohl diese drei Bereiche klar getrennt sind, bringt nur ihr harmonisches Zusammenspiel den Erfolg.

Eine periodisch festgelegte *Anlagepolitik* mit einem Anlagehorizont von sechs bis zwölf Monaten erfolgt meistens gemäss den folgenden Schritten:
→ Beurteilung der weltweiten makroökonomischen Entwicklungen, wie zum Beispiel Zinstendenzen, Inflationstrends und Wachstumsaussichten
→ Bewertung einzelner Finanzanlagen und der Märkte für beispielsweise Aktien, Obligationen und Währungen
→ Erarbeitung von Anlagestrategien, d.h.
  • Gewichtung der einzelnen Märkte und Anlagekategorien sowie
  • Erstellung von Modellportfolios als Anlageempfehlung der Bank für ihre Kunden

Die Anlagestrategie entsteht gemäss den Grundsätzen der Modernen Portfolio-Theorie. Nach dieser wird auf eine bestimmte Risikostreuung, d.h. Diversifikation der Anlagen, geachtet. Modellportfolios werden mittels eines Optimierungsprozesses (in Form möglichst effizienter Portfolios) zusammengestellt.

Somit bestehen aus rein theoretischer Sicht zwischen der Festlegung von *Modellportfolios* für private und institutionelle Kunden keine Unterschiede.

Im Private Banking gibt die Anlagepolitik meistens drei Modellportfolios vor, die drei typische Risikoklassen anvisieren und damit entweder auf Kapitalerhaltung, auf Ertrag oder auf Vermögenswachstum ausgerichtet sind. Jedes Modellportfolio orientiert sich somit an einer Gruppe von Kunden mit ähnlichem Anlageprofil.

Die Vermögensverwalter setzen die Anlagestrategie unter Berücksichtigung der einzelnen Kundenbedürfnisse in die Praxis um. In dieser Umsetzung zeigt sich einer der wichtigsten Unterschiede zwischen der privaten und institutionellen Vermögensverwaltung. Während im institutionellen Bereich die Vermögensverwaltung meistens durch Teams von Anlagespezialisten ausgeführt wird, nimmt im Private Banking praktisch immer nur ein Portfoliomanager die Verwaltungsaufgaben wahr. Denn in der Regel zieht der Privatkunde eine Vertrauensperson einem ganzen Team von Spezialisten vor.

Bei der pragmatischen Abstimmung der Anlagestrategie auf die verschiedenen Kundenprofile kommt es oft zu Abweichungen gegenüber dem Modellportfolio, das heisst der von der Bank empfohlenen Anlagestrategie.

Unterschiede entstehen zwischen dem vorgegebenen und dem gewünschten Portfolio aus den folgenden Gründen:

→ Im Private Banking sind viele Portfolios zu klein, um jede Änderung in der Anlagestrategie in die einzelnen Portfolios umzusetzen.

→ Zahlreiche Kunden können sich nicht mit allen Feinheiten einer professionellen Anlagestrategie identifizieren. Beispielsweise kann ein Kunde ein bestimmtes Land zwar als Tourist sehr schätzen, als Investor jedoch Wertschriften aus dieser Region meiden.

Aufgrund der Grösse von institutionellen Portfolios ist es möglich, einzelne Portfolios zu optimieren und dementsprechend eine möglichst effiziente Anlagepolitik umzusetzen.

In vielen Banken führt insbesondere die Zusammenarbeit bzw. das Auseinanderlaufen zwischen Vermögensverwaltung und Festlegung der Anlagepolitik zu ständigen Diskussionen und Reibereien. Die Strategen und Analysten werfen den Verwaltern vor, sie würden die Anlagepolitik der Bank nicht in die Praxis umsetzen. Die Portfoliomanager haben ihrerseits sehr viele Argumente dafür, dass die Performance der Bankstrategie aus der Sicht der Kunden ungenügend oder inadequat sei. Zur Lösung dieses Konflikts zwischen Analysten und Portfoliomanagern gibt es verschiedene Ansätze. Alle gehen in Richtung einer Annäherung zwischen Private Banking und institutioneller Vermögensverwaltung.

Mögliche Ansatzpunkte in diesem Zusammenhang können sein:
→ Schaffung höchstmöglicher Transparenz, damit sowohl die vorgeschlagenen Anlagestrategien als auch die Resultate der Vermögensverwaltung mess- und vergleichbar sind
→ Einbezug der Vermögensverwalter in die Festlegung der Anlagestrategie
→ Übernahme ganz bestimmter Vermögensverwaltungsaufgaben durch die Analysten, z.B. das Management von Spezialfonds oder der Handel in Derivaten

Ein Privatkunde wird es zu schätzen wissen, wenn ihm sein Vermögensverwalter die verschiedenen Verwaltungstechniken wie Strategieformulierung, taktische Asset Allocation und Portfoliooptimierung erklärt. Ganz im Gegensatz zum institutionellen Kunden geht es ihm dabei weniger um die technischen Aspekte selbst, als vielmehr um die Vertrauensbasis, die gerade durch Professionalität geschaffen wird.

Der institutionelle Anleger wird hingegen meistens dem Board of Trustees und seinem Stiftungsrat einen Rechenschaftsbericht über die bei der Vermögensverwaltung eingesetzten Arbeitsmethoden und Techniken vorlegen müssen. Der institutionelle Anleger will wissen, welche Anlagephilosophie befolgt wird, wie die Titelselektion mit Kauf- und Verkaufskriterien aussieht, oder ob beim Entscheidungsprozess die fundamentale Analyse oder technische Faktoren ausschlaggebend sind.

Das professionelle Vorgehen in der Festlegung der Anlagestrategie ist nur eine der wichtigen Komponenten der privaten Vermögensverwaltung. Eine andere Komponente ist der Begriff der ganzheitlichen Dienstleistung. Im engeren Sinne werden darunter die Zielsetzungen sowie die Bestimmung von Risikoprofil und Liquiditätsbedarf der Kunden verstanden. Zudem möchte ein anspruchsvoller Privatkunde nicht nur einem reinen Vermögensverwalter gegenübersitzen, sondern einer Person, die ihn auch in anderen Bereichen beraten kann, z.B. Recht, Steuern, Erbschaftsangelegenheiten, Rechtsdomizil und Immobilienerwerb. Manch ein Kunde bedarf aber auch einer Beratung in Gebieten des Corporate Finance und Investment Banking. In diesem Spezialfall verwischen sich nun die Grenzen zwischen privaten und institutionellen Anlegern. Der Privatkunde braucht letztlich einen Berater, einen Generalisten, der sich in allen Bankbereichen auskennt, und weniger einen Finanzanalysten, der sich sein ganzes Leben lang allein mit seinem Fachgebiet beschäftigt hat. Der Vermögensverwalter von Privatkunden muss somit vielfach ein breites und mannigfaltiges Aufgabenfeld abdecken können. Gegebenenfalls kann er den Kunden an einen Spezialisten weiterleiten.

Es wird bisweilen sogar behauptet, dass der Verwalter von Privatkunden über ein wesentlich breiteres Wissen verfügen muss als der Verwalter von institutionellen Vermögen.

Im Zusammenhang mit der Anlageorganisation einer Vermögensverwaltungsbank sei noch auf einen wichtigen Vorteil von Privatbanken hingewiesen. Das Privileg eines Privatbankiers besteht darin, als Chef des Unternehmens und zugleich als Vermögensverwalter seine Kunden empfangen zu können. Hat der Kunde eine Beschwerde anzubringen, kann er dies direkt und sofort tun, ohne zuerst unzählige Memos und Briefe an Vermögensverwalter zu schreiben. Es ist im Private Banking ein enormer Vorteil, wenn in einer Organisation, die sich ausschliesslich auf Vermögensverwaltung spezialisiert hat, die Hauptverantwortlichen über weitreichende Kompetenzen verfügen.

Soweit einige Überlegungen zur Anlageorganisation der Bank. Was ergibt nun ein Vergleich des Private Banking mit der institutionellen Vermögensverwaltung in bezug auf die verschiedenen Anlageformen?

2 Die Anlageformen

Noch immer spielt die Portefeuillezusammensetzung für den Privatanleger eine sehr wichtige Rolle.

Ein institutioneller Kunde kümmert sich in der Regel weniger um die Einzelheiten, nachdem er die globale Anlagestrategie einmal gutgeheissen hat. Im Unterschied hierzu möchte der Privatkunde beispielsweise wissen, wieso man Digital Equipment gekauft hat, obwohl ihm von anderer Seite nichts Gutes über dieses Unternehmen zu Ohren gekommen ist.

Ein anderes Beispiel: Der Privatkunde wird mit dem Vermögensverwalter darin einig gehen, dass der US-Aktienmarkt zu einem bestimmten Zeitpunkt zu meiden ist, weil er überbewertet ist. Er wird hingegen nicht verstehen, wieso eine bestimmte US-Aktie mit einer

Outperformance von 20% gegenüber dem Markt nicht trotzdem gekauft wurde, obgleich er zufällig auch noch ein Mitglied der Geschäftsleitung des Unternehmens kennt. Im Grunde genommen entspricht die Denkweise des Privatkunden einem Bottom-up-Approach. Ihm erscheint die Anlage in ein bestimmtes Wertpapier interessanter als in einen gesamten Markt. Der Privatkunde ist in diesem Zusammenhang jedoch oft nicht überzeugt, dass die Performance eines Portefeuilles weniger durch ein geschicktes "Stock Picking" erzielt wird, sondern meistens einer "Global Asset Allocation" gutzuschreiben ist.

Die Wünsche eines Privatanlegers gehen eigentlich in Richtung Kauf und Verkauf einzelner Titel oder Währungen. Trotzdem ist vor allem in letzter Zeit ein wahrer Megatrend bei *Anlagefonds* zu verzeichnen. Wie kommt es nun, dass so viele Privatanleger in zunehmendem Masse ihr Geld in Fonds anlegen, obwohl sie in ihren Vorstellungen doch eher zu Einzelanlagen tendieren?

Anlagefonds bieten bekanntermassen eine Reihe von Vorteilen: Der Privatkunde erhält durch Fonds die Möglichkeit, seine Kapitalanlagen kostengünstig zu streuen. Mittlerweile kann ein Investor in Anlageklassen, Märkte, Regionen oder auch Währungen diversifizieren, zu denen er früher keinen Zugang hatte. Der Zufluss von privaten Geldern in Kollektivanlagen bedeutet letzten Endes eine Institutionalisierung der privaten Vermögensverwaltung. Gleichzeitig stellen Fondsprodukte in zunehmendem Masse geeignete Anlagevehikel im Private Banking dar.

In diesem Zusammenhang konnten wir in letzter Zeit beobachten, dass sogenannte *Fund of Funds-Konstruktionen* eine wachsende Bedeutung erlangt haben. Die Asset Manager dieser Konstrukte investieren ihre Gelder vorwiegend in andere Fondsprodukte. Fund of Funds-Ansätze können im aktiven Portfolio-Management von institutionellen wie privaten Vermögen zwei Funktionen übernehmen.

Einerseits können sie als unmittelbare Anlageobjekte Verwendung finden. Mit Fund of Funds-Produkten lassen sich nicht nur einzelne Märkte abdecken, sondern ganze Regionen wie zum Beispiel Emerging Markets. Zu günstigen Einstandskursen lässt sich somit eine breite Diversifikation in den offerierten Anlagesegmenten dieser Produkte vollziehen.

Auf der anderen Seite können Fund of Funds-Ansätze als eigentliche Managementphilosophie für die Verwaltung von kleinen Portefeuilles figurieren; und dies vor allem für performance-orientierte Kunden, die einen weiten Horizont bezüglich der verwendbaren Anlagemedien aufweisen. Der Vorteil liegt auf der Hand: Man kann auch mit kleinen Anlagevolumina eine grosse Risikostreuung erreichen und dennoch gleichzeitig aktives Portfolio-Management betreiben.

Fund of Funds-Produkte können nach einem Baukastenprinzip in beliebiger Gewichtung zu einer bereits bestehenden Asset Allocation hinzugefügt werden.

Sie können aber auch als Grundstock dienen, zu dem weitere Anlageformen entsprechend den Wünschen und Vorstellungen des Kunden in bezug auf Ertrags- und Risikoprofil ergänzt werden.

Am Beispiel der *Hedgefonds* lässt sich aufzeigen wie neue Anlageformen aus der institutionellen Vermögensverwaltung ihren Weg ins Private Banking finden.

Hedgefonds sind technologisch zwar ausgereift, aber immer noch stark erklärungsbedürftig. Es ist zu bedauern, dass der Ausdruck Hedge gänzlich falsch verwendet wird. Schliesslich handelt es sich bei diesen Produkten um ein Leveraging, das heisst die Ausnützung einer Hebelwirkung von Investments und nicht um eine Absicherung. Über ein klar definiertes Konzept ermöglicht es der Hedgefonds, mit einem hohen Exposure in spezifischen Marktrisiken positioniert zu sein.

Der Einsatz dieser Instrumente in der Vermögensverwaltung verlangt jedoch ein Überwinden gewisser Hemmschwellen. Man denke einerseits an einen beliebigen Titel aus einem globalen Aktienportefeuille und andererseits an einen in Erwägung gezogenen Hedgefonds. Vergleicht man nun diese beiden bezüglich Erwartungsrendite, Risiko und Diversifikationspotential, so würde eine Entscheidung auf einer solchen objektiven Basis in aller Regel zugunsten des Hedgefonds ausfallen.

Die Diversifikation eines Portefeuilles in Hedge Fonds, selbst wenn diese nur ein Prozent beträgt, kann eine offensichtliche Verbesserung des totalen Rendite-/Risiko-Verhältnisses mit sich bringen. Wird dies erkannt, so ist die Hemmschwelle in der Vermögensverwaltung überwunden und der Anleger ist auf dem richtigen Weg: Er hat eine neue Investmentkategorie akzeptiert und wird sie in seinen zukünftigen Asset-Allocation-Überlegungen zu berücksichtigen wissen.

Neuere Anlageformen, wie zum Beispiel die Ausleihung von Wertpapieren, das sogenannte Securities Lending, Swap- und weitere Over-the-Counter-Geschäfte, fanden bislang im Gegensatz zum institutionellen Bereich wenig Anwendung im traditionellen Private Banking. Aus Gründen unzureichender Portfoliogrösse sowie aufgrund häufig fehlender Bereitschaft von Kundenseite, Positionen langfristig zu binden, wird das Securities Lending kaum benutzt. Über Fonds gelangen aber auch solche Anlagemedien mehr und mehr zum Einsatz. Verwaltungsverträge für Privatkunden sehen heutzutage neben der Anwendung von Securities Lending auch den Einsatz von Derivaten, wie zum Beispiel Optionen und Futures sowie Transaktionen in Fund of Funds, vor.

Die Einsatzmöglichkeiten von *derivativen Finanzinstrumenten* sind in den letzten Jahren erheblich ausgeweitet worden. Der Privatkunde akzeptiert den Einsatz von derivativen Instrumenten zur Absicherung seines Portfolios. Oft erwartet er aber auch von seinem Vermögensverwalter, dass er die Hebelwirkung dieser Geschäfte zu seinem Vorteil nutzt, d.h. zu Spekulationszwecken einsetzt, um damit die Renditeaussichten seines Portefeuilles entsprechend zu steigern.

Der institutionelle Anleger hingegen unterliegt im allgemeinen einer Vielzahl von Restriktionen und Rechtfertigungserfordernissen. Der Einsatz von derivativen Instrumenten in seinem Portfolio bleibt somit Absicherungszwecken vorbehalten. Durch geschickte Kombination von verschiedenen Derivaten lassen sich auf effiziente Weise bestimmte Anlagevehikel oder gewisse Rendite-/Risiko-Profile replizieren. Diese sind darauf ausgerichtet, den spezifischen Bedürfnissen des Anlegers zu entsprechen. Ein vermehrter Einsatz solcher "Replikate" in der Vermögensverwaltung ist inskünftig zu erwarten.

Indexanlagen sind spezielle Portfolios (im allgemeinen in der Form von Fonds), welche einen vorgegebenen Referenzindex, vorwiegend aus dem Aktienbereich, nachbilden. Private Kunden sind jedoch im allgemeinen gegenüber rein indexierten Anlagen sehr zurückhaltend, weil sie meistens auf eine absolute Performance ausgerichtet sind. Privatkunden sind in der Regel überzeugt, dass ein professioneller Vermögensverwalter in der Lage ist, unterbewertete Aktien aufzuspüren und dadurch im Vergleich zu einer reinen Indexstrategie eine bessere Performance zu erzielen. Deshalb erwarten diese Kunden, dass der Vermögensverwalter über ein qualitativ hochstehendes Research verfügt. Die vorhandenen Technikprobleme sowie immer noch weit verbreitete Vorurteile nährten bislang die Zurückhaltung bei institutionellen Anlegern.

3 Die technische Seite der Verwaltung

Die Thematik der technischen Seite der Verwaltung, d.h. der *Berichterstattung (Reporting)* und der *Performanceanalyse* ist sehr umfassend.

Im wesentlich kann in bezug auf den Privatkunden gesagt werden, dass die Berichterstattung für ihn sehr wichtig ist. Er erwartet, dass ihn sein Vermögensverwalter über die Vorgänge in seinem Portfolio aufklären kann. Erstaunlicherweise wird oft und vor allem bei schlechter Marktlage vom Vermögensverwalter eines Privatkunden ein genaueres Reporting verlangt als von einem institutionellen Vermögensverwalter. Das ist darauf zurückzuführen, dass die Zielsetzungen des institutionellen Kunden bereits zu Beginn genau festgelegt wurden. Der Institutionelle muss dann nur noch überprüfen, ob seine Anweisungen eingehalten wurden. Der Privatkunde hingegen will wissen, wieso ein bestimmter Titel gekauft oder Investitionen in einem bestimmten Sektor getätigt wurden. Das Vertrauen des Kunden in seinen Vermögensverwalter wird durch Gespräche manchmal sogar weit mehr als durch die reine Performance bekräftigt.

Ein Reportinggespräch wird letzten Endes immer auf die absolute Performance hinauslaufen. Dabei gibt es zwei Arten von Kunden: Die einen sind hauptsächlich darauf ausgerichtet, am "heissen" Markt mitzuspielen – wie beispielsweise in den Emerging Markets im letzten Jahr. Ob dabei das Potential der steigenden Märkte voll ausgeschöpft wird, ist diesen Kunden vielfach egal. Andere Kunden verhalten sich eher wie die Institutionellen, indem sie sich nach der relativen Performance und einem Benchmark ausrichten. Dieses Verhalten ist jedoch meistens auf positive Marktphasen beschränkt. Die relative Performance in schlechter Marktlage wird nur bedingt beachtet; somit findet diese Betrachtungsweise zu Beginn einer absoluten Negativperformance für gewöhnlich ein jähes Ende.

Bei der Frage der *Depotstelle* der Wertschriftenbestände stehen beim Privatkunden hauptsächlich rechtliche oder steuerliche Gesichtspunkte im Vordergrund. Eine Trennung zwischen Depotstelle und Vermögensverwaltung, wie dies im institutionellen Bereich öfters angewandt wird, ist bei Privatkunden noch nicht relevant.

Für den Privatkunden sind die *Kosten*, insbesondere Verwaltungsgebühren und Transaktionskosten weniger ein Problem als für den institutionellen Kunden. Ersterer ist bereit, für bessere Qualität mehr zu bezahlen, während es für den institutionellen Kunden zu seiner Aufgabe gehört, über die Kosten zu verhandeln. Die höhere Kostenakzeptanz seitens der Privatanleger ist darauf zurückzuführen, dass die gebotene Dienstleistung sich nicht auf die reine Performance beschränkt. Er ist im allgemeinen aber nicht dazu bereit, seinen Vermögensverwalter gemäss der erzielten Performance zu bezahlen, wie es der institutionelle Kunde häufig macht. Die wenigsten Kunden würden akzeptieren, dass positive Anreize für den Vermögensverwalter und die Bank auf einer erfolgsabhängigen Gebührenstruktur basieren. Derartige erfolgsabhängige Gebührenmodelle werden von privaten Kunden daher nur selten verlangt. Der Privatkunde will in erster Linie Transparenz, meistens ex post. Für den institutionellen Kunden zählen die Gesamtkosten, in der Regel ex ante.

4 Die Meinung der Privatkunden

Der bedeutendste Aspekt im Zusammenhang mit den Anlegerbedürfnissen im Private Banking besteht wohl darin, dass der Privatkunde eine Vertrauensbeziehung zum Vermögensverwalter sucht. Der Kunde wird vom Vermögensverwalter zudem erwarten, dass er die modernsten Technologien einsetzt – wiederum nicht aufgrund der rein technischen Aspekte, sondern weil ihm dies ein gewisses Sicherheitsgefühl verschafft.

Über zufriedene Kunden, die sich in ihrem Lebensbereich positiv über ihre Bank äussern, entsteht das Bild von Kompetenz und Vertrauenswürdigkeit – was man treffend durch das französische Wort *Renommee* ausdrücken kann. Dieses Bild wird vorrangig durch die Bankspezialisten geprägt, mit denen die Kunden in Verbindung stehen, und kann sich sehr schnell ändern.

Der institutionelle Kunde vertraut seine Vermögenswerte einem Verwalter meistens aufgrund eines langwierigen, gründlichen und komplexen Auswahlverfahrens an. Zudem besitzt der institutionelle Kunde in vielen Fällen selbst ein entsprechendes Fachwissen.

In der Vergabe der *zu verwaltenden Vermögen* verhält sich der Privatkunde wesentlich pragmatischer. Er weiss, dass zur Erzielung guter Ergebnisse ein minimaler Betrag erforderlich ist. Der Privatkunde wird jedoch nur in seltenen Fällen sofort den Gesamtbetrag zur Verwaltung übergeben, den er eigentlich verwaltet haben möchte. Oft arbeitet er zumindest anfangs mit verschiedenen Banken.

Der *Risikobegriff* in seinen vielfältigen Formen muss beim Privatkunden einfach gehalten werden. Das in dem Begriff Volatilität verkörperte Risikomass ist dem Privatkunden heutzutage meistens bekannt. Andere Ausdrücke wie Volatilität im Zeitablauf bringen nichts für einen Privatkunden. In der Regel ist das Spektrum der Risikoprofile bei

Privatkunden breiter als in der insitutionellen Vermögensverwaltung. Dabei zeigt die Praxis, dass der Kunde ohne die Beratung von Seiten des Vermögensverwalters eine höhere Risikobereitschaft aufweisen würde. Privatkunden verlangen im allgemeinen mehr *Einschränkungen* in den zulässigen Anlagen als institutionelle Kunden. Erstere haben häufig gewisse Vorlieben für bestimmte Währungen oder Märkte, gegenüber anderen Anlagesegmenten besitzen sie eine Abneigung. Privatkunden ziehen zum Beispiel eine aktive Verwaltung in den von ihnen bevorzugten Anlagekategorien einer indexierten Verwaltung vor. Indexanlagen beinhalten vielfach Titel, die der Privatkunde eben gerade nicht erwerben möchte.

5 Die Trends für die Zukunft

In bezug auf die am Anfang gestellten Fragen wurde bisher auf eine Reihe von Unterschieden zwischen dem Private Banking und der institutionellen Vermögensverwaltung hingewiesen. In Zukunft werden sich die aufgezeigten Trends wahrscheinlich noch weiter verschärfen.

Die verwalteten Vermögen werden bei der institutionellen Vermögensverwaltung stärker zunehmen als in der privaten Vermögensverwaltung.

Im Private Banking geht heute der Trend in die Richtung, mehr vom Approach der institutionellen Vermögensverwaltung zu profitieren, da dieser strukturierter und in einen systematischen Anlageprozess eingebunden ist.

Es erscheint jedoch mindestens aus heutiger Sicht ratsam, auch weiterhin auf ein "Gleichgewicht" in der Betreuung zwischen der privaten und der institutionellen Kundschaft acht zu geben. Nicht nur im institutionellen Bereich, sondern auch in der privaten Vermögensverwaltung braucht es in Zukunft mehr innovative Antriebskräfte mit neuen Ideen.

In Zukunft wird die Nützlichkeit einer Trennung der Funktionen Kundenempfang und Vermögensverwaltung vermehrt diskutiert werden. Diese Auseinandersetzung ist im Private Banking heute viel ausgeprägter als im institutionellen Bereich. Im allgemeinen wird die Meinung vertreten, dass es nicht mehr möglich sei, beide Funktionen gleichzeitig wahrzunehmen. Dieser "absolute Weg" muss jedoch nicht unbedingt richtig sein. Vielmehr könnte zutreffen, dass man in Zukunft einen Kunden langfristig nur dann behalten kann, wenn man in der Lage ist,

Kundenempfang und Vermögensverwaltung zu vereinen. Dies setzt jedoch voraus, dass der Verwalter in eine sehr effiziente Anlageorganisation eingebettet ist.

So kann man wohl davon ausgehen, dass im Private Banking gegenüber dem Kunden auch in Zukunft eine Einzelperson entscheidend sein wird. Private Banking ist in erster Linie „People's Business". Einer der wichtigsten Punkte im Private Banking besteht inskünftig darin, die Personen zu finden, die Bankgeneralisten bleiben wollen und einen ausgeprägten Sinn für den Dienst am Kunden haben und gleichzeitig Vermögensverwaltungstechniken professionell einzusetzen wissen.

Heinz Zimmermann

Kundensegmentierung im Asset Management aus der Sicht der Finanzmarkttheorie

In einer zweckmässigen Segmentierung der Kunden liegt unbestrittenermassen eine entscheidende Erfolgsbedingung des Private Banking. Sie bildet die unerlässliche Grundlage einer professionellen, bedürfnisgerechten Betreuung dieser naturgemäss heterogenen Kundschaft. Der Autor analysiert auf der Basis der modernen Finanzmarkttheorie Segmentierungskriterien für das Asset Management. Dabei werden neuartige, zum Teil überraschende Aspekte deutlich.

Seit ihrer Entstehung in den fünfziger Jahren hat sich die Finanzmarkttheorie zu einer wissenschaftlichen Disziplin entwickelt, welche eine grosse Zahl praktisch direkt relevanter Ergebnisse und Erkenntnisse hervorgebracht hat. Im vorliegenden Beitrag soll untersucht werden, welche Implikationen aus unterschiedlichen Ansätzen der Portfolio- und Kapitalmarkttheorie bezüglich der Kundensegmentierung im Anlagegeschäft (asset management) abgeleitet werden können. Die Finanzmarkttheorie hat sich in keiner Phase explizit und normativ zu dieser Frage geäussert. Umso wichtiger ist die Fragestellung, welche diesbezüglichen Folgerungen sich implizit aus den verschiedenen Ansätzen herausarbeiten lassen. Es treten hier neue und möglicherweise erstaunliche Gesichtspunkte zu Tage.

Jede Theorie ist wesensgemäss abstrakt; was die Finanzmarkttheorie bezüglich Kundensegmentierung liefern kann, sind konzeptionelle Ansätze, aber keine Rezepte. Die nachfolgenden Überlegungen beschränken sich auf die Perspektive der Finanzmarkttheorie (Portfoliotheorie, Shortfall Risk, CAPM (Capital Asset Pricing Model), APT (Arbitrage Pricing Theory), Optionspreistheorie). Ansätze rein empirisch ausgerichteter Kundensegmentierungen (wie etwa der Einfluss von Ausbildung, Beruf, Geschlecht etc. auf das Risikoverhalten[1]) oder steuerliche Gesichtspunkte werden nicht besprochen. Die heute weit verbreitete Kundensegmentierung unterscheidet einen einkommens-, kapitalertrags- oder wachstumsorientierten (aggressiven) Anleger, allenfalls für unterschiedliche Referenzwährungen mit unterschiedlicher Währungsabsicherung (hedged, partly hedged, unhedged). Je nachdem werden die Anlagekategorien „Aktien", Bonds" und „Cash" (Inland/Ausland) in unterschiedlicher Weise gewichtet. Diese Kategorien sind aus finanzmarkttheoretischer Sicht allerdings weder ausgesprochen konsistent noch unmittelbar vergleichbar. Insbesondere ist der Zusammenhang zwischen diesen Kategorien und den Merkmalen der darauf ausgerichteten Produkte nicht sehr transparent. Meistens zielt die Kategorisierung auf die Risikotoleranz der Anleger ab. Dieser Aspekt wird im Ansatz der klassischen Portfoliotheorie explizit berücksichtigt und steht im Zentrum des nachfolgenden ersten Kapitels des vorliegenden Beitrags. Eine mehrdimensionale resp. differenziertere Sichtweise des finanzwirtschaftlichen Risikos, welche eine breitere und flexiblere Kundensegmentierung zulässt, wird im zweiten Kapitel im Zusammenhang mit der APT vorgenommen. Ein neuer Aspekt wird im dritten Kapitel diskutiert, wo Risiko unter einer asymmetrischen Perspektive diskutiert wird. Hier ergeben sich bezüglich Risikoverhalten und Kundensegmentierung völlig neue Gesichtspunkte, welche am einfachsten über den Einsatz von Optionen verstanden werden können. Aus den dort gewonnenen Erkenntnissen werden im vierten Kapitel Gesichtspunkte des dynamischen Risk Assessments diskutiert. Die Grundaussage lautet, dass sich unter der Möglichkeit, Portfolios dynamisch umzuschichten, die Risikotoleranz eines Investors nicht in der statischen Asset Allocation äussert, sondern in der Art und Weise der dynamischen Anpassung der verschiedenen Anlagekategorien im Zuge der Vermögensschwankungen. Im einfachsten und hier diskutierten Fall lassen sich konkave und konvexe Payoff-Strukturen unterscheiden. Es wird argumentiert, dass die Präferenz mit der Zeithorizontflexibilität von Investoren zusammenhängt. Darin liegt ein neuartiges und wohl interessantes Kriterium für die Kundensegmentierung im Asset Management, an welches andere Ansätze (wie der Lebenszyklusansatz; im Beitrag von Klaus Spremann im vorliegenden Band) angeknüpft werden können.

1 Eine eindimensionale Sichtweise: Der Ansatz der klassischen Portfoliotheorie

1.1 Der traditionelle Ansatz: Markowitz'sche Asset Allocation

Im Vordergrund der traditionellen Portfoliotheorie, wie sie von Harry Markowitz (Nobelpreis 1990) entwickelt wurde, steht die effiziente Diversifikation von Risiken. Das Risiko der Anlagen wird durch die Varianz beziehungsweise die Standardabweichung („Volatilität") ihrer Renditen gemessen. Das Ergebnis ist die Effizienzgrenze, welche ausgehend vom Portfolio mit der geringsten Varianz die Gesamtheit der effizient diversifizierten Anlagen aufzeigt. Aus diesem „Menu" wird für jeden Anleger jenes Portfolio ausgewählt, welches den Erwartungsnutzen maximiert. Dieser kann in einem spezifischen Fall durch

$$V = \mu - \frac{\sigma^2}{2T}$$

bestimmt werden. Es handelt sich um das klassische, Markowitz'sche mean-variance-Kriterium: μ ist die Renditeerwartung, σ^2 die Renditevarianz. Der Nutzen oder die Bewertung eines Portfolios kann durch die beiden Parameter vollumfänglich bestimmt werden. Für jede Risikotoleranz T ist eine andere Portfoliozusammensetzung optimal[2].

Die Kundensegmentierung erfolgt bei diesem Ansatz ausschliesslich aufgrund der Risikotoleranz des Anlegers, also des präferierten Tradeoffs zwischen der Portfoliovarianz (oder Volatilität) und der Renditeerwartung, also aufgrund eines kontinuierlichen und vergleichbaren Kriteriums, nämlich des Risikotoleranzmasses T. Die Folgerung für die Kundensegmentierung besteht darin, dass unterschiedlich strukturierte Modellportfolios konstruiert werden können, welche auf die Risikotoleranz der Investoren ausgerichtet sind. Zweckmässigerweise wird man etwa drei bis vier Klassen bilden. Ein Beispiel mit drei Risikotoleranz-Klassen und vier Anlagekategorien findet man in Abbildung 1. In der Praxis wird man eine Kategorisierung im Sinne eines „konservativen", „ausgewogenen" oder „dynamischen" Anlegers respektive Anlegerin bilden (SKA):

Aber: Die Risikotoleranz T liefert ein graduelles, nicht ein diskretes Segmentierungskriterium. Was passiert beispielsweise mit einem

Anleger, der zwischen zwei Kategorien „fällt"? Dieses Problem führt zum nächsten Ansatz.

Abbildung 1

	Aufteilung		
	Liquidität	Bonds	Aktien
konservativ (*T tief*)	17%	56%	27%
ausgewogen (*T durchschnittlich*)	15%	36%	49%
dynamisch (*T hoch*)	13%	16%	71%

1.2 Universelle Portfolioselektion: Tobin's Separationstheorem

Wenn unterstellt wird, dass ein Teil des Vermögens in risikolose Anlagen („Liquidität") investiert werden kann, verändert sich das Portfolioselektionsproblem ganz prinzipiell. James Tobin (Nobelpreis 1981) hat gezeigt, dass sich in dieser Situation die Portfolioselektion in zwei völlig losgelöste Aspekte separieren lässt: In die Wahl eines für sämtliche Anleger gleichermassen effizienten Risiko-Parts (d.h. eines universellen „Fonds"), sowie in die Aufteilung des Vermögens zwischen diesem Fonds und der Liquidität. Das universell effiziente Portfolio findet man als Tangente des risikolosen Zinssatzes an der Effizienzgrenze; man bezeichnet deshalb den globalen Fonds als „Tangentialportfolio". Siehe Abbildung 2 für ein Beispiel.

Das Merkmal dieses Ansatzes besteht darin, dass die Portfoliooptimierung (d.h. Strukturierung des Risiko-Parts) nicht auf die Risikotoleranz eines jeden Anlegers ausgerichtet werden muss, sondern dass diese lediglich in der Aufteilung zwischen Risiko-Part und risikofreier Anlage zum Ausdruck kommt. Für jeden Anleger setzt sich der Risiko-Part genau gleich zusammen. Die Risikotoleranz bestimmt lediglich die Aufteilung des Vermögens auf den Risiko-Part und die Liquidität[3].

Abbildung 2

	Struktur Tangentialportfolio (Risiko-Part)	Anleger	
		risikoscheu	risikofreudig
Aktie A	20%	4%	15%
Aktie B	30%	6%	22.5%
Aktie C	50%	10%	37.5%
Liquidität		80%	25%

Die Folgerung für die Kundensegmentierung: Diese findet ihren Niederschlag in der Identifikation der Risikotoleranz und des resultierenden Risiko-Engagements. Die Strukturierung des Portfolios (Tangentialportfolios) erfolgt nach rein finanzanalytischen und statistischen Gesichtspunkten. Diese Separation ermöglicht eine effiziente Produktion von Portfolios, welche trotzdem der individuellen Risikotoleranz Rechnung tragen.

Abbildung 3

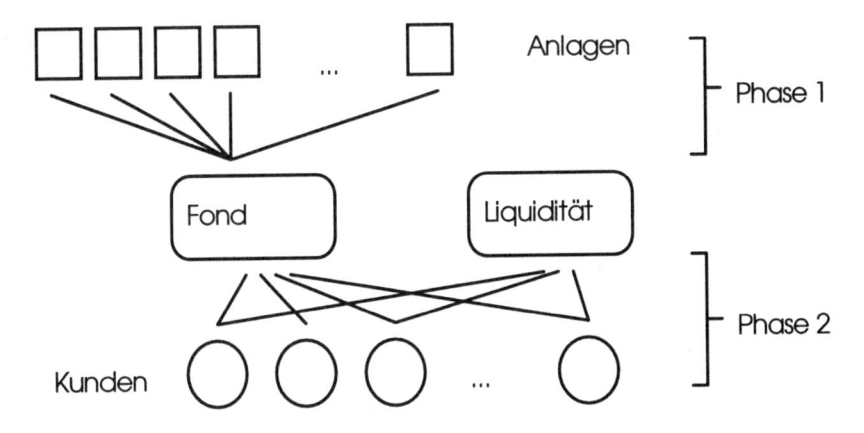

Die kontinuierliche Natur der Risikotoleranz entspricht einem beliebig variierbaren Risiko-Engagement. Die Portfoliooptimierung bleibt einfach. Doch: Wie lässt sich die Risikotoleranz eines Anlegers resp. einer Anlegerin am einfachsten beurteilen? Mit dieser Frage befassen sich die beiden nächsten Abschnitte.

1.3 Ein Ansatz zur vereinfachten Identifikation der Risikotoleranz: Roy's Shortfall Ansatz

Die klassische Portfoliotheorie beruht auf der Annahme, dass Portfolios aufgrund des Erwartungsnutzens (formalisiert durch Indifferenzkurven) ausgewählt werden. Dies ist in vielen Fällen abstrakt. Bereits Roy schreibt:

> „A man who seeks advice about his actions will not be grateful for the suggestion that he maximize expected utility" (Econometrica, 1952).

Als bessere Entscheidungshilfe schlägt er die Wahrscheinlichkeit vor, dass eine bestimmte Schwellenrendite („threshold return" R*) innerhalb eines bestimmten Zeithorizonts unterschritten wird („shortfall probability" p). Dieser Ansatz wurde in den siebziger Jahren von der quantitativen Finanzanalystengruppe um Martin Leibowitz bei Salomon Brothers wieder aufgegriffen und verbreitet. In Abbildung 4 (untere Gerade) findet man jene Rendite-Risiko-Kombinationen, welche mit rund 24-prozentiger Wahrscheinlichkeit einen Verlust erwarten lassen (Schwellenrendite = 0%). Von den beiden Portfolios, welche dieser Vorgabe genügen, ist jenes mit der höheren Renditeerwartung attraktiver (Telser-Kriterium). Alle effizienten Portfolios links der Geraden lassen mit einer noch geringeren Wahrscheinlichkeit keinen Verlust erwarten. Das Portfolio, dessen Verlustwahrscheinlichkeit am geringsten ist, nämlich rund 14%, liegt (wie bei Tobin) an der Tangente. Es ist das Roy-Portfolio.

Abbildung 4

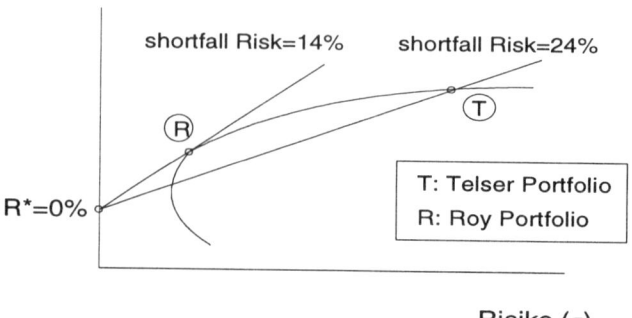

Durch den vorliegenden Ansatz wird der abstrakte Tradeoff zwischen Renditeerwartung (μ) und Volatilität (σ) in einen einfacher verständlichen Tradeoff zwischen Schwellenrendite (R*) und Unterschreitungs-Wahrscheinlichkeit (p) überführt. Jedes Portfolio auf der Effizienzgrenze lässt sich als Tangentialportfolio (Roy-Portfolio) mit einer spezifischen Kombination (R*, p) charakterisieren[4]. Damit wird die Risikotoleranz auf einfachere Weise identifizierbar.

Die Folgerung für die Kundensegmentierung: Anleger können aufgrund ihrer Bereitschaft, eine relativ hohe (tiefe) Schwellenrendite mit geringer (hoher) Wahrscheinlichkeit zu erreichen, kategorisiert werden. Die Kundensegmentierung orientiert sich in diesem Fall am Potential resp. an der Bereitschaft, Renditeausfälle zu tragen und eine diesbezügliche „Schmerzgrenze" zu definieren.

Der soeben präsentierte Ansatz hat jedoch auch seine Grenzen: Wenn es risikolose Anlagemöglichkeiten gibt, so lässt sich kein Roy-Portfolio finden. Zumindest kann in diesem Fall mit den Shortfall-Geraden der shortfall-effiziente Anteil des Risikoengagements gefunden werden (Schnittpunkt zweier Geraden):

$$w = \frac{(R^* - R) - z_p \sigma}{\mu - R}$$

Die entscheidende Folgerung des Shortfall-Ansatzes bezüglich der Kundensegmentierung ergibt sich aus der Tatsache, dass die Wahrscheinlichkeit (und das Ausmass) der Unterschreitung einer Schwellenrendite zeithorizontabhängig ist. Dieser Punkt wird im zweiten Kapitel aufgegriffen.

1.4 Eindimensionaler Benchmark: CAPM und Beta

Im traditionellen Portfolioselektionsansatz setzt der Anleger die Renditeerwartungen der (effizienten) Anlagealternativen ausschliesslich in Relation zum globalen Anlagerisiko, formalisiert durch die Volatilität der Portfolios. Da die Anleger (siehe Abschnitt 1.2 für den Fall einer risikolosen Anlagemöglichkeit) nur Kombinationen aus Liquidität und eines in seiner Zusammensetzung für jedermann identischen Risiko-Parts (Tangentialportfolio) halten, lässt dies nur eine eindimensionale Charakterisierung des Anlagerisikos zu: dieses wird vollumfänglich durch die Volatilität des Tangentialportfolios verursacht. In der Praxis wird das Tangentialportfolio entweder als optimierter Benchmark (d.h. Musterportfolio) verstanden, oder einfach als passiver, kapitalisierungsgewichteter Marktindex, auch „Marktportfolio" genannt.

Für die einzelnen Anlagen kann darum das systematische und vom Kapitalmarkt mit einer Prämie entschädigte Anlagerisiko mit einer einzigen Masszahl, dem Betafaktor[5], gemessen werden. Dieser misst das systematische Risiko einer Anlage gegenüber dem globalen Marktrisiko:

$$\beta_i = \frac{syst.\ Risiko\ Anlage\ i}{Marktrisiko} = \frac{\rho_{iM}\sigma_i}{\sigma_M}$$

Die Folgerung besteht darin: Die Risikobereitschaft lässt sich direkt durch das „gewünschte" Beta ausdrücken, und die Kundensegmentierung kann aufgrund der angestrebten Portfolio-Betas vorgenommen werden. Eine Anlegerin mit einer „durchschnittlichen" Risikotoleranz wird etwa ein Portfolio-Beta von 0.5 anstreben, was bedeutet, dass sie bereit ist, die Hälfte des Vermögens in den Benchmark (Risiko-Part) und die andere Hälfte risikolos anzulegen.

Alternativ kann sie
→ Aktien erwerben, welche ein Beta von 0.5 aufweisen (Problem: geringe Flexibilität)
→ oder ein beliebiges Portfolio zusammenstellen, etwa mit einem Beta von 1.2, und das systematische Risiko durch den Verkauf von Futures-Kontrakten auf den gewünschten Wert von 0.5 reduzieren.

Mit der Wahl des Portfolio-Betas bestimmt die Anlegerin auch das Renditepotential ihrer Anlage; dieses ist aufgrund des CAPM durch

$$\mu_i = R + \beta_i(\mu_M - R)$$

bestimmt. Bei einem risikolosen Zinssatz von 4% und einer erwarteten Risikoprämie auf dem Benchmark von 5% resultiert für die Anlage ein Renditeerfordernis von 6.5%, nämlich 4 % + 0.5 x 5 %. Graphisch lässt sich der Zusammenhang zwischen Rendite-Erfordernis und Risikobereitschaft, ausgedrückt durch den Betafaktor, folgendermassen darstellen:

Abbildung 5

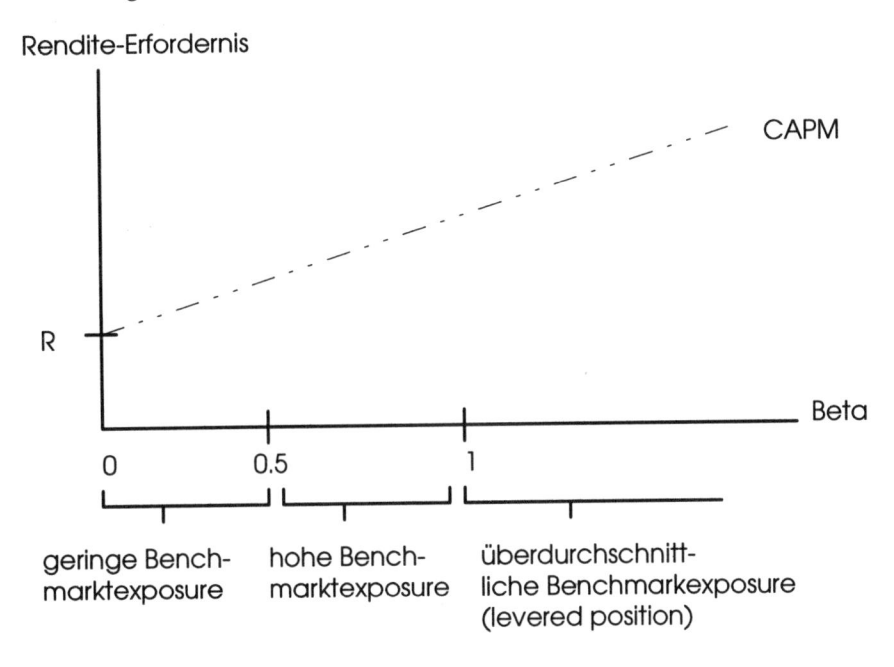

Rendite-Erfordernis

```
                                          CAPM
                              ·—·—·—·—·—·
                        ·—·—·
                  ·—·—·
            ·—·—·
R    ·—·—·

                  |              |              |_____ Beta
     0           0.5             1
     └────┬────┘└────┬────┘└────┬─────────────
    geringe Bench-  hohe Bench-   überdurchschnitt-
    marktexposure   marktexposure liche Benchmarkexposure
                                  (levered position)
```

Mit der Kundensegmentierung aufgrund von Betas wird eine Kategorisierung hinsichtlich der Bereitschaft, systematische und vom Kapitalmarkt entschädigte Risiken zu tragen, vorgenommen. Aufgrund des CAPM bestimmt dies direkt das Ertragspotential einer Anlage. Entscheidend für den Ansatz ist, dass ein globaler Risikofaktor identifiziert werden kann, der für sämtliche Anleger gleichermassen (universell) als relevant hinsichtlich des systematischen Risikos (und damit als Grundlage für die Bewertung von Anlagen) betrachtet wird. Die Anleger müssen jedoch nicht zwingend Kombinationen des Benchmarks und der Liquidität halten, sondern können durch die Wahrnehmung selektiver Informationsvorteile einzelne Aktien erwerben (taktische asset allocation), solange das gewichtete Portfolio-Beta der Vorgabe entspricht.

Entscheidend ist, dass der Benchmark, gegenüber dem die Betas ausgerechnet werden, tatsächlich das globale Anlagespektrum abdeckt, welches für die Kunden in Frage kommt. So mögen Betas schweizerischer Aktien gegenüber einem schweizerischen Aktienindex bezüglich des für einen internationalen Anleger relevanten Anlagerisikos nicht den geringsten Aufschluss geben; der Index stellt den falschen Benchmark dar. Aktien, Bonds und Währungen müssen gleichermassen einbezogen werden. Die Folgerung für die Kundensegmentierung: Diese erfolgt grundsätzlich nach denselben Überlegungen wie im Abschnitt 1.2; die (relativ abstrakte) Risikotoleranz wird jedoch durch das „Beta" ersetzt. Die Kunden werden gemäss ihrer Risikobereitschaft in unterschiedliche Beta-Klassen eingeteilt. Das Beta einer Anlage bezieht sich stets auf einen bestimmten, vom Markt als rendite-risikoeffizient betrachteten Benchmark. Die Zusammensetzung dieses Benchmarks stellt dabei das zentrale Problem dar. Hingegen liefern der Benchmark resp. die darauf ausgerichteten Betas eine einheitliche Beurteilungsbasis für die einzelnen Anlagen und für die Feststellung der Risikobereitschaft der Anleger. Dies ermöglicht einerseits eine risikogerechte Konstruktion von Portfolios, lässt aber anderseits genügend Flexibilität für die Auswahl individueller Anlagen.

Gelingt es nicht, einen für sämtliche Anleger gleichermassen akzeptierten Benchmark zu finden (was etwa in segmentierten Kapitalmärkten der Fall sein kann), darf die Kundensegmentierung auch nicht eindimensional aufgrund der Betas erfolgen. Hier drängt sich ein differenzierteres Konzept auf, das durch die Arbitrage Pricing Theory (APT) motiviert wird.

2 Eine differenzierte Sichtweise: Arbitrage Pricing Theory (APT) und Multi-Fonds Investment Engineering[6]

Das CAPM liefert eine eindimensionale Bewertung von Anlagen: Es gibt einen Benchmark, dessen Zusammensetzung für sämtliche Anleger als repräsentativ betrachtet wird. Das Beta eines Portfolios zeigt die Exposure gegenüber diesem Benchmark (was dem Risiko-Part des Portfolios entspricht) und widerspiegelt gleichzeitig und vollumfänglich die Risikotoleranz des Anlegers.

Anders formuliert: Im CAPM werden unterschiedliche Renditeerwartungen nur durch Unterschiede im Beta der Anlagen erklärt. Dementsprechend eindimensional ist die Kundensegmentierung (Risikotoleranz, gemessen mit Volatilität, Tradeoff, Beta oder Shortfall-Risk). Demgegenüber haben im Laufe der Jahre empirische Studien gezeigt, dass Risiken und Anlagecharakteristika vom Anleger in differenzierter Form wahrgenommen und vom Kapitalmarkt in differenzierter Form entschädigt werden[7]: Neben makroökonomischen Sensitivitäten wie:

→ Zinssensitivität (Duration)
→ Konjunkturabhängigkeit
→ Sensitivität gegenüber Erdölpreis
→ Inflationssensitivität
→ etc.

spielen bestimmte Charakteristika wie
→ Dividenden
→ P/E
→ Size
→ Sektorzugehörigkeit (als Dummies)
→ etc.

eine entscheidende Rolle. Dies bedeutet, dass zwei Portfolios mit genau demselben Beta durchaus ein unterschiedliches Renditeerfordernis aufweisen: beispielsweise weil ein Portfolio besser gegenüber der Inflation geschützt ist oder weil es ein hohes (steuerbares) Einkommen generiert. Dies bedeutet, dass Portfolios mit genau demselben Beta sehr unterschiedliche Charakteristika aufweisen können und dementsprechend unterschiedlich bewertet werden. Grafische Veranschaulichung von Portfolios gegenüber zwei Faktoren:

Abbildung 6

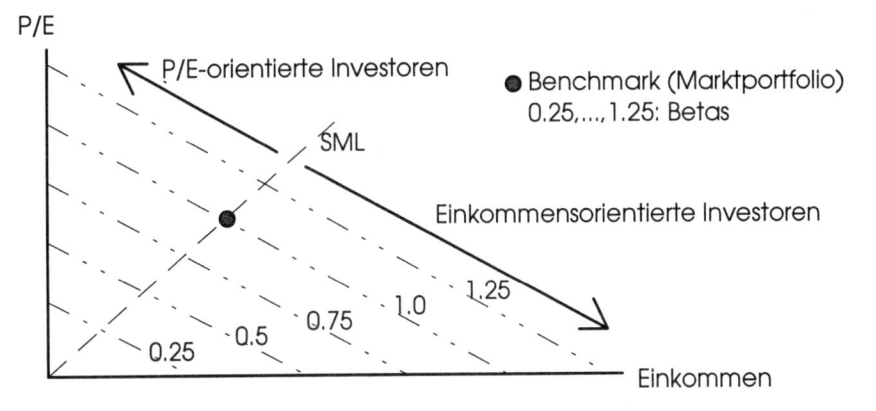

```
P/E
 |  ← P/E-orientierte Investoren     ● Benchmark (Marktportfolio)
 |         / SML                       0.25,...,1.25: Betas
 |       /
 |     ●                              Einkommensorientierte Investoren
 |                        1.25
 |              0.75  1.0
 |        0.5
 |   0.25
 |_____ Einkommen
```

Die Folgerung dieses Ansatzes für die Kundensegmentierung: Ein bestimmter Ziel-Ertrag kann auf sehr unterschiedliche Weise erreicht werden – möglichst durch ein Portfolio, das den Charakteristika des Investors optimal entspricht. In der eindimensionalen Welt des CAPM differenziert man die Kunden entlang der SML (security market line), welche Kombinationen des Marktportfolios (•) mit der Liqudität (Ursprung) repräsentiert. Für einkommensorientierte Investorinnen ergibt sich eine andere Gewichtung des Portfolios, repräsentiert durch die Kurvensegmente unterhalb der SML; P/E-orientierte Investorinnen wählen Portfoliokombinationen, welche durch die Kurvensegmente oberhalb der SML repräsentiert werden.

Die APT ermöglicht deshalb die Konstruktion investorspezifischer Benchmarks und deren Ertragspotential: Im Moment, wo die Bewertung dieser Risikofaktoren resp. Charakterisika durch den Kapitalmarkt festgestellt werden kann (λ_1, λ_2, ..., λ_n), kann die erwartete Rendite eines Portfolios i aus diesen unterschiedlichen Faktorausprägungen (β_{1i}, β_{2i}, ..., β_{ni}) abgeleitet werden:

$$\mu_i = R + \beta_{1i}\lambda_1 + \beta_{2i}\lambda_2 + ... + \beta_{ni}\lambda_n$$

Ein Beispiel: Das Portfolio i weist die folgenden Charakteristika auf (Spalte 2):

Abbildung 7

Faktor	Ausprägung relativ zum Marktportfolio	x	Marktprämie (über R)	=	Beitrag zur Rendite über R
(1)	(2)		(3)		(4)
Size (Mrd.)	4.5		-0.60%		-2.7%
P/E	-5.5		-0.80%		4.4%
Dividende (%)	2		0.50%		1%
Zinssensitivität	2.5		1.4%		3.5%
Zusammen					6.2%

Die Renditeerfordernis des Portfolios liegt 6.2% über dem risikolosen Zinssatz.

Die Folgerungen des APT-Ansatzes für das Asset Management liegen im Aufzeigen des Konstruktionsprinzips mehrdimensional diversifizierter Portfolios: Zunächst werden Fonds mit ausgeprägten („reinen") Charakteristika gebildet[8]. Diese Fonds müssen nicht real, sondern können rein fiktiv sein. In einem zweiten Schritt werden die

Fonds zu Portfolios zusammengestellt, welche den kundenspezifischen Bedüfnissen am besten entsprechen. Die Struktur des Investment Engineering über Fonds geht aus folgender Darstellung hervor:

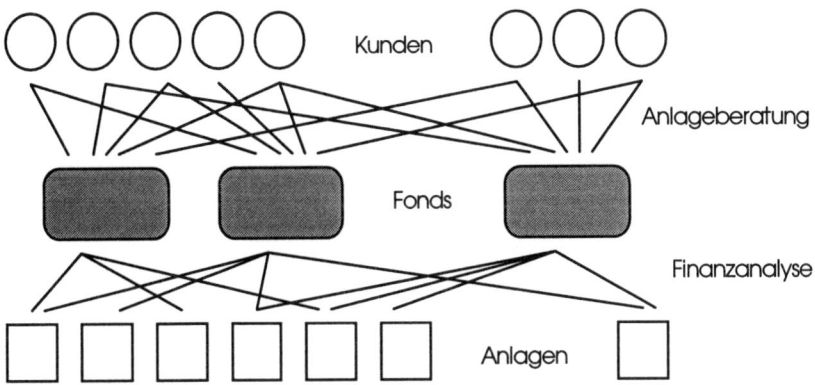

Abbildung 8

Die Folgerung für die Kundensegmentierung: Es wird eine mehrdimensionale Kundensegmentierung möglich, welche gleichermassen eine Analyse des Renditepotentials der verschiedenen Segmente zulässt. Die Portfoliozusammensetzung erfolgt im Baukastensystem (Multi-Fonds-Portfoliomanagement als entscheidende Intermediationsleistung). Die Anlagen sind einerseits kundenspezifisch, können aber gleichzitig standardisiert und damit kostengünstig produziert werden. Voraussetzung ist, dass Fonds mit spezifischen Charakteristika gebildet werden (wenn auch nur als analytische Konstrukte).

3 Asymmetrische Risikoperzeption: Shortfall Risk, Zeithorizont, Optionen

3.1 Shortfall Risk und Zeithorizont

Das Shortfall Risk bezeichnet die Unterschreitungswahrscheinlichkeit der Portfoliorendite unter einen vorgegebenen Schwellenwert. Eine wichtige Erkenntnis liegt darin, dass die Unterschreitungswahrscheinlichkeit zeithorizontabhängig ist[9]: Je länger der Zeithorizont (T) ausfällt, umso kleiner ist die Wahrscheinlichkeit, dass die (zinseszinslich fortgeschriebene) Portfoliorendite unter die (zinseszinslich fortgeschriebene) Schwellenrendite fällt. Die Implikation für den Risiko-Part (w): Bei einer gegebenen Unterschreitungswahrscheinlichkeit kann dieser für einen wachsenden Zeithorizont ausgedehnt werden. Dies ergibt sich aus dem folgenden Ausdruck:

$$w = \frac{R^* - R}{(\mu - R) - z_p \sigma \frac{1}{\sqrt{T}}}$$

w ist der Risiko-Part, wenn die Alternative eine risikolose Anlage mit Rendite R darstellt.

Die Folgerung für die Kundensegmentierung: Es können Zeithorizont-Klientelen gebildet werden, d.h. Portfoliostrukturen im Hinblick auf „kurz-", „mittel-" und „lang"fristige Investoren. Man könnte etwa folgende Segmente bilden: 1 Jahr, 3 Jahre, 10 Jahre, 25 Jahre. Unter den Annahmen

→ einer jährlichen Schwellenrendite R* von 2% bei einer Konfidenz p von 95% (z_p=-1.645)
→ eines risikolose Zinssatzes R von 5%
→ einer durchschnittlichen jährlichen Marktrendite μ von 10% und einer Volatilität σ von 20%

ergeben sich für die verschiedenen Zeithorizonte etwa die folgenden Portfoliostrukturen:

	1 Jahr	3 Jahre	5 Jahre	10 Jahre
Markt	10.7%	21.4%	30.9%	55.5%
risikolos	89.3%	78.6%	69.1%	44.5%

Für längere Zeithorizonte würden sich Aktienanteile von über 100% ergeben! Dies zeigt den Spielraum für die Gestaltung des Risikoanteils für einen wachsenden Zeithorizont.

Exkurs zu zeithorizontbezogenen Kundensegmenten: Wie ist die traditionelle Kundensegmentierung unter „Shortfall-Kriterien" zu beurteilen[10]? Um wieviel langfristiger muss der Zeithorizont eines Investors ausfallen, damit ein höherer Aktienanteil gerechtfertigt ist? Man betrachte das folgende Beispiel:

Abbildung 9

	Erw. Rendite	Vola-tilität	Korrelationskoeffizient			
			A	B	30/70	70/30
A	10%	20%	1			
B	5%	5%	0.3	1		
30/70	6.5%	7.80%			1	
70/30	8.5%	14.5%			0.9417	1

Die Wahrscheinlichkeit, dass innerhalb eines Jahres die Rendite des ertragsstärkeren 70/30-Portfolios über jener des 30/70-Portfolios liegt, beträgt lediglich 60%. Umgekehrt muss

$$T = \left(-z_p \times \frac{\sigma_{A-B}}{-\mu_{A-B}}\right)^2 = z_p^2 \times \left(\frac{\sigma_A^2 + \sigma_B^2 - 2\rho_{AB}\sigma_A\sigma_B}{(\mu_A - \mu_B)^2}\right) = 24$$

d.h. 24 Jahre gewartet werden, bis die Rendite mit 90%-iger Wahrscheinlichkeit übertroffen wird (oder rund 40 Jahre bei 95%-iger Wahrscheinlichkeit, resp. rund 79 Jahre bei 99%-iger Wahrscheinlichkeit)[11]. Daraus erkennt man, dass bei einer zeithorizontbezogenen Kundensegmentierung die Zeithorizonte hinreichend stark differenziert werden müssen – oder bei kürzeren Zeithorizonten die Portfoliostrukturen (Risikoanteile) viel stärker zu differenzieren wären.

3.2 Shortfall Risk und asymmetrische (konvexe und konkave) Payoffs: Der Effekt von Optionen

Wenn für die Kundensegmentierung das Potential resp. die Bereitschaft, Renditeausfälle zu tragen und eine diesbezügliche „Schmerzgrenze" zu definieren im Vordergrund steht, so unterstellt man eine asymmetrische Perzeption von Risiken.

Das Shortfall-Risk kann auch über den Zeithorizont, über welchen man eine Anlage plant, gesteuert werden. Doch verfügen Investoren nicht immer über die nötige zeitliche Flexibilität, Zeithorizonte hinreichend lange anzusetzen, so dass das Shortfall Risk akzeptabel erscheint. Eine Lösung bietet der Einsatz von Optionen, welche asymmetrische Payoffs resp. Renditeverteilungen ermöglichen. „Asymmetrisch" bedeutet, dass durch den Einsatz von Optionen das Gewinn- und

Verlustpotential eines Portfolios ungleichmässig reduziert (oder vergrössert) wird. Zimmermann/Arce/Jaeger/Wolter (1992) bieten eine Reihe von Darstellungen, wie sich das Shortfall Risk unter Berücksichtigung von Optionen verändert[12].

Optionen bieten nicht nur eine flexible Möglichkeit zur Steuerung des Shortfall Risks, sondern verändern die Kundensegmentierung ganz prinzipiell. Um dies aufzuzeigen, wird im folgenden weniger die Asymmetrie der Renditeverteilungen analysiert, sondern die Payoff-Struktur von Portfolios mit Optionen. Man betrachte die folgenden Beispiele:

a) Ein Investor schützt sein (indexiertes) Aktienportfolio durch Index Putoptionen gegenüber Verlusten:

Abbildung 10a

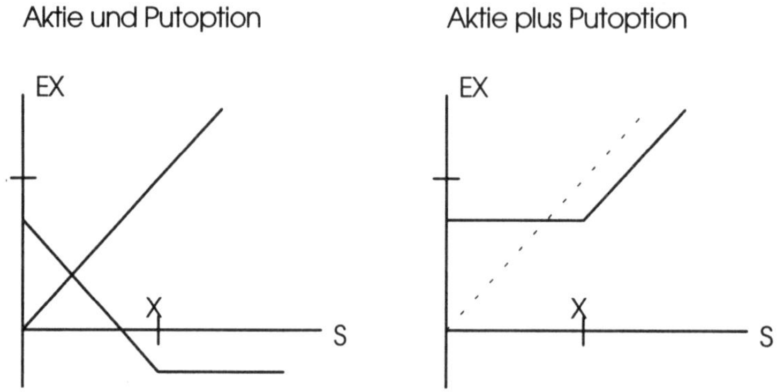

Aktie und Putoption　　　　　Aktie plus Putoption

b) Eine Investorin ergänzt ihre Festgeldposition durch Calloptionen auf den Aktienindex:

Abbildung 10b

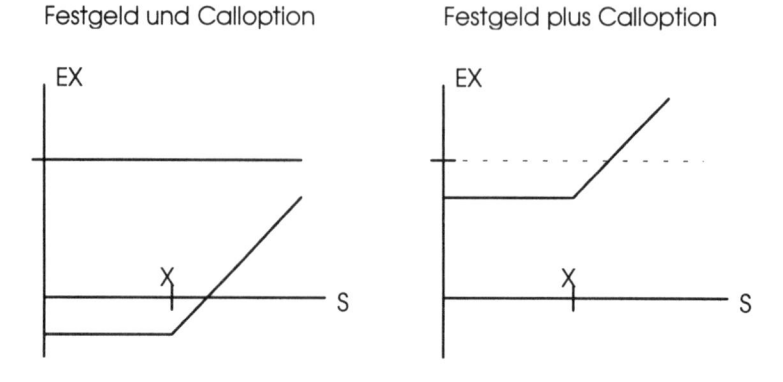

Festgeld und Calloption　　　　　Festgeld plus Calloption

c) Ein Investor schreibt auf sein (indexiertes) Aktienportfolio Index-Calloptionen (covered call writing). Damit verpflichtet er sich, im Ausübungsfalle der Gegenpartei Aktien zum Ausübungspreis abzutreten.

Abbildung 10c

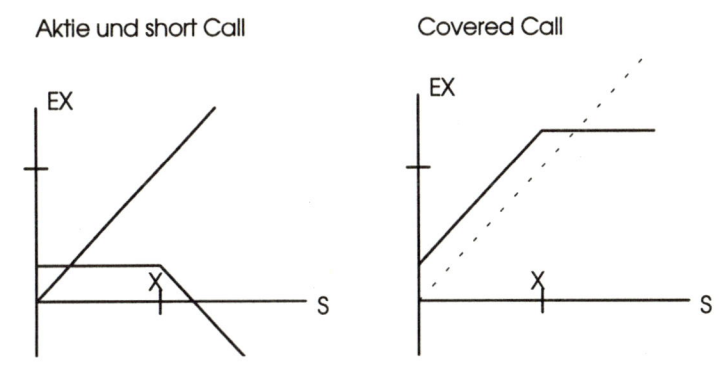

Aktie und short Call   Covered Call

d) Eine Investorin ergänzt eine Festgeldposition durch das Schreiben von Index-Putoptionen (covered put writing). Damit verpflichtet sie sich, im Ausübungsfalle der Gegenpartei Aktien zum Ausübungspreis entgegenzunehmen.

Abbildung 10d

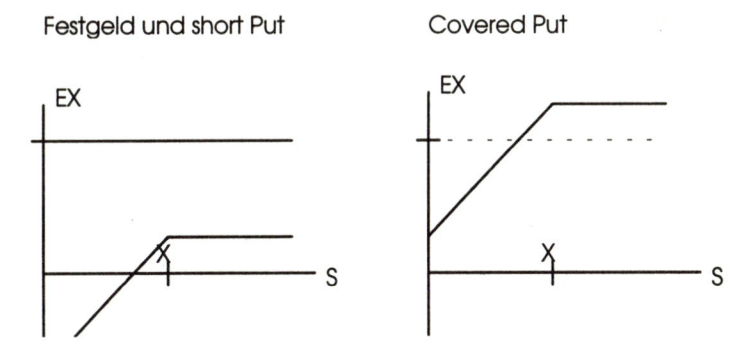

Festgeld und short Put   Covered Put

Es resultieren die folgenden Erkenntnisse: In den Fällen a) und b) resultiert genau dasselbe Ergebnis: ein stabiler Vermögenswert bei fallendem Index, sowie eine beschränkte Partizipation am steigenden Index. Es liegt eine konvexe Payoff-Struktur vor[13].

Auch in den Fällen c) und d) resultiert genau dasselbe Ergebnis: ein stabiler Vermögenswert bei steigendem Index (Kurs), sowie eine beschränkte Partizipation am fallenden Index. Es liegt eine konkave Payoff-Struktur vor[14].

Wodurch wird die Äquivalenz von a) und b) respektive c) und d) erreicht? Im Fall a) hält man den Index und kann diesen bei ungünstiger Entwicklung gegen Liquidität tauschen; im Fall b) verfügt man über Sicherheit (Liquidität) und kann diese bei günstiger Index-Entwicklung gegen den Index tauschen. Der Einsatz der Putoption erfolgt zur Risikobegrenzung, der Einsatz der Calloption zur Ertragssteigerung. Das Tauschrecht in Form einer Option macht es irrelevant, von welcher ursprünglichen Allokation (Liquidität oder Risiko) ausgegangen wird.

Dies trifft genauso für die Fälle c) und d) zu: Im Fall c) hält man den Index und muss diesen bei günstiger Entwicklung gegen Liquidität tauschen; im Fall d) verfügt man über Sicherheit (Liquidität) und muss diese bei ungünstiger Index-Entwicklung gegen den Index tauschen. Die folgende Darstellung fasst den Grundgedanken zusammen:

Abbildung 11

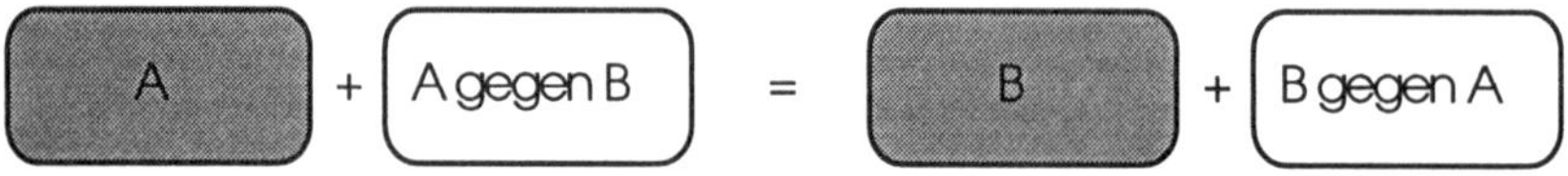

$$\boxed{A} + \boxed{A \text{ gegen } B} = \boxed{B} + \boxed{B \text{ gegen } A}$$

Die Folgerung liegt auf der Hand: Die Möglichkeit, Anlagekategorien (über gekaufte oder verkaufte Optionsrechte) zu tauschen, hat eine entscheidende Implikation für die ursprüngliche Asset Allocation: sie wird vollkommen irrelevant! Hinsichtlich der späteren Payoffs des Portfolios ist es gleichgültig, ob der Index (ergänzt um eine Putoption) oder Liquidität (ergänzt um eine Calloption) gehalten wird[15].

Demgegenüber rückt eine ganz andere Fragestellung in den Vordergrund: Welche Investoren präferieren konkave, welche konvexe Payoffs[16]? Die Beantwortung dieser Frage liefert eine völlig neue Dimension bei der Kundensegmentierung.

4 Dynamisches Risk Assessment und die Theorie flexibler Zeithorizonte als neuer Ansatz für die Kundensegmentierung

4.1 Konkav, konvex und Flexibilität des Anlagezeithorizonts

Der vorangehende Abschitt liefert eine wichtige Erkenntnis: Mit der Einsatzmöglichkeit von Optionen im Rahmen der strategischen Asset

Allocation verbindet sich eine grundsätzlich andere Fragestellung bei der Anlageentscheidung. Die Aufteilung des Vermögens auf Aktien, Bonds, Liquidität etc. tritt in den Hintergrund. Demgegenüber muss entschieden werden, ob eine konkave oder konvexe Strategie verfolgt werden soll (das Ausmass der Konvexität resp. Konkavität ergibt sich aus der Wahl der Ausübungspreise der Optionen).

Was bedeuten eigentlich konvexe resp. konkave Payoffs? Konvexität bedeutet, dass man an positiven Indexentwicklungen stärker partizipiert als an negativen; man ist gegenüber Verlusten abgesichert. Die Konvexität resultiert aus einem Wahlrecht. Dieses bezahlt man mit einer Prämie, d.h. einer reduzierten Partizipation im Falle einer positiven Entwicklung. Wer in einem spezifischen, zukünftigen Zeitpunkt das Vermögen gegenüber Verlusten schützen muss, investiert auf den betreffenden Zeitpunkt hin entweder in ein Festgeld (und den Rest kann er in Calloptionen partizipativ anlegen) oder versichert das Aktienportfolio durch Putoptionen. Dies ist etwa die Strategie für eine Pensionskasse, welche zu fest definierten zukünftigen Zeitpunkten Leistungen erbringen muss und diese im Sinne der Leistungssicherung absichern muss[17].

Ist dies auch die Strategie für einen privaten Anleger? Falls die Vermögensanlage auf die Erbringung späterer Leistungen ausgerichtet ist (Hauskauf, Alimentenzahlungen, Steuerleistungen, Ferien, etc.), so dürfte prinzipiell kein Unterschied vorliegen. Wird das Vermögen jedoch auf keine spezifischen, zeitlich und umfangmässig fixierten Leistungen ausgerichtet, liegen die Voraussetzungen unterschiedlich. So ist beispielsweise keine Absicherung erforderlich, wenn der Erwerb einer Sache so lange hinausgeschoben werden kann, bis sich eine allfällig negative Vermögensentwicklung wieder verbessert hat. Wer also zeitliche Flexibilität hat, wird keine Absicherungsstrategie wählen und keine ausgeprägte Präferenz für konvexe Payoffs aufweisen. Wer zeitlich flexibel ist, kann es sich ohne weiteres leisten, in einem späteren Zeitpunkt eine wertmässig gesunkene Aktienposition zu halten (covered call-Strategie) resp. zu einem überhöhten Preis zu kaufen (covered put-Strategie). Die zeitliche Flexibilität lässt es zu, zu warten, bis sich die Position wertmässig erholt hat. Wie lange? Wie in Abschnitt 3.1 diskutiert, können diese Zeithorizonte unter Umständen relativ lange sein, was eine hohe zeitliche Flexibilität erfordert. Nichts ändert sich hingegen an der generellen Erkenntnis, dass konkave Payoffs, hervorgerufen durch eingegangene Verpflichtungen durch das Schreiben von Optionen, nur für Anleger mit zeitlicher Flexibilität im Zuwarten auf „bessere Zeiten" in Frage in Frage kommen. Für das „Warten" wird der Anleger mit einer Prämie (aus dem Verkauf der Optionen) entschädigt, und dies stellt natürlich die eigentliche Motivation dar, Optionen zu schreiben. Sollte sich eine positive Kursentwicklung einstellen (Index über dem Ausübungspreis), so muss bei der covered-call-Strategie die Aktienposition liquidiert werden, womit das Gewinnpotential (auf ein subjektiv wünschbares Ausmass) begrenzt wird, resp. bei der covered-call-Strategie das Festgeld erhalten bleibt.

Welches ist die Folgerung für die Kundensegmentierung? Anleger mit zeitlicher Flexibilität im Tragen von Verlusten, d.h. ohne substantielle Nutzeneinbusse bei Vermögensabnahmen, können sich Strategien mit konkaven Payoffs leisten. Man mag dies, infolge der eingenommenen Prämien, als eher einkommensorientierte Strategie bezeichnen. Unter keinen Umständen handelt es sich aber um eine konservative oder Absicherungsstrategie, denn sie erfordert unter Umständen eine lange Wartefrist („Durststrecke"). Demgegenüber wählen Anleger mit zeitlicher Inflexibilität Strategien mit konvexen Payoffs: Diese liefern eine Absicherung gegenüber Werteinbussen. Institutionelle Anleger mit festen (oder minimalen) Leistungsverpflichtungen fallen in dieses Segment.

Zwei Bemerkungen sind hier anzubringen: Heute trifft man erstaunlicherweise gerade das Umgekehrte an! Institutionelle Anleger verschreiben einen Grossteil ihrer Aktienbestände, und strukturierte Produkte mit Absicherungskomponenten (GROI, PIP, etc.) werden primär für den privaten Sparer angeboten!

Zudem hat die vorangehende Diskussion primär nichts mit der Länge der Zeithorizonte zu tun, sondern mit der zeitlichen Flexibilität im Halten wertmässig ungünstiger Risikopositionen. Eine Lebensversicherungsgesellschaft sollte sich nicht durch den Kauf von Optionen schützen, weil die Leistungserbringung nahe oder fern in der Zukunft liegt, sondern weil (resp. wenn) sie keine zeitliche Flexibilität hat, die Leistungserbringung beliebig viel früher zu erbringen oder beliebig zeitlich hinauszuschieben[18].

Nun mögen die Überlegungen im vorliegenden Abschnitt etwas realitätsfern erscheinen, weil Optionen in der Praxis kaum je strategisch, d.h. zur gezielten asymmetrischen Beeinflussung von Portfoliorenditen

– losgelöst von taktischen Überlegungen – eingesetzt werden. Im nächsten Abschnitt wird gezeigt, dass die Relevanz dieser Überlegungen viel grösser ist, als vielleicht auf den ersten Blick vermutet wird.

4.2 Dynamische Strategien und dynamisches Risk Assessment

Eine fundamentale Erkenntnis der modernen Optionspreistheorie besteht darin, dass Payoffs, wie sie vorher als Ergebnis von Optionsstrategien dargestellt wurden, durch dynamische Asset Allocation (DAA) erreicht werden können[19]. Wer also DAA betreibt erreicht etwas sehr Ähnliches wie beim Einsatz von Optionen. DAA ist in der Praxis eher unter den Bezeichnungen „dynamische Portfolio Insurance", „Market timing" resp. „liquidity trading", oder „prozyklisches" resp. „antizyklisches" Handeln bekannt. Noch einfacher lässt sich DAA mit einfachen Regeln wie „buy low, sell high" verstehen. Sollte man im Kapitalmarkt zyklisch oder antizyklisch agieren? Diese Frage wird oft gestellt. Sie ist letztlich identisch mit der Frage, ob man Optionen kaufen oder schreiben soll, d.h. ob man konvexe oder konkave Payoffs anstrebt[20]. Dies soll an einem einfachen Beispiel gezeigt werden[21]:

Es wird angenommen, dass sich der Aktienkurs bis zum Verfall (in 2 Perioden oder Jahren) genau zweimal verändern kann, und zwar gemäss folgendem Schema:

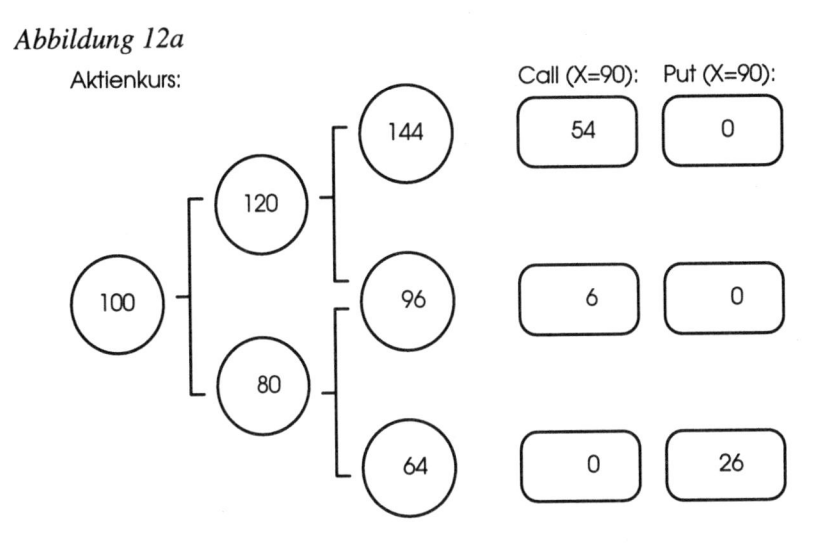

Abbildung 12a

Aktienkurs: Call (X=90):   Put (X=90):

```
                  144              54           0
         120
100               96               6            0
         80
                  64               0            26
```

Der arbitragefreie Preis der zweijährigen Calloption beträgt 21.68, jener der Putoption 3.32. Man gewinnt diese Werte aus der dynamischen Replikation der beiden Optionen. Es wird eine Aktienposition betrachtet, welche mit der beschriebenen Putoption abgesichert wird:

Abbildung 12b

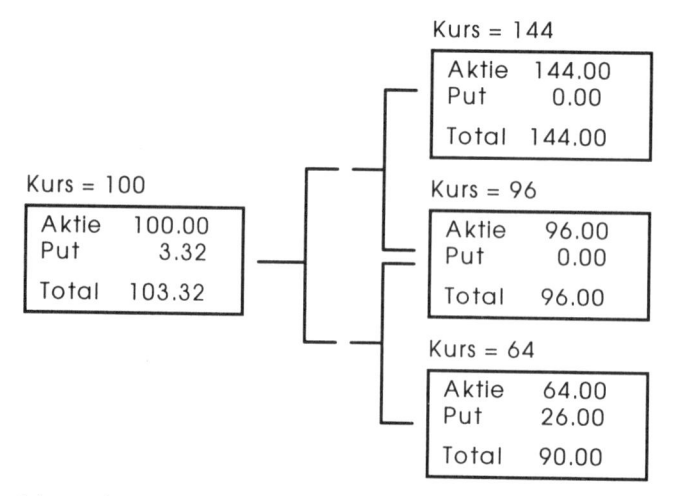

```
                                    Kurs = 144
                                    ┌─────────────────┐
                                    │ Aktie   144.00  │
                                 ┌──│ Put       0.00  │
                                 │  │ Total   144.00  │
                                 │  └─────────────────┘
  Kurs = 100                     │
  ┌─────────────────┐            │   Kurs = 96
  │ Aktie   100.00  │            │  ┌─────────────────┐
  │ Put       3.32  │────────────┤  │ Aktie    96.00  │
  │ Total   103.32  │            ├──│ Put       0.00  │
  └─────────────────┘            │  │ Total    96.00  │
                                 │  └─────────────────┘
                                 │
                                 │   Kurs = 64
                                 │  ┌─────────────────┐
                                 │  │ Aktie    64.00  │
                                 └──│ Put      26.00  │
                                    │ Total    90.00  │
                                    └─────────────────┘
```

Das resultierende Mindestvermögen am Schluss der beiden Perioden beträgt 90, was einer Verlustbegrenzung auf 12.9% entspricht. Dasselbe Ergebnis erreicht man durch eine dynamische Strategie:

Abbidlung 12c

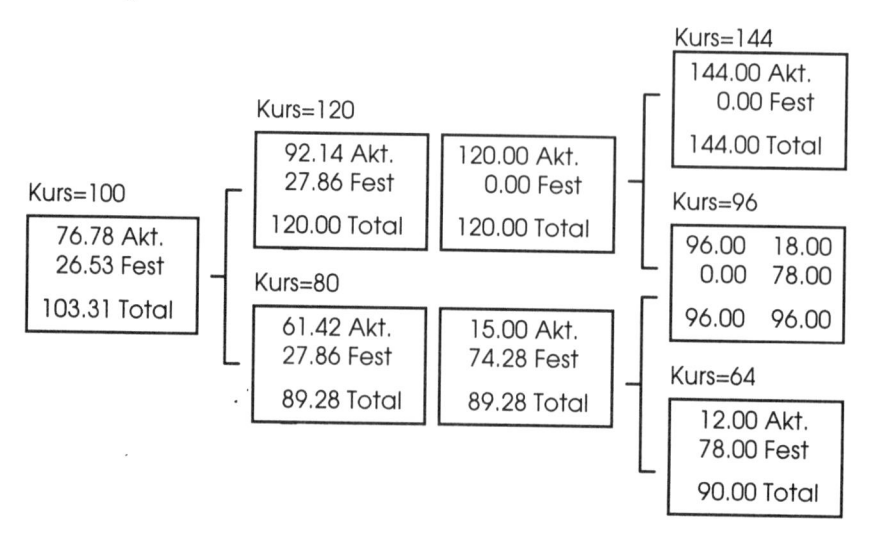

```
                                                        Kurs=144
                                                        ┌─────────────────┐
                                                        │ 144.00 Akt.     │
                                                     ┌──│   0.00 Fest     │
                                      Kurs=120       │  │ 144.00 Total    │
                                      ┌──────────┐   │  └─────────────────┘
                                      │92.14 Akt.│ ┌──────────┐
                                      │27.86 Fest│ │120.00 Akt│
                                   ┌──│120.00 Tot│─│ 0.00 Fest│─┤
   Kurs=100                        │  └──────────┘ │120.00 Tot│ │  Kurs=96
   ┌──────────┐                    │               └──────────┘ │  ┌─────────────────┐
   │76.78 Akt.│                    │                            │  │ 96.00   18.00   │
   │26.53 Fest│────────────────────┤                            └──│  0.00   78.00   │
   │103.31 Tot│                    │                               │ 96.00   96.00   │
   └──────────┘                    │                               └─────────────────┘
                                   │  Kurs=80
                                   │  ┌──────────┐ ┌──────────┐
                                   │  │61.42 Akt.│ │15.00 Akt.│
                                   └──│27.86 Fest│─│74.28 Fest│─┤
                                      │89.28 Tot │ │89.28 Tot │ │  Kurs=64
                                      └──────────┘ └──────────┘ │  ┌─────────────────┐
                                                                │  │ 12.00 Akt.      │
                                                                └──│ 78.00 Fest      │
                                                                   │ 90.00 Total     │
                                                                   └─────────────────┘
```

Man erkennt, dass nach der ersten Periode eine pro-zyklische Umschichtung erforderlich ist: Der Aktienanteil wird im down-state zugunsten des Festgeldanteils reduziert, und im up-state zulasten des Festgeldanteils erhöht: „sell low, buy high".

Als nächstes wird eine covered-call-Strategie betrachtet, wobei folgende Annahmen getroffen werden:

Abbildung 13

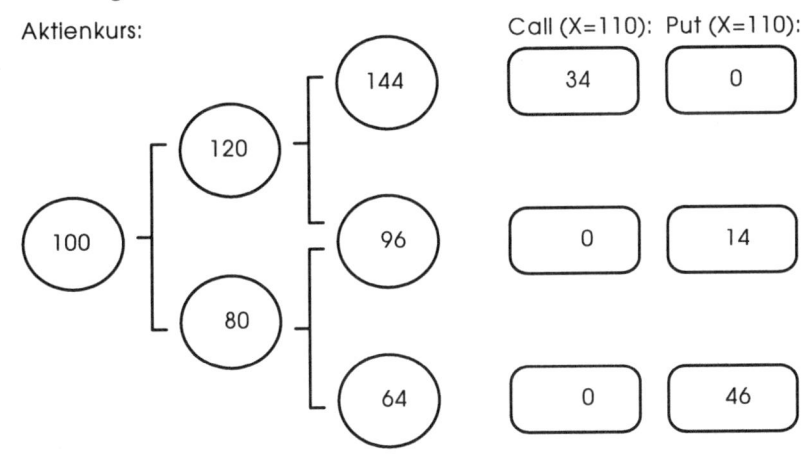

Aktienkurs:

```
                    ┌── 144
            ┌── 120 ┤
            │       └── 96
    100 ────┤
            │       ┌── 96
            └── 80 ─┤
                    └── 64
```

Call (X=110):   Put (X=110):

- 144 → 34 ; 0
- 96 → 0 ; 14
- 64 → 0 ; 46

Die Calloption weist einen arbitragefreien Preis von 12.05 auf, die Putoptionen einen Preis von 16.81. Die gedeckte Call-Strategie, also das Schreiben von Calloptionen auf die Aktien, führt unter diesen Annahmen zum folgenden Ergebnis:

Abbildung 14a

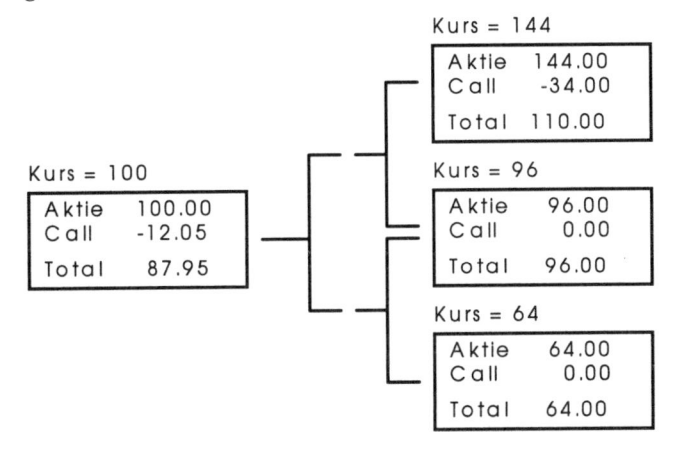

Kurs = 100
Aktie	100.00
Call	-12.05
Total	87.95

Kurs = 144
Aktie	144.00
Call	-34.00
Total	110.00

Kurs = 96
Aktie	96.00
Call	0.00
Total	96.00

Kurs = 64
Aktie	64.00
Call	0.00
Total	64.00

Das Gewinnpotential wird auf 110 plafoniert, während man an den Verlusten vollumfänglich partizipiert. Hingegen reduziert sich das investierte Vermögen im Umfang des eingenommenen Optionspreises (12.05). Das Ergebnis dieser Strategie kann auch durch eine dynamische Strategie erreicht werden:

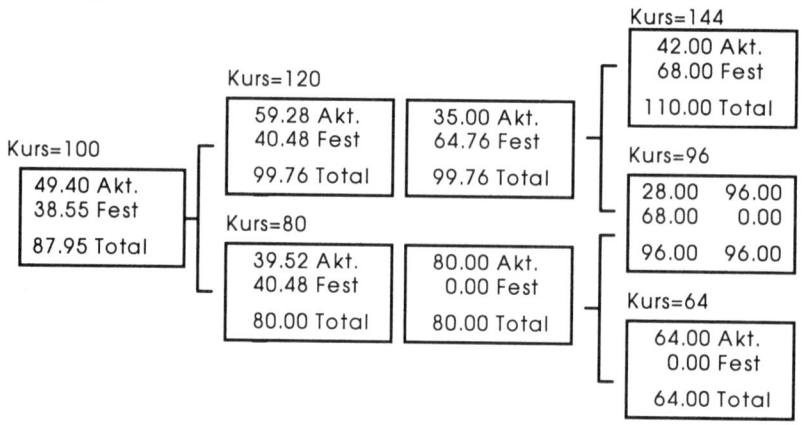

Abbildung 14b

```
                                                          Kurs=144
                                                          42.00 Akt.
                                                          68.00 Fest
                              Kurs=120                    110.00 Total
                              59.28 Akt.   35.00 Akt.
                              40.48 Fest   64.76 Fest
  Kurs=100                    99.76 Total  99.76 Total    Kurs=96
  49.40 Akt.                                              28.00   96.00
  38.55 Fest                                              68.00    0.00
  87.95 Total                 Kurs=80                     96.00   96.00
                              39.52 Akt.   80.00 Akt.
                              40.48 Fest    0.00 Fest
                              80.00 Total  80.00 Total    Kurs=64
                                                          64.00 Akt.
                                                           0.00 Fest
                                                          64.00 Total
```

Man erkennt, dass genau dieselben Payoffs resultieren wie bei der statischen Strategie. Nach der ersten Periode erfolgt eine anti-zyklische Umschichtung: Der Aktienanteil wird im down-state zulasten des Festgeldanteils erhöht, und im up-state zugunsten des Festgeldanteils reduziert: „sell high, buy low". Eine Zusammenfassung findet man in Abb. 15.

Die Präferenz für konvexe und konkave Payoffs steht demnach in direktem Zusammenhang mit der dynamischen (oder zyklischen) Risikotoleranz, also der Bereitschaft der Anleger, Risikopositionen im Zuge von Vermögensschwankungen zu tragen resp. an den Markt abzutreten. Im Lichte der vorangehenden Diskussion resultiert eine für die Kundensegmentierung wichtige Erkenntnis:

Anleger mit flexiblem Zeithorizont können anti-zyklische Strategien implementieren, während Anleger mit starren Zeithorizonten prozyklische Strategien wählen sollten. Es muss aber deutlich darauf hingewiesen werden, dass die Implementation dynamischer Strategien bezüglich der Informations- und Liquiditätseffekte nicht identisch ist mit der Verwendung von Optionen[22].

Als Folgerung resultiert nun die schon fast triviale Erkenntnis, dass die Wahl der ursprünglichen Asset Allocation in Anbetracht der anschliessenden dynamischen Anpassungsmöglichkeit „irrelevant" ist.

Abbildung 15

	statisch		dynamisch
	ausgehend von Aktien (od. Index)	ausgehend vom Festgeld	
konvexe Payoffs	**Aktie plus Put**	**Festgeld plus Call**	**Pro-zyklisch**
	Aktien können bei tiefen Kursen über ihrem Wert verkauft werden	Aktien können bei hohen Kursen unter ihrem Wert gekauft werden	=Kauf bei hohen und Verkauf bei tiefen Kursen
	=Verkaufsrecht bei tiefen Kursen	=Kaufsrecht bei hohen Kursen	
konkave Payoffs	**Covered Call**	**Covered Put**	**Anti-zyklisch**
	Aktien müssen bei hohen Kursen unter ihrem Wert abgetreten werden	Aktien müssen bei tiefen Kursen über ihrem Wert entgegengenommen werden	= Kauf bei tiefen und Verkauf bei hohen Kursen
	=Verkaufspflicht bei hohen Kursen	=Kaufspflicht bei tiefen Kursen	

Auf alle Fälle ist bezüglich der resultierenden Payoff-Struktur die Art und das Ausmass der dynamischen Anpassung wichtiger als die ursprünglich gewählte Allokation. Dies führt zum Konzept des dynamischen Risk Assessment als dem Schlüsselkonzept einer modernen Kundensegmentierung. Während die traditionelle Portfoliotheorie eine optimale Diversifikation der Risiken für eine gegebene Zeitperiode anstrebt (statisch), geht es hier um die optimale Allokation der Risiken im Zeitablauf, in Abhängigkeit von aggregierten oder subjektiven Vermögensschwankungen (dynamisch). Während sich beim klassischen Ansatz die Risikobereitschaft in der Aufteilung des Vermögens äussert (statische Asset Allocation), findet sie hier ihren Niederschlag in der dynamischen Anpassung der verschiedenen Anlagekategorien[23].

Die vorangehenden Beispiele, welche sich auf einfache Put- und Calloptionen beziehen, lassen sich verallgemeinern. Einfache Put- und

Calloptionen repräsentieren den Tausch einer Risikoposition (Aktien, Index) gegen eine risikolose Anlage (Festgeld, Liquidität). Dies widerspiegelt jedoch kaum eine realistische Asset Allocation. Realistischerweise müssten komplexe Austauschoptionen betrachtet werden: Eine oder mehrere risikobehaftete Anlagen können gegen eine oder mehrere andere risikobehaftete Anlagen getauscht werden. Die Anwendung von Modellen mit multiplen Austauschoptionen (vgl. Johnson 1987) zur Unterstütztung der dynamischen Asset Allocation ist daher vielversprechend.

5 Schlussfolgerungen

5.1 Implikationen für die Kundensegmentierung

Die klassische Kundensegmentierung aufgrund der Portfoliotheorie (Markowitz, Roy, Tobin, Sharpe) erfährt mit der Möglichkeit des strategischen Einsatzes von Optionen resp. der Möglichkeit zur systematischen Umstrukturierung der Vermögenszusammensetzung im Zeitablauf eine fundamentale, neue Dimension. Im Vordergrund steht nicht mehr die statische Allokation des Vermögens auf verschiedene Anlageformen, sondern die Frage nach Art und Umfang der dynamischen Anpassung, d.h. der Präferenz für konvexe oder konkave Payoffs. Dies ist eine völlig andere Fragestellung, als sie die meisten der heute verwendeten Optimierungsmodelle beantworten, und sie impliziert eine völlig andere Kundensegmentierung. Mit einigen Gedanken zur „Theorie flexibler Zeithorizonte" wurde eine erste, potentiell fruchtbare Perspektive entworfen. Demnach ist die Präferenz für konvexe resp. konkave Payoffs von der Flexibilität des Anlegers abhängig, Verluste über eine bestimmte Zeitdauer hinzuhalten. Dies liefert noch keine einfachen Rezepte für die konkrete Ausgestaltung einer Kundensegmentierung, wohl aber eine brauchbare konzeptionelle Grundlage (wie etwa auch das Shorfall Risk oder das Beta). Das Konzept hat vielfältige Anwendungen etwa im Rahmen einer Lebenszyklusstrategie des Investierens[24].

5.2 Eine mögliche alternative Darstellung des Kapitalmarktgleichgewichts?

Man mag über die Relevanz der im vorangehenden Abschnitt diskutierten Gesichtspunkte geteilter Meinung sein. Letztlich wurde tatsächlich nicht sehr viel mehr gesagt, als dass man als Investor halt manchmal „warten" (oder im Fachjargon: „halten") muss. Der Punkt ist nur: Erstens kann es ex ante ziemlich lange dauern, bis eine Kursentwicklung einen vorgegebenen (und möglicherweise selbst variierenden) nominellen Benchmark übertrifft[25], und zweitens und wichtiger: es können nicht alle Investoren warten. Die Nullhypothese ist angebracht, dass mit dem zunehmendem Engagement der institutionellen Anleger und dem damit verbundenen Leistungsdruck der Anteil jener Marktteilnehmer, welche über keine zeitliche Flexibilität im Anlageverhalten verfügen, stark zugenommen hat. Intuitiv würde dies heissen, dass die Nachfrage nach konvexen Payoffs gestiegen ist, was c.p. eine höhere ex-ante Volatilität auf dem Kapitalmarkt bedeutet. Dies heisst, dass sich Investoren mit zeitlicher Flexibilität eine (Warte-) Prämie verdienen können. Genau so, wie man im Rahmen des CAPM eine Risikoprämie verdient, wenn die Risikobereitschaft die Übernahme systematischen Risikos zulässt, entschädigt der Kapitalmarkt eine Prämie für die erhöhte Flexibilität im Halten von Risiken. Letztlich könnte man das intertemporale Kapitalmarktgleichgewicht sogar als Mechanismus zum Ausgleich flexibler und inflexibler Zeithorizonte bei Anlageentscheidungen verstanden werden. Zumindest gewinnt man den Eindruck, dass viele Marktteilnehmer „Anlagerisiko" eher mit einer zeitlichen Dimension zu assoziieren vermögen als mit einer statistischen Masszahl. Schliesslich: Da man mit dem Schreiben von Optionen der Gegenpartei prinzipiell Flexibilität (oder Liquidität) anbietet, ist es naheliegend, den ökonomischen Wert der Zeithorizontflexibilität durch Optionspreise zu bestimmen.

Fussnoten

1 Siehe etwa Le Baron/Farrelly/Gula (1989), Le Baron/Farrelly (1989) oder Harlow/Brown (1990).

2 Für eine Darstellung der Prinzipien der traditionellen Asset Allocation: siehe Sharpe (1987).

3 Die Separation funktioniert auch *ohne* risikolose Anlage (Liquidität): In diesem Fall ergeben sich sämtliche effizienten Portfolios aus *zwei* risikobehafteten Fonds. Das Prinzip ist jedoch dasselbe.

4 Dies führt zur Überführung der Effizienzgrenze in eine sog. Efficient Shortfall Frontier; vgl. Jaeger/Rudolf/Zimmermann (1995).

5 Der Betafaktor setzt die systematische Volatilität einer Anlage (Volatilität der Anlage mal die Korrelation mit dem Benchmark) ins Verhältnis zur Volatilität des Benchmarks.

6 Siehe Brandenberger (1995), Zimmermann (1991a).

7 Siehe Burmeister/Roll/Ross (1994) für eine Übersicht.

8 Diese werden in der wissenschaftlichen Literatur als „Faktorportfolios" bezeichnet.

9 Siehe Samuelson (1991), Leibowitz/Krasker (1988), Zimmermann (1991a) für eine Diskussion von Zeithorizonteffekten.

10 siehe dazu: Zimmermann (1993b)

11 Diese Werte sind im übrigen identisch mit den Zeitperioden, über welche ein reines Aktienportfolio ein reines Bond-Portfolio renditemässig übertrifft.

12 Die nachfolgenden Überlegungen betreffen Indexoptionen. Sie lassen sich auch auf Zinsderivate übertragen, wo noch ein sehr viel breiteres Spektrum an Optionsinstrumenten verfügbar ist (Bond-Optionen, Bond-Warrants, Caps, Floors, Swaptions, u.a.).

13 Dies ist wesensgleich mit einer rechtsschiefen Renditeverteilung.

14 Dies ist äquivalent mit einer linksschiefen Renditeverteilung.

15 Von der Bedeutung von Stimmrechten, Dividenden, Transaktionskosten wird abstrahiert.

16 Die Fragestellung ist natürlich nur unter Berücksichtigung der zu leistenden resp. der eingenommenen Optionsprämien sinnvoll. Ohne Optionskosten würden natürlich alle Anleger konvexe Payoffs vorziehen.

17 Die Nachfrage nach Portfolio Insurance Strategien wird u.a. diskutiert bei Leland (1980), oder Ross (1989).

18 Dies widerspricht nicht der Tatsache, dass bei langem Zeithorizont (in den meisten Fällen) eine risikoreichere Strategie gewählt werden kann; siehe Zimmermann (1993a).

19 Siehe Rubinstein/Leland (1980); das Prinzip beruht auf dem Black-Scholes Modell der Optionsbewertung.

20 Perold/Sharpe (1988) liefern eine umfassende Übersicht.

21 Das Beispiel entstammt: Zimmermann (1995).

22 Vgl. Grossman (1988), oder Gibson/Zimmermann (1994) für eine neuere Analyse des Problems.

23 Die Theorie zur intertemporalen Portfolioselektion wurde wesentlich durch Merton (1971) entwickelt.

24 Diesbezügliche Elemente wurden von Malkiel (1990), Kapitel 13, und Spremann (1992), Abschnitt 6, entwickelt.

25 Siehe Zimmermann (1993b).

Literatur

Brandenberger (1995),
Investment Engineering. Intermediation und Produktgestaltung in der Vermögensverwaltung. Dissertation Hochschule St. Gallen, Haupt.

Burmeister/Roll/Ross (1994),
A practitioner's guide to APT, Finanzmarkt und Portfolio Management, Vol. 8, pp. 312-331.

Gibson R./Zimmermann H. (1994),
The benefits and risks of derivative instruments. An economic perspective. Manuskript Université de Lausanne und Hochschule St. Gallen.

Grossman S.J.(1988),
Insurance seen and unseen. The impact on markets. Journal of Portfolio Management, pp. 5-8.

Harlow W.V./Brown K.C.(1990),
Understanding and assessing risk tolerance: A biological perspective. Financial Analysts Journal 46, pp. 50-63.

Jaeger St./ Rudolf M./ Zimmermann H.(1995),
Efficient Shorfall Frontier, Zeitschrift für Betriebswirtschaftliche Forschung, erscheint 1995.

Johnson H.(1987),
Options on the maximum or the minimum of several assets, Journal of Financial and Quantitative Analysis 277-285.

Le Baron D./ Farrelly G./ Gula S. (1989),
Facilitating a dialogue on risk: A questionnaire approach. Financial Analysts Journal, Vol. 45, pp. 19-25.

Le Baron D./ Farrelly G. (1989),
Assessing risk tolerance levels: A prerequisite to personalizing and maanging portfolios, Financial Analysts Journal, Vol. 45, pp. 14-16.

Leibowitz M.L./ Krasker W.S. (1988),
The persistence of risk. Stocks versus bonds over the long term, Financial Analysts Journal, Vol. 44, pp. 40-47.

Leland (1980),
Who should buy portfolio insurance? Journal of Finance 35.

Malkiel (1990),
A random walk down Wall Street, 5. Auflage, W. W. Norton & Company.

Markowitz H.M. (1952),
Portfolio selection, Journal of Finance, Vol. 7, pp. 77-91.

Merton R.C. (1971),
Optimum consumption and portfolio rules in a continuous-time model. Journal of Economic Theory 3, pp. 373-413.

Roy A.(1952),
Safety-first and the holding of assets, Econometrica 20, July, pp. 431-449.

Rubinstein M. /Leland H. (1980),
Replicating options with positions in stock and cash, Financial Analysts Journal, Vol. 37, July/August, pp. 63-72

Samuelson P. (1989),
The judgement of economic science on rational portfolio management: Indexing, timing, and long horizon effects. Journal of Portfolio Management, Fall, pp. 4-12.

Sharpe W.F. (1987),
Integrated asset allocation. Financial Analysts Journal, Vol. 43, pp. 25-32.

Spremann K. (1992),
Zur Abhängigkeit der Rendite von Entnahmen und Einlagen, Finanzmarkt und Portfolio Management, Vol. 6, pp. 179-193.

Perold A.F. /Sharpe W.F. (1988),
Dynamic strategies for asset allocation, Financial Analysts Journal, Vol. 44, pp. 16-27.

Ross St.A. (1989),
Institutional markets, financial marketing and financial innovation, Journal of Finance, Vol. 44, pp. 541-556.

Tobin J. (1958),
Liquidity preference as behavior towards risk. Review of Economic Studies 25, pp. 65-86

Zimmermann H. (1991a),
Finanzmärkte und Vermögensverwaltung (1): Derivative Produkte ergänzen den Werkzeugkasten des Finanz-ingenieurs. Schweizer Bank, Vol. 6, 3/1991, pp. 23-28.

Zimmermann H. (1991b),
Zeithorizont, Risiko und Performance. Eine Übersicht. Finanzmarkt und Portfolio Management, Vol. 5, pp. 164-181.

Zimmermann (1993a),
Options, downside risk, and the investment time horizon. Working Paper 2/1993.

Zimmermann (1993b),
Editorial: Aktien für die lange Frist?, Finanzmarkt und Portfolio Management, Vol. 7, pp. 129-133.

Zimmermann (1995),
Derivative Finanzinstrumente. Eine Einführung. Manuskript Hochschule St. Gallen.

Klaus Spremann[1]

Asset-Allokation im Lebenszyklus und Vintage-Programm

Für private Investoren, die aus laufenden Arbeitseinkommen Finanzkapital bilden, ist das Lebensalter ein dominanter Einflussfaktor für die Anlagestrategie. Die Allokation des Finanzvermögens muss dem Umstand Rechnung tragen, dass der Wert des Humankapitals mit zunehmendem Alter abnimmt. Sie ist nicht konstant wegen der intertemporalen Diversifikation und des Zusammenhangs zwischen Gesamtkapital und Risikoaversion. Das Vintage-Programm ist ein Vorschlag zur Umsetzung des Konzeptes mit einer fondsähnlichen Konstruktion.

Im Zentrum dieses Aufsatzes stehen Privatinvestoren, die zu Beginn ihres Arbeitslebens zwar noch nicht wohlhabend waren, nach den Unsicherheiten des ersten Jahrzehnts ihres beruflichen Anfanges jedoch ein überdurchschnittliches Einkommen beziehen. Etwa zwischen ihrem 35. und 65. Lebensjahr können sie ständig einen Teil des Arbeitseinkommens sparen, eben um mit ihrem Vermögen später den Lebensstandard im Altersruhestand zu sichern. Vermutlich wollen sie auch einen Teil hinterlassen, um Kindern und Kindeskindern eine grössere materielle Unabhängigkeit zu schenken. Für diese Investoren wird das Lebensalter und das Durchlaufen altersspezifischer Phasen zu einem bedeutenden Faktor ihres Investitionsverhaltens.[2]

1 Das Ausgangsproblem

Eine wichtige Entscheidung, die Privatinvestoren treffen müssen, betrifft die Aufteilung ihres Finanzvermögens auf risikobehaftete (Aktien und Optionen) und risikoarme Assets (wie Obligationen und

Geldmarktinstrumente). Die Wahl des Anteils von risikobehafteten Assets im Portefeuille, die Asset-Allokation, sowie die Frage, wie die betrachteten Personen ihre Asset-Allokation im Verlauf des Lebenszyklus modifizieren, stehen im Mittelpunkt der Arbeit.[3] Auf die darunter liegende Ebene der Portfolioselektion, etwa auf die Fragen, wie ein Käufer von Aktien innerhalb der Gruppe von Aktien diversifizieren sollte, oder wie man Bonds und Cashpositionen in verschiedenen Währungen kombiniert, wird hier nicht eingegangen.

Auf der Ebene der Asset-Allokation sollte man sich nicht mit der Antwort zufrieden geben, der Aktienanteil im Portefeuille hänge von der Risikotoleranz (oder ihrem Kehrwert, der Risikoaversion) des Einzelnen ab, sei mithin eine subjektive Grösse, eben eine Frage der persönlichen Nutzenvorstellungen (und über Geschmack könne man nicht streiten). Der einzelne Privatinvestor nämlich könnte einen Berater fragen: „Wie risikoavers sollte jemand in meiner Situation sein?". Es müsste geklärt werden, welcher Grad von Risikoaversion aussenstehenden Dritten als nicht unvernünftig scheint. Zur Antwort hätte der Ratgeber überindividuelle Vergleiche zu ziehen. Auch um überindividuelle Argumente für die Bestimmung der persönlichen Risikoaversion geht es hier. Zur Frage, wie risikoavers man vernünftigerweise sein sollte, wird eine Antwort vorgeschlagen. Sie hängt vor allem davon ab, über welches Lebenseinkommen der betrachtete Privatinvestor verfügen kann. Diese Grösse wiederum hängt von der Lebensphase ab.

Ein erstes Ergebnis der Arbeit ist demnach, dass angegeben wird, wie sich die „richtige" Asset-Allokation mit den Lebensphasen ändert. Mit „richtig" sind dabei zwei Aspekte gemeint. Einmal soll die Asset-Allokation den Nutzen maximieren.[4] Zum andern wird die dabei einfliessende Nutzenfunktion, genauer, die Risikoaversion als der die Nutzenfunktion charakterisierende Parameter, aufgrund überindividueller Beobachtungen ermittelt. Zwei Argumente fliessen in die hier gegebene Begründung ein: die Intertemporale Diversifikation und ein empirisches Ergebnis von Irwin Friend (1977).

Zweitens wird ein Program vorgeschlagen, welches für jeden Teilnehmer über den Lebenszyklus hinweg individuell die Asset-Allokation automatisch justiert. Ein solches Vintage-Programm könnte in der Praxis Bedeutung haben, weil das Segment der hier betrachteten Investoren, zumindest in den ersten Jahrzehnten ihres Arbeitslebens, für die individuellen Lösungen der Privatbanken nicht in Frage kommt.[5]

Diese Privatinvestoren bilden ein Segment, das in der Praxis vielleicht noch nicht adaequat angesprochen wird. In jungen Jahren kaufen die Anleger zwar Fonds an den Schaltern einer Bank – es fehlt dann aber die Beratung über das in der persönlichen Situation und Lebensphase richtige Anlageverhalten hinsichtlich des Aktienanteils im Portefeuille. Später, im Alter von 50 und 60, und inzwischen wohlhabend geworden, finden diese Anleger oft nicht den Weg zu einem Privatbankier, und selbst wenn, kann der dann gebotene Rat kaum das Investitionsverhalten der abgelaufenen Jahrzehnte korrigieren.[6]

Diese Personen können deshalb einem Segment zugerechnet werden, für das der (fast beratungslose) Verkauf von Fonds als zu einfach angesehen werden muss, der individuelle Rat eines Privatbankiers jedoch als zu aufwendig. Für dieses Segment wäre eine Bankdienstleistung angemessen, die zwar noch ein Produkt ist und daher Kostenvorteile bei der Herstellung bietet, trotzdem aber eine für den Investor wichtige Anpassung an individuelle Gegebenheiten vornimmt.

Als wichtigstes Merkmal der „individuellen Gegebenheiten" wird hier das Lebensalter gesehen, und das Produkt soll die anzuratende Anpassung vornehmen. Das Vintage-Programm nimmt gleichsam automatisch eine lebensalterspezifische Asset-Allokation vor. Es funktioniert wie ein Fonds.[7] Das Vintage-Programm verbindet die Vorteile des einheitlichen Managements eines Kollektivs von Mitteln mit einer individuellen Auflösung und Zuweisung von Ergebnissen: An der Kundenoberfläche entsteht eine Vielfalt individueller Portefeuilles. In der darunter liegenden Ebene der Produktion des Vintage-Programms sind die Portfoliomanager aber von Einzelheiten der Mitglieder des Programms befreit und gestalten, für das Kollektiv, die Mittelanlage nach sonst üblichen Techniken. Dadurch ergeben sich Kostenvorteile in der Produktion trotz individueller Anpassung an ein für die Kunden wichtiges Merkmal: das Alter.

Die Darstellung ist in acht Abschnitte gegliedert. Im Mittelpunkt des Abschnitts 2 steht die Entwicklung des Humankapitals und des Finanzkapitals über den Lebenszyklus. Abschnitt 3 geht auf die intertemporale Diversifikation ein, Abschnitt 4 auf die Risikoaversion als endogene, aus anderen Daten abzuleitende Grösse. Die Funktionsweise des Vintage-Programms wird in Abschnitt 5 erläutert. Abschnitt 6 ist eine Konklusion. Abschnitt 7 gibt eine Übersicht über die wichtigsten Forschungsströmungen.

2 Humankapital und Finanzkapital

Für die betrachtete Gruppe von Personen sind wirtschaftlich zwei Kategorien von Vermögen bedeutsam: Erstens das Humankapital, verstanden als Vermögen, durch Arbeit Einkommen zu erzielen; zweitens das durch Sparen und Kapitalerträge wachsende, in Wertschriften gehaltene Finanzkapital. Die Entwicklung des Humankapitals unterliegt dabei grundsätzlich anderen Gesetzen als die Preisbildung auf Finanzmärkten. Ein Szenario soll eine Vorstellung davon vermitteln, wie diese beiden Vermögenspositionen sich im Zeitablauf ändern.

Arbeitseinkommen (alle Beträge seien Nominalgrössen bezogen auf das jeweilige Jahr) steigen im allgemeinen aus drei Gründen: Zunächst werden Gehälter an Preissteigerungen angepasst (Inflationsausgleich). Sodann erhöhen sie sich gelegentlich durch Produktivitätssteigerungen aufgrund technischen Fortschritts sowie durch Partizipation am realen Wirtschaftswachstum. Schliesslich kommt es zu Beförderungen.

Kalenderjahr	Lebensalter	Jahresgehalt (CHF Tausend)
2000	50	282
1995	45	211
1990	40	158
1985	35	118
1980	30	88

Tabelle 1a:
Beispielrechnung für die nominale Gehaltsentwicklung

In einer deterministischen Beispielrechnung könnte man diese drei Effekte zusammengenommen mit 6% beziffern: 3% Inflation, 1% reale Gehaltssteigerung in derselben Stufe, 2% Einkommenserhöhung durch Karriere. Eine jährliche Erhöhung um 2% durch Beförderung harmoniert beispielsweise mit der Beobachtung, dass alle 5 Jahre eine Höherstufung stattfindet, und dass sich die Gehälter der Stufen um jeweils 10% unterscheiden. Die Beispielrechnung in Tabelle 1 ist nicht unrealistisch: Jemand hatte 1980 als 30-jähriger CHF 88.000 Jahreseinkommen; jetzt, als 45-jähriger (1995), bezieht er oder sie CHF 212.000. Selbstverständlich kann es sein, dass sich die Gehaltserhöhungen durch Beförderungen in späteren Phasen des Lebenszyklus abflachen. Wird, um das Beispiel fortzuführen, ab dem 50. Lebensjahr nur die Inflationsanpassung von 3% und eine Reallohnerhöhung von 1% unterstellt, aber keine 2% Gehaltssteigerung durch Beförderung mehr, wäre Tabelle 1a fortzuschreiben wie in Tabelle 1b angegeben.

Kalenderjahr	Lebensalter	Jahresgehalt (CHF Tausend)
2000	50	282
2005	55	343
2010	60	418
2015	65	508

Tabelle 1b: Beispielrechnung für die nominale Gehaltsentwicklung

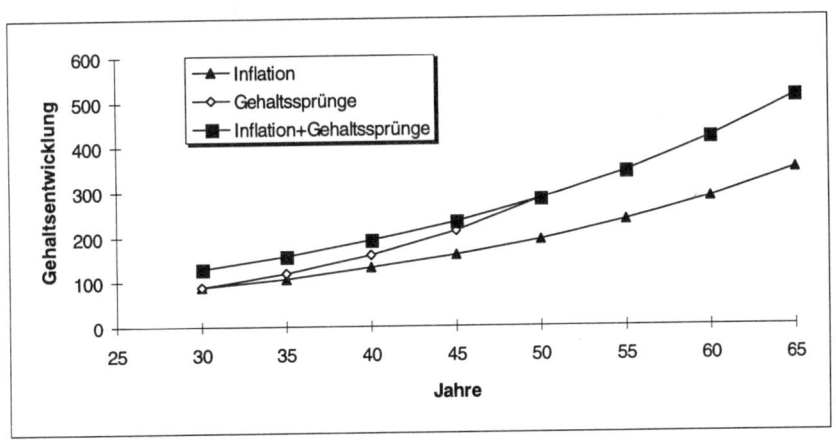

Abbildung 1: Gehaltsentwicklung in Abhängigkeit von Inflation und realen Gehaltssprüngen

Prognosen der Entwicklung der jährlichen Arbeitseinkommen bestimmen zweierlei. Erstens legen sie den Wertverlauf des Humankapitals $H(t)$ als Funktion des Alters t fest. Das Humankapital H sei verstanden als Barwert der in Zukunft noch zu erwartenden Arbeitseinkünfte. Zweitens ist das prognostizierte Arbeitseinkommen einer der Einflussfaktoren des Finanzkapitals, weil es die wesentliche Bemessungsgrundlage für Sparbeträge darstellt.[8]

In der Erwartung von Gehaltsentwicklungen, wie sie durch Tabellen 1a und 1b veranschaulicht sind, ist es möglich, zu jedem Kalenderjahr, also jedem Lebensalter t, den Barwert $H(t)$ der noch ausstehenden

Arbeitseinkommen zu ermitteln. Dabei entsteht die praktisch und theoretisch bedeutsame Frage, wie stark zukünftige Einkünfte zu diskontieren seien, damit der Unsicherheit zukünftiger Gehaltsentwicklungen Rechnung getragen wird.[9] Im Beispiel wird hier in drei Szenarien mit 9%, mit 12% und mit 15% diskontiert. Das Ergebnis ist in Tabelle 2 wiedergegeben.

Zu bemerken ist, dass im Beispiel keine Pensionsansprüche berücksichtigt sind. Jedoch könnten erwartete Pensionszahlungen in einer Alternativrechnung ähnlich wie Arbeitseinkünfte berücksichtigt werden, die nach dem 65. Lebensjahr zufliessen. Das Humankapital wäre dann die Summe des Barwertes noch zu erwartender Arbeitseinkommen und des Gegenwartswertes der späteren Pension.

Lebensalter t und Kalenderjahr								
	30	35	40	45	50	55	60	65
	1980	1985	1990	1995	2000	2005	2010	2015
Jahresarbeitseinkommen in CHF Tausend								
	88	118	158	212	283	345	420	511
Wert des Humankapitals in CHF Mio.								
bei Diskontierung zukünftiger Einkommen								
mit 9%	1.957	2.367	2.781	3.126	3.266	3.035	2.247	0.51
mit 12%	1.387	1.746	2.140	2.517	2.758	2.693	2.110	0.51
mit 15%	1.053	1.358	1.714	2.085	2.372	2.414	1.988	0.51

Tabelle 2: Verlauf des Arbeitskapitals im Lebensalter

Der Wert des Finanzkapitals im Alter t sei mit F(t) bezeichnet, es ist der Marktwert aller im Alter t gehaltenen Wertschriften. Auf den zeitlichen Verlauf des Portefeuille-Werts haben mehrere Faktoren Einfluss, darunter das Startvermögen, die individuelle Sparquote, allfällige Erbschaften, Entnahmen, und nicht zuletzt die erzielten Renditen.

In der Beispielrechnung nehmen wir an, im Alter von 30 Jahren werde mit dem Aufbau des Portefeuilles von Null an begonnen. Bis zum 50. Lebensjahr können jeweils 10% des jeweiligen Arbeitseinkommens gespart werden, vom 50. Lebensjahr an 20% des jeweiligen Arbeitseinkommens. Ferner werden in drei Szenarien (deterministische) Renditen von 4%, 7% und 10% angenommen (vgl. Tabelle 3). Dabei dürfte das Szenario mit 4% am ehesten die Wirklichkeit des Kapitalmarktes in der Schweiz unter Berücksichtigung von Steuern abbilden.

Lebensalter t und Kalenderjahr								
	30	35	40	45	50	55	60	65
	1980	1985	1990	1995	2000	2005	2010	2115
Jahresarbeitseinkommen in CHF Tausend								
	88	118	158	212	283	345	420	511
Sparleistung in CHF Tausend								
	8.8	12	16	21	57	69	84	102
Wert des Finanzkapitals F(t) in CHF Mio. bei Rendite von								
4%	0.009	0.062	0.159	0.295	0.524	0.983	1.615	2.476
7%	0.009	0.073	0.183	0.364	0.684	1.324	2.302	3.770
10%	0.009	0.078	0.211	0.454	0.913	1.857	3.463	6.150

Tabelle 3: Verlauf des Finanzkapitals im Lebensalter

In Abschnitt 4 wird sich herausstellen, dass für die Wahl der Asset-Allokation nicht nur das bereits angesammelte Finanzkapital von Bedeutung ist, sondern ebenso das Humankapital. Deshalb sollen in einer Grafik die zeitlichen Verläufe des Human- und des Finanzkapitals veranschaulicht werden. Abbildung 2 liegt eine Rechnung zugrunde, die die beiden vorsichtigsten Szenarien kombiniert: Bei der Ermittlung des Arbeitskapitals werden die zukünftigen Arbeitseinkommen mit 15% diskontiert, und bei der Rendite auf Finanzvermögen wird mit 4% gerechnet. Auch der Verlauf der Summe von Finanzkapital F(t) und Humankapital H(t) ist festgehalten:

$$G(t) = F(t) + H(t),$$

sie werde Gesamtkapital genannt und sei mit G(t) bezeichnet.[10]

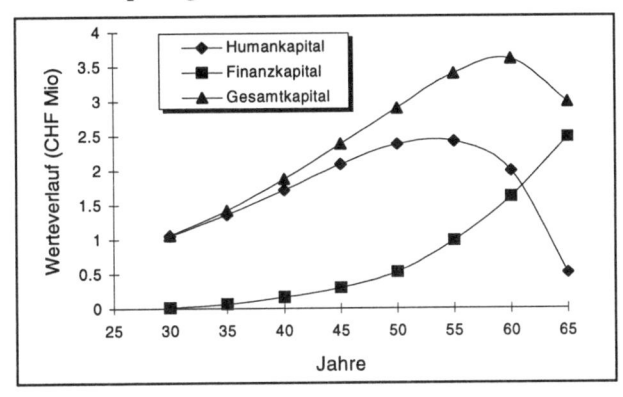

Abbildung 2: Humankapital+Finanzkapital = Gesamtkapital

In den beiden folgenden Abschnitten soll deutlich werden, wie die optimale Asset-Allokation mit dem zeitlichen Verlauf dieser Grössen H, F, G zusammenhängt.

3 Intertemporale Allokation

Auffällig ist das starke Ansteigen des Finanzkapitals zwischen dem 55. und 65. Lebensjahr. Dieser Anstieg geht nicht allein auf den Zinseszinseffekt zurück. Zwischen dem 55. und 65. Lebensjahr können die Investoren immer noch aus ihrem Arbeitseinkommen sparen, und ihr Arbeitseinkommen steigt durch Inflationsausgleich und allgemeine Gehaltssteigerungen an. Ausserdem ist typischerweise die Sparleistung in diesem Lebensabschnitt noch grösser als in den vorangegangenen: Kinder werden teilweise selbständig, Konsumwünsche sind anders strukturiert und weiten sich unterproportional zum Nominaleinkommen aus.[11] Derartige Umstände tragen zu dem beschleunigten Anstieg des Finanzkapitals im letzten Arbeitsjahrzehnt bei.[12]

In einem Denkmodell gehe man davon aus, das Finanzkapital werde zur Gänze in Aktien angelegt. Dann wird im Hinblick auf das Endvermögen das Börsengeschehen der letzten 5 oder 10 Jahre überbetont. Die intertemporale Diversifikation ist stark eingeschränkt.

Dieser Abschnitt 3 hebt auf diese intertemporale Diversifikation ab. Um sie besser zu charakterisieren, werfe man zuvor einen Blick auf die traditionelle Form von Diversifikation.

Diversifikation wird üblicherweise in einem Einperioden-Modell erklärt. Zu Beginn der einen Periode – deren Länge in Wochen, Monaten oder Jahren unerheblich ist – teilt der Investor den anzulegenden Betrag parallel auf mehrere risikobehaftete Assets auf. Dahinter steht der empirisch seit jeher beobachtete Sachverhalt, dass sich deren Renditen (zu einem Teil) nicht gleichförmig entwickeln werden. Zu Ende der Periode erweisen sich dann einige Anlageformen besser als andere, aber welche das sein werden, weiss zu Periodenbeginn natürlich niemand. Hohe und geringe Renditen gleichen sich in etwa aus; das so diversifizierte Portefeuille hat ein geringeres Risiko.

Die in den letzten drei Jahrzehnten entwickelte Portfolio-Theorie, die von den Arbeiten von Harry Markowitz (1959) ihren Ausgang nahm, zeigt: Besonders die Korrelation der Renditen der Einzelanlagen bestimmt wesentlich, mit welchen Gewichten sie in ein Portefeuille einbezogen werden sollten, damit der Diversifikationseffekt möglichst gross wird. Im besten Fall kann das gesamte unsystematische Risiko zum Verschwinden gebracht werden, man hätte ein effizientes Portefeuille gebildet. Man weiss, dass auch mit einer vergleichsweise geringen Anzahl von Aktien fast das gesamte unsystematische Risiko durch Diversifikation zum Verschwinden kommt, wenn die Auswahl der wenigen Valoren und ihre Gewichtung gut gewählt wird.

Ohne auf die Mathematik eingehen zu müssen ist klar, dass dazu eine Auswahl von Valoren aus unterschiedlichen Wirtschaftssektoren (wenn man sich auf ein Land einschränkt) gehört. Was die Anteile im Portefeuille betrifft, darf keine zu einseitige Gewichtung vorgenommen werden. Eine nicht ausgeglichene Gewichtung der einbezogenen Valoren verspricht dagegen nur geringe Diversifikation.

Beispielsweise ist auch ohne Rechnung einsichtig, dass ein Portefeuille im Wert von CHF 1,5 Mio., welches sich aus Nestlé-Aktien für CHF 50.000, SBG-Aktien für CHF 200.000 und Ciba-Aktien für CHF 1250.000 zusammensetzt, schlecht diversifiziert ist. Zwar könnte man die Selektion der drei Branchen Nahrungsmittel, Banken, Chemie als gut ansehen, jedoch sind die Branchen zu ungleich gewichtet.
Es wäre deutlich besser, je CHF 500.000 für jeden der drei Sektoren, oder für Aktien der Gesellschaften Nestlé, SBG, Ciba zu verwenden. Was aber, wenn es aus irgendwelchen Gründen die Nebenbedingung zu beachten gilt, CHF 50.000 in Instrumente auf Nestlé bezogen zu investieren, CHF 200.000 in Finanzkontrakte, die auf die SBG bezogen sind und CHF 1250.000 auf Ciba-Valoren? Selbst eine solche Nebenbedingung würde noch ein ausgeglicheneres Portefeuille gestatten, wenn die auf Nestlé bezogen Instrumente risikoreicher wären, die auf Ciba risikoärmer. Das lässt sich etwa durch Optionen bewerkstelligen, wie die Tabelle 4 veranschaulicht.

Die Betrachtung paralleler Diversifikation sollte dazu dienen, den Fall mehrerer Perioden einer ebenso intuitiven Betrachtung zugänglich zu machen. Bekanntlich gibt es gute und schlechte Börsenjahre (oder: Börsenjahrzehnte), nur kennt man sie zu Beginn einer Gesamtanlagedauer, wenn die Anlagestrategie gewählt wird, natürlich nicht. Wer aber seine Mittel nicht nur in einem Jahr (oder Jahrzehnt) anlegt, kann damit rechnen, dass sich gute und schlechte Einzelperioden ausgleichen, so dass das Risiko über den gesamten Zeitraum hinweg verringert wird. Dieses Phänomen heisst intertemporale Diversifikation.

Schlechte Diversifikation		Bessere Diversifikation trotz Nebenbedingung	
Nestlé-Aktien für	50.000	Nestlé-Aktien für	30.000
		Nestlé-Calls für	20.000
SBG-Aktien für	200.000	SBG-Aktien für	190.000
		SBG-Calls für	10.000
Ciba-Aktien für	1250.000	Ciba-Aktien für	1150.000
		Ciba-Puts für	100.000

Tabelle 4: Beispiel für Diversifikation im Einperioden-Modell

Um intertemporale Diversifikation zu betrachten, setze man die traditionelle Form der parallelen Diversifikation als bereits gelöst voraus. Man betrachte also als risikobehaftetes Instrument den Marktindex, wie er beispielsweise durch einen Aktienfonds verkörpert wird.

Analog zu zuvor gilt: Damit die Möglichkeit zu intertemporaler Diversifikation möglichst voll ausgeschöpft wird, müssen die Beträge, die in den einzelnen Perioden in diesen Fonds investiert sind, in etwa gleich gross sein. Zur Veranschaulichung betrachte man ein Beispiel mit drei Perioden; noch konkreter denke man an die Jahrzehnte 1970-1980, 1980-1990, und 1990-2000. Wer, um das Beispiel mit diesen drei Jahrzehnten fortzuführen, in den 80er Jahren durchschnittlich CHF 50.000 im Fonds investiert hatte, in den 90er Jahren CHF 250.000, und in der dritten Periode CHF 1500.000 investieren kann, erhält eine Gesamtrendite, die zu einseitig vom Marktgeschehen in der dritten Periode 1990-2000 abhängt.

Wiederum wäre der Effekt intertemporaler Diversifikation grösser, wenn über die Gesamtzeit in etwa derselbe Betrag investiert werden könnte. Welche Möglichkeit bleiben einem Investor, der anfangs nur über CHF 50.000 verfügt und in der dritten Periode eben CHF 1500.000 besitzt? Die Nebenbedingung ungleicher Vermögen über die Zeit hinweg scheint in diesem Kontext eine natürliche Gegebenheit zu sein, weil sie sich für die betrachtete Gruppe von Investoren aus den Lebensumständen ergibt (vgl. Tabelle 3 und Chart 1).

Die Lösung besteht darin, in den frühen Lebensphasen mit den geringen Anlagebeträgen durch Wahl ausgesprochen risikoreicher Instrumente die absolute Grösse des Risikos zu vergrössern, und in den späteren Lebensphasen mit dann höherem Finanzkapital vorwiegend risikoärmere Assets zu halten.[13] Ein Beispiel, (vgl. Tabelle 5), soll das Prinzip veranschaulichen.

Schlechte intertemporale Diversifikation		Bessere intertemporale Diversifikation trotz Nebenbedingung	
von 1970 bis 1980:		von 1970 bis 1980:	
Aktienfonds	25.000	Kreditaufnahme	10.000
Obligationen	25.000	Calls auf Index	60.000
von 1980 bis 1990:		von 1980 bis 1990:	
Aktienfonds	125.000	Aktienfonds	210.000
Obiligationen	125.000	Calls auf Index	40.000
von1990 bis 2000:		von 1990 bis 2000:	
Aktienfonds	750.000	Aktienfonds	400.000
Obligationen	750.000	Obligationen	1100.000

Tabelle 5: Beispiel für intertemporale Diversifikation

Eine Verbesserung der intertemporalen Diversifikation könnte dadurch erzielt werden, dass in späten Jahren risikoarm investiert wird, in jungen Jahren dagegen so riskant, wie es sonstige (hier nicht explizit gemachte) Umstände erlauben. Insbesondere würde ein Investor im letzten Arbeitsjahrzehnt Obligationen und Cashpositionen im Portefeuille stark übergewichten, nicht weil er oder sie als älterer Mensch risikoavers geworden wäre, sondern um die intertemporale Diversifikation zu verbessern.[14]

4 Endogene Risikoaversion

In diesem Abschnitt soll nun die optimale Asset-Allokation ermittelt werden. Dazu werden zwei Bausteine benötigt.

Der eine stammt aus der Entscheidungstheorie und berechnet die optimale Asset-Allokation[15], wobei die persönliche Risikoaversion als bekannt vorausgesetzt wird.[16] Der zweite Baustein ist ein Resultat aus einer empirischen Beobachtung zahlreicher Menschen, über die beispielsweise Irwin Friend (1977) berichtet, die aber in ähnlicher Form auch in anderen Quellen zu finden ist. Danach steht die im Regelfall bei Entscheidungen unter Risiko gezeigte Risikoaversion in einer direkten

Beziehung zum Lebenseinkommen. Mit anderen Worten leitet sich die Risikoaversion aus dem Lebenseinkommen ab.[17]

Wenden wir uns dem ersten Baustein zu und betrachten die folgende Entscheidungssituation. Es handelt sich um eine Einmalentscheidung zu Beginn der einen Periode. Nach der Entscheidung wird abgewartet, welche Ergebnisse sich zu Periodenende zeigen werden. Der Investor verfügt über den Geldbetrag F, der angelegt werden soll. Also ist F das augenblickliche Finanzkapital. Zwei Möglichkeiten gibt es zur Portfolio-Selektion: den Kauf eines reinen Aktienportefuilles und den Kauf eines Portefeuilles aus Obligationen und Cash. Kurzum gibt es eine risikobehaftete und eine „risikofreie" Anlage.

Die Entscheidung kann durch eine Variable x modelliert werden, die den (absoluten) Betrag bezeichnet, der in Aktien anzulegen wäre. Die Differenz F - x wird in Obligationen investiert oder als Cashposition gehalten. Eigentlich soll x zwischen 0 und F gewählt werden. Im Fall x > F würde der Investor einen Kredit in Höhe x-F aufnehmen.

Der Quotient x/F gibt den Anteil der Aktien im Portefeuille wieder weshalb x/F die gesuchte Asset-Allokation ist.
Die Lösung der Aufgabe, x optimal zu wählen, hängt einerseits von den möglichen Renditen ab (probability beliefs), andererseits von der Nutzenfunktion des Investors, seiner Präferenz (taste) eben seiner Risikoaversion.

Die Lösung lässt sich relativ einfach berechnen und als Formel darstellen, sofern man noch eine weitere Spezialisierung vornimmt und die in Betracht zu ziehenden *tastes* und *beliefs* einschränkt: Man nehme erstens an, die möglichen Renditen auf das Aktienportefeuille seien normalverteilt, und zweitens, der Investor habe eine Risikonutzenfunktion u mit konstanter, d.h. von der Grösse des Arguments C unabhängiger, absoluter Risikoaversion a, ausgedrückt durch das Arrow-Pratt-Mass $a = -u''(C)/u'(C)$. Obschon kritisiert (vgl. Rubinstein 1977), bilden die beiden Annahmen ein einfach zu handhabendes Modell. Es wird beschrieben durch folgende Parameter:

→ F anzulegender Betrag (zum Beispiel 1000 Währungseinheiten)
→ x wird in Aktien, F-x in Obligationen/Cash investiert (x ist gesucht)
→ a Risikoaversion des Investors (zum Beispiel a=1/500)
→ i Zinssatz, der auf Obligationen/Cash erzielt wird (zum Beispiel i = 0,06)

→ μ Erwartungswert der Rendite auf das Aktienportefeuille (zum Beispiel 0,09)
→ σ Standardabweichung der Rendite auf das Aktienportefeuille (zum Beispiel 0,20)

Die optimale, d.h., nutzenmaximale Lösung lautet:

Absolutbetrag Aktien = $x = (\mu - i) / a \cdot \sigma^2$ (im Beispiel x = 375)

Sie ist intuitiv einsichtig insofern als sie folgende Zusammenhänge wiedergibt: Je grösser die erwartete Überrendite μ -i, desto mehr Mittel werden in Aktien gebunden. Je grösser die Risikoaversion a ist oder das durch σ ausgedrückte Risiko, desto geringere Beträge werden in Aktien angelegt. Die Lösungsformel lässt sich so umschreiben, dass die optimale Asset-Allokation x/F ermittelt wird:

Aktienanteil im Portefeuille = x/F = $((\mu - i) / \sigma^2) / (aF)$ = M /aF.

Im Zähler des Bruchs auf der rechten Seite steht eine, mit M bezeichnete

Marktgrösse M = $(\mu$ -i$) / \sigma^2$

im Nenner das Produkt aus persönlicher Risikoaversion a und dem Betrag F, den der betrachtete Investor insgesamt anzulegen denkt. Was die Marktgrösse M anbelangt, so ist ihr Wert für eine Auswahl von Kapitalmarktdaten, wie sie die empirische Forschung liefert, in nachstehender Tablle 6 wiedergegeben.

Marktgrösse M			
		Standardabweichung der Rendite auf Aktienportefeuille	
		18%	20%
Überrendite	3%	0.926	0.750
	4%	1.235	1.000

Tabelle 6: Die Marktgrösse für zwei verschiedene Differenzen zwischen erwarteter Rendite auf das Aktienportefeuille und Zinssatz (Überrendite) sowie zwei verschiedene Standardabweichungen der Rendite auf das Aktienportefeuille

Was die persönlichen Daten a und F des Individuums betreffen, so zeigen die Untersuchungen von Friend (1977), dass für viele Menschen das Produkt aus Risikoaversion und „Vermögen" zwischen 1 und 2 liegt, im weiteren rechnen wir mit 2. Für besonders risikoarme Menschen ist dieses Produkt vielleicht sogar grösser als 2. Für Personen mit ausgesprochen geringer Risikoaversion könnte das Produkt aus Risikoaversion und „Vermögen" auch kleiner sein und um 1 betragen.[18] Unter dem „Vermögen" ist jedoch nicht der augenblickliche Wert F des Portefeuilles zu verstehen, sondern der aus der Lebensführung und aus der erkennbaren Grössenordnung sonstiger Entscheidungen ableitbare, gesamte Wert aus Finanzvermögen, zukünftigen Arbeitseinkommen und sonstigen Rechten. Das ist hier das Gesamtkapital G. Die empirischen Studien zahlreicher Personen und privater Haushaltungen deuten also darauf hin, dass sich viele Menschen unter Risiko so entscheiden, als ob ihre Risikoaversion a gemäss $aG \approx 2$ bestimmt sei. Das ist also eine empirisch bestimmte Beziehung, die das tatsächliche Anlegerverhalten beschreibt. Anders ausgedrückt, wird die Risikoaversion zu einer Funktion des Gesamtkapitals, $a \approx 2/G$.

Um auf das Finanzkapital F zurückzukommen, kann nun geschrieben werden:

$$aF \approx 2F/G$$

Diese Beziehung wird nun in die Formel $x/F = M/aF$ für die Asset-Allokation eingesetzt und man erhält

$$x/F \approx M/(2F/G) = M(G/F)/2$$

Mit anderen Worten: Die optimale Asset-Allokation ist für viele Menschen ungefähr gleich dem Produkt aus der Marktgrösse M (vgl. Tabelle 6) und dem Quotienten G/F von Gesamtkapital G zu Finanzkapital F, geteilt durch 2.

Nun haben die Betrachtungen in Abschnitt 2 gezeigt, dass besonders in jungen Jahren das Gesamtkapital G deutlich grösser ist als das Finanzkapital F. Denn in jungen Jahren ist das Finanzkapital F noch gering, das Humankapital H hoch (und $G = F + H$). Mit den vorsichtigen Daten aus Abbildung 2 (Diskontierung zukünftiger Arbeitseinkommen mit 15%, Kapitalrendite nach Steuern 4%) ist in Tabelle 7 das Verhältnis G/F von Gesamtkapital und Finanzkapital für verschiedene Lebensphasen wiedergegeben.

Der die Asset-Allokation bestimmende Quotient G/F								
	30	35	40	45	50	55	60	65
Finanzkapital F	0.00	0.06	0.15	0.29	0.52	0.98	1.61	2.47
Humankapital H	1.05	1.35	1.71	2.08	2.37	2.41	1.98	0.51
Gesamtkapital G	1.06	1.42	1.87	2.38	2.89	3.39	3.60	2.98
G/F	118	23	12	8	5	3	2	1

Tabelle 7: Finanzkapital und Gesamtkapital (in CHF Mio.) sowie der Quotient G/F aus Gesamtkapital und Finanzkapital

Um Tabelle 7 zu interpretieren, gehe man von einer Marktgrösse M = 0,75 aus (vgl. Tabelle 6). Ein Fünfzigjähriger (G/F = 5) sollte dann noch etwa 1,875 mal (nämlich 0,75 mal 5 geteilt durch 2) soviel Aktien halten wie sein Finanzkapital (im Beispiel eine halbe Million Franken) ausmacht. Dies wäre im Prinzip entweder durch einen kreditfinanzierten Aktienkauf oder durch ein Engagement in risikoreicheren Instrumente wie Calls realisierbar. Dennoch scheint der berechnete Aktienanteil (im Beispiel sogar grösser als 100%) hoch zu sein, wenn man ihn vor den Hintergrund allgemeiner Lebenserfahrung stellt.

Der Grund dafür liegt in einer Korrektur, die eigentlich vorzunehmen wäre. Bislang konnte der Eindruck entstanden sein, als ob der Investor mit dem 65. Lebensjahr über ein stattliches Finanzkapital frei verfügen könnte. In Wirklichkeit soll das Finanzkapital, selbst wenn ein Teil hinterlassen wird, zur Sicherung des Konsums im Altersruhestand dienen. Es besteht demnach eine Verpflichtung, das Finanzkapital in einer bestimmten Weise zu verwenden: für den Lebensunterhalt. Der Barwert dieser *Liability*, also der Barwert der im Alter t noch zu erwartenden Entnahmen zu Konsumzwecken, sei mit L(t) bezeichnet. Dann wäre das Gesamtkapital nicht mehr gemäss G = H + F bestimmt, sondern durch

$$G = H + F - L$$

Unter Berücksichtigung dieser Verpflichtung L zum Lebensunterhalt wäre das Gesamtkapital als deutlich geringer anzusehen.[19] Das kann bedeuten, dass im 65. Lebensjahr zwar das dann vorhandene Finanzkapital F(65) gross, das Gesamtkapital G(65) dennoch sehr klein ist. Aus diesem Grund ist dann auch der die Asset-Allokation bestimmende Quotient G(65)/F(65) klein, und der Investor wird das Finanzkapital fast ausschliesslich in risikoarmen Instrumenten halten.[20]

5 Das Vintage-Programm

Es gab zwei Gründe, die Asset-Allokation im Lebenszyklus anzupassen: Zum einen die intertemporale Diversifikation, zum anderen die Endogenisierung der Risikoaversion.

Auf den ersten Blick verbieten sich deshalb sogenannte „Asset-Allocation-Fonds", wie sie zum Sortiment der Banken gehören, weil diese Fonds die Relation zwischen Aktien und Obligationen/Cash über die Zeit hinweg konstant halten. Da die Asset-Allocation-Fonds oft in drei Varianten angeboten werden, die beispielsweise als „Income", „Yield" und „Growth" bezeichnet werden, wobei der jeweilige Aktienanteil unterschiedlich ist (bei „Income" am geringsten, bei „Growth" am höchsten), könnte ein Investor natürlich den Fonds wechseln: in jungen Jahren „Growth", dann „Yield", später „Income".

Eine Alternative dazu wäre, privaten Investoren das Umschalten abzunehmen und als Leistung in das Sortiment der Bank aufzunehmen.[21] Ein Vintage-Fonds oder Vintage-Programm könnte, dem jeweiligen Lebensalter entsprechend, den Aktienanteil im Finanzvermögen des oder der Betreffenden gleitend anpassen. Dabei wäre der Aktienanteil eine abnehmende Funktion des Alters. Hierzu gäbe es eine Formel

$$\text{Aktienanteil} = \text{Funktion}(\text{Lebensalter t}) = \frac{M}{2} \cdot \frac{G(t)}{F(t)}$$

die im Prinzip schon berechnet wurde durch $x/F \approx M \cdot (G/F)/2$, wobei M die zeitunabhängige Marktgrösse ist (vgl. Tabelle 6) und $G(t)/F(t)$ zwar mit dem Alter t variiert, aber mit Szenarien geschätzt werden kann, wie das in Tabelle 7 geschehen ist[22].

Aus mehreren offensichtlichen Gründen wird jedoch kaum eine Bank einen derart extremen Verlauf des Aktienanteils[23] mit dem Lebensalter t umsetzen. Sie wird die extrem grossen Aktienanteile in jungen Jahren verringern, um Lebensrisiken und Beschränkungen zu berücksichtigen, die hier nicht näher erörtert werden müssen.

Als eine weitere Lösungsmöglichkeit könnte die Bank auch eine Auswahl von Formeln bieten.[24] Alle Formeln des Vintage-Programms würden aber der Tendenz nach eine deutliche Abnahme des Aktienanteils mit dem Lebensalter umsetzen.

Formel 1	- Investor ist risikofreudiger als andere - Hohes Salair ermöglicht hohe Sparleistung - Kein Entnahmebedarf vor dem Rentenalter
Formel 2	- Investor entspricht der Mehrheit von Investoren
Formel 3	- Investor ist risikoaverser als andere - Geringe Sparleistung - Entnahmebedarf nicht auszuschliessen

Organisatorisch würde das Vintage-Programm in zwei Stufen zu verwirklichen sein. Zu nennen sind die Stufe des Fondsmanagements und die Stufe individueller Zurechnung von Ergebnissen. Wichtig ist, dass das Fondsmanagement auf einer aggregierten, kollektiven Ebene stattfindet, auf der von den individuellen Teilnehmern des Vintage-Programms abgesehen werden kann. Denn die altersabhängigen Aktienanteile aller im Programm teilnehmenden Personen bestimmen zwar die kollektive Gewichtung der Aktien und Obligationen/Cash. Jedoch wird sich die kollektive Gewichtung im Zeitablauf nur wenig verändern, wenngleich sich laufend die individuellen Asset-Allokationen verändern. Der Grund: Immer wieder treten neue Teilnehmer in das Programm ein.[25]

Auf der zweiten Stufe werden die Ergebnisse des kollektiven Fondmanagements auf die Teilnehmer rechnerisch aufgespalten und individuell gebucht. Ein Zahlenbeispiel möge das erläutern. Das Vintage-Programm habe derzeit drei Teilnehmer, Herrn Alfons, Frau Black und Mrs Chen. Die individuellen Charakteristika sind das Alter und das Finanzkapital F.

Individuelle Charakteristika sind gegeben		
	Alter	Finanzkapital (CHF Tausend)
Herr Alfons	35 Jahre	100
Frau Black	52 Jahre	900
Mrs Chen	69 Jahre	500

Die Formel des Programms[26] und das Alter bestimmen die anzuwendende Asset-Allokation.

Asset-Allokation folgt aus Formel, angewandt auf Alter		
	Alter	altersentsprechender Aktienanteil
Herr Alfons	35 Jahre	200%
Frau Black	52 Jahre	50%
Mrs Chen	69 Jahre	10%

Also würden in jenem Jahr diese Beträge anzulegen sein:

Anlagebeträge (CHF Tausend)		
	Aktien	Obligationen/Cash
Herr Alfons	200	- 100
Frau Black	450	450
Mrs Chen	50	450
Kollektiv	700	800

Das Programm verwaltet demnach CHF 1,5 Mio. Nun werden beispielsweise am Ende des Jahres diese Renditen erzielt:

Ergebnisrechnung 1		
	Aktien	Obligationen/Cash
Volumen im Kollektiv	700	800
Realisation der Rendite	20%	10%

Das Gesamtergebnis wird dann auf die Teilnehmer am Programm umgerechnet, und insgesamt erzielten sie dabei folgende Ergebnisse und Renditen:

Ergebnisse (CHF Tausend)		
	Aktien	Obligationen/Cash
Kollektiv	140	80
Herr Alfons	40	- 10
Frau Black	90	45
Mrs Chen	10	45

Herr Alfons hat folglich auf sein Finanzkapital von CHF 100.000 ein Ergebnis von CHF 30.000 erzielt, was einer Rendite von 30% entspricht. Frau Black hat auf CHF 900.000 einen Kapitalgewinn von 135.000 erzielt, also eine Rendite von 15%, Mrs Chen erzielte CHF 55.000 auf CHF 500.000; ihre Rendite betrug 11% in jenem Jahr.

6 Konklusion

In dieser Arbeit wurden private Investoren mit mittelgrossen Vermögen betrachtet, für die ihr Lebensalter der dominante Einflussfaktor bei der Anlageentscheidung ist. Dabei ging es nicht um Fragen der Einmalanlage, wie sie beispielsweise durch einen Unternehmensverkauf oder eine Erbschaft aufgeworfen werden, sondern um den sich über Jahrzehnte ausdehnenden Vorgang der Kapitalansammlung durch Sparen von Teilen der Arbeitseinkommen. Eine zentrale Fragestellung, die diese Investoren haben, betrifft die Aufteilung ihres Portefeuilles in risikobehaftete Instrumente (Aktien, Optionen) und risikoarme Wertschriften (Obligationen, Cash).

Es wird gezeigt, in welcher Weise diese Investoren ihre Asset-Allokation über die einzelnen Lebensphasen hinweg adjustieren sollten, damit sie als objektiviert und vernünftig gelten darf.[27] Mit anderen Worten sollte die Altersanpassung der Asset-Allokation Dritten gegenüber erklärt und begründet werden können, die sie dann als „im Rahmen des Üblichen" akzeptieren können.

Meistens wird in der Praxis diesen Privatanlegern geraten, in späteren Lebensphasen den Aktienanteil in ihren Portefeuilles abzubauen und nur noch Obligationen und Cashpositionen zu halten. Es wird dazu auf eine „höhere Risikoaversion" älterer Menschen verwiesen. Dieser Argumentation wird hier nicht gefolgt, wenngleich ein ähnlicher Rat abgeleitet wird.

Für die hier betrachteten Investoren sind zwei Kategorien von Vermögenspositionen massgeblich: das Humankapital und das Finanzkapital. Unter dem Humankapital H werde der Barwert der in Zukunft noch zu erwartenden Einkünfte aus Berufstätigkeit verstanden. Unwichtig dabei ist, ob es sich um Gehalt aus einer abhängigen Beschäftigung handelt oder um Lohn für unternehmerische Tätigkeit. Das Finanzkapital F ist verstanden als Wert des Wertschriften-Portefeuilles. Beide Vermögenspositionen variieren bei der betrachteten Gruppe von Personen stark mit dem Lebensalter. Die Summe ist das Gesamtkapital G. Bei Berücksichtigung der Liability L, den Lebensunterhalt im Altersruhestand aus dem Finanzvermögen zu bestreiten, berechnet sich das Gesamtkapital wie folgt:

$$G = H + F - L.$$

Es wurde argumentiert, dass „vernünftige" Entscheidungen unter Risiko stark vom Gesamtkapital G des Einzelnen bestimmt sind. Mit anderen Worten hängen Risikotoleranz oder Risikoaversion von der Summe G = H+F-L des Human- und Finanzkapitals ab, korrigiert um die Lebenshaltungs-Liability, und diese verändert sich mit dem Lebensalter. Im allgemeinen geht sie aber mit zunehmendem Alter nicht so stark zurück, so dass in dieser Arbeit Investoren im Alter um 55 oder 60 Jahre nicht kategorisch als „wenig risikotolerant" eingestuft werden.

Zusätzlich zum Abbau risikobehafteter Instrumente mit zunehmenden Alter wurde begründet, weshalb in jüngeren Lebensjahren der Anteil risikobehafteter Instrumente im Portefeuille deutlich höher sein sollte als gemeinhin vorgeschlagen wird.

Aus zwei Gründen ist eine Altersanpassung der Asset-Allokation erforderlich: Intertemporale Diversifikation und die sich aus empirischen Studien abgeleitete Relation $a \approx 2/G$ zwischen der Risikoaversion a und dem Gesamtkapital G.

Möglichkeiten zur intertemporalen Diversifikation werden bei einer über die Lebensphasen hinweg konstant gehaltenen Asset-Allokation nicht ausgeschöpft, weil sich die Volumina durch Akkumulation von Finanzvermögen bei der betrachteten Gruppe von Privatanlegern beträchtlich erhöhen. Um dennoch über den Lebenszyklus hinweg stärker intertemporal zu diversifizieren, muss in jungen Jahren, wenn das Finanzvermögen noch klein ist, das Gewicht stark zugunsten risikobehafteter Instrumente verschoben werden.

Die Risikotoleranz vieler Menschen ist nicht in Relation zur Grössenordnung ihres jeweiligen augenblicklichen Finanzvermögens zu sehen, sondern in Relation zum Gesamtkapital, in das auch das Humankapital einfliesst. Junge Menschen können, sobald die unsichere Zeit der ersten Karriereschritte vorbei ist, oft ein relativ gesichertes Arbeitseinkommen erwarten. Mit anderen Worten ist ihr Humankapital schon gross zu einem Zeitpunkt, zu dem ihr Finanzvermögen noch klein ist. Da aber das Gesamtkapital die Risikotoleranz bestimmt, werden sie bereits dann erhebliches Gewicht auf risikobehaftete Anlageinstumente legen.

Die so begründete Altersanpassung der Asset-Allokation könnte vermuten lassen, dass hier ein besonderer Handlungs-, Entscheidungs-, und Beratungsbedarf für jeden Einzelnen entsteht. Es zeigt sich jedoch, dass die dargestellten Altersanpassungen in einem Kollektiv gleichsam automatisch und ohne Transaktionskosten vorgenommen werden können. Dieses kollektive Schema wird „Vintage-Programm" genannt.

7 Forschungsströmungen

Die intertemporale Allokation von Ressourcen ist ein umfangreiches Thema, das vom optimalen Abbau einer natürlichen Ressource über die Konsum- und Sparentscheidung eines Individuums bis zu Generationenverträgen reicht. Ein grundlegender Ansatz zur Erklärung intertemporaler Konsumentscheidungen ist die Lebenszyklushypothese (LZH). Im Grunde möchte die LZH das Sparmotiv ergründen, Sparbeträge berechnen, und die Berechnungen empirisch überprüfen. Franco Modigliani entwickelte die LZH zu Beginn der fünfziger Jahre gemeinsam mit Richard Brumberg und ergänzte sie in einer Zusammenarbeit mit Albert Ando (vgl. Modigliani 1986). Grundlagen wurden jedoch schon 1930 durch Irving Fishers „The Theory of Interest" gelegt.

Die LZH beginnt mit der Frage, wieviel ein Individuum über die Perioden hinweg konsumieren wird, um eine vorgegebene Nutzenfunktion zu maximieren. Dabei wird der Gesamtnutzen als Summe der diskontierten Nutzen des jeweiligen Konsums in den einzelnen Perioden formuliert (Separabilität). Als weitere Komponente wird oft ein Ansatz für jenen Nutzen addiert, den das Individuum hat, wenn es Vermögen vererben kann (Vererbungsfunktion). Nicht konsumierte Einkommensteile werden gespart. Die Lösung des Problems, der nutzenmaximale Konsum, bestimmt so die optimalen Sparbeträge.

Da der aus dem Konsum in einer Periode erhaltene Nutzen dem Gesetz abnehmenden Grenznutzes unterliegt, strebt das Individuum einen über die Perioden hinweg ausgeglichenen Konsum an. Einkommensschwankungen führen dann nicht zu ebenso schwankendem Konsum, sondern zu entsprechenden Spar- und Entsparvorgängen. Typischerweise versagen die Arbeitseinkommen im Ruhestand, also werden die Individuuen zunächst sparen und dann entsparen. Vielleicht werden sie sogar zu Beginn, wenn ihre Arbeitseinkommen niedrig sind und sofern es von keiner Budgetrestriktion verboten wird, kreditfinanzierte Konsumausgaben tätigen.

Die LZH ist also eine Hypothese über Sparmotive. Zwei Sparmotive werden postuliert: Die intertemporale Finanzierung eines möglichst über die gesamte Lebenszeit geglätteten Konsumpfads und die Kapitalakkumulation zum Zweck des Hinterlassens. Die LZH wurde in den USA zahlreichen Tests unterzogen, die ihr nicht widersprachen.[28]

Parallel zur LZH ist fast zeitgleich in den fünfziger Jahren von Milton Friedman die Permanenteinkommenshypothese (PEH) entwikkelt worden. Wie die LZH geht die PEH davon aus, dass aufgrund des Gesetzes abnehmender Grenznutzen der Gesamtnutzen maximiert wird, wenn die Konsumausgaben über das Leben hinweg stabil bleiben. Es gibt zwischen LZH und PEH eine Reihe von Gemeinsamkeiten und sie unterscheiden sich nur durch einen Akzent: Während die LZH die Sparmotive untersucht, widmet sich die PEH mehr der Frage, wie die Individuuen Erwartungen über ihre zukünftigen Einkommen bilden. Heute werden LZH und PEH zu einer Forschungsrichtung kombiniert.

Die zweite, hier zu nennende Forschungsrichtung ist massgeblich durch die Arbeiten von Robert Merton (1969, 1971, 1993) geprägt. Merton hat 1969 mit seinem Aufsatz „Lifetime Portfolio Selection Under Uncertainty: The Continuous-Time Case" das Basismodell zur intertemporalen Konsum- und Investitionsentscheidung geschaffen und 1971 in dem Aufsatz „Optimum Consumption and Portfolio Rules in a Continuous Time Model" verallgemeinert. Merton zieht risikobehaftete Anlageformen explizit in sein Modell ein und betont die intertemporale Portfolioentscheidung.

Einkommen wird ausschliesslich aus Erträgen des investierten Vermögens bezogen, und alle Vermögenspositionen werden annahmegemäss auf vollkommenen Märkten gehandelt und bewertet.

Da das Humankapital eines Individuums (Barwert zukünftiger Arbeitseinkommen) nur bedingt sich als Asset begreifen lässt, welches auf vollkommenen Märkten gehandelt und bewertet wird, und weil sich die Veränderungen des Humankapitals nicht durch die sonst für die Preisbildung üblichen Prozesse erfassen lassen, beschreibt Merton eher die Wirklichkeit einer vermögenden Person, die einzig von ihrem Finanzkapital lebt als die einer Familie, für die Arbeitseinkommen wesentlich sind.

Für die Entwicklung der Asset-Preise wählte Merton anstelle diskreter Perioden einen zeitkontinuierlichen Rahmen. Danach wird der Preisverlauf risikobehafteter Assets gemäss der heute weitverbreiteten Hypothese als geometrische Brown´sche Bewegung beschrieben (vgl. Hull 1993). Dieser stochastische Prozess impliziert log-normalverteilte Preise der Assets und begrenzte Haftbarkeit. Weiter geht Merton von einer als gegeben betrachteten Nutzenfunktion aus. Sie wird als zeitadditiv vorausgesetzt (d.h., der Gesamtnutzen ist gleich dem Barwert eines Nutzenstroms, wobei der augenblickliche Nutzen nur von der augenblicklichen Konsumgeschwindigkeit abhängt). Die Präferenzen ändern sich nicht im Zeitverlauf, und das Individuum ist risikoavers.

Merton konnte zeigen, dass auch in seinem Modell die Tobin-Separation gilt. Mit anderen Worten ist die Selektion des Aktienteiles des Portefuilles (anteilmässige Zusammensetzung der risikobehafteten Assets) unabhängig von der jeweiligen Portfoliogrösse, d.h., unabhängig von dem zeitlichen Verlauf der Entnahmen und mithin auch unabhängig von Konsumentscheidungen. Die weiteren Ergebnisse des Modells hängen jedoch stark von der Art ab, wie die Risikoaversion formalisiert ist.

Beispielsweise ist im Spezialfall einer logarithmischen Nutzenfunktion der optimale Konsum von jenen beiden Parametern unabhängig, die den stochastischen Prozess der prozentualen Veränderung der Asset-Preise bestimmen: der erwarteten prozentualen Veränderung pro Zeiteinheit und der Varianz pro Zeiteinheit (vgl. Hull 1993, p.190 ff). Dieses Ergebnis der Unabhängigkeit von Konsum und Marktgrössen wurde auch von Paul Samuelson (1969) in einem Modell mit diskreter Zeit gefunden. Ausserdem ist bei einer logarithmischen Nutzenfunktion der Anteil der risikobehafteten Assets am Vermögen über die Zeit hinweg konstant. Er hängt nur von der individuellen Risikoaversion ab, der erwarteten Rendite und deren Varianz.

Wird dagegen beispielsweise konstante absolute Risikoaversion angenommen, dann stehen weder der optimale Konsum noch der Anteil risikobehaftete Assets in einer über die Zeit hinweg konstanten, proportionalen Beziehung zum Vermögen. Der absolute Betrag, der in risikobehafteten Assets investiert ist, ist konstant über die Zeit. Anders ausgedrückt: Wächst das Vermögen an, dann nimmt der Anteil risikobehafteter Assets ab. Schrumpft das Vermögen, dann nimmt der Anteil risikobehafteter Assets zu. Dieses Ergebnis, dass der optimale risikobehaftet angelegte Betrag konstant und unabhängig vom Wert des Portfeuilles ist, verliert jedoch seine Gültigkeit bei anderen Präferenzen.

Zahlreiche Folgearbeiten widmen sich Verfeinerungen und Variationen des Grundmodells der LZH und des Modells von Merton. Zwei Strömungen sind hervorzuheben. Die eine untersucht die Besonderheiten des Humankapitals. Sie bestehen (1) in der Nicht-Handelbarkeit dieses Vermögenswerts, (2) in seinem lebenszyklusartigen Verlauf, (3) in dem mit den zukünftigen Arbeitseinkommen verbundenen Risiken, und (4) in der individuellen Flexibilität, Arbeitseinsatz und Arbeitseinkommen zu steuern. Besitzt beispielsweise das Individuum eine ausgeprägt hohe Arbeitsflexibilität, wird es zu vergleichsweise risikobehafteteren Investitionen bereit sein.[29]

Eine besondere Problematik entsteht durch die Frage, ob und in wie weit das Risiko des Humankapitals unsystematisch, also diversifizierbar ist (vgl. Svensson & Werner 1993, pp. 1155f, 1162).

Die andere Arbeitsströmung versucht, modifizierten Formulierungen des Gesamtnutzens nachzugehen, um Effekte wie Gewohnheitsbildung zu erfassen, oder um die Möglichkeit bzw. Unmöglichkeit, Konsum intertemporal substituieren zu können, realitätsnäher abzubilden.[30]

Bei Gewohnheitsbildung führt ein Konsumanstieg beispielsweise zwar zu höherem augenblicklichen Nutzen, verringert jedoch den Nutzen zukünftiger Perioden aufgrund des erlebten, höheren Lebensstandards (vgl. Detemple & Zapatero 1992).

Wenn sich der Gesamtnutzen additiv aus Summanden zusammensetzt, die nur vom Augenblickskonsum abhängen, können Konsumrückgänge in einzelnen Perioden gleichsam problemlos ausgeglichen werden durch Mehrkonsum zu anderen Zeiten. Bei einer solchen Nutzenfunktion ist zu vermuten, dass die Individuen durchaus recht risikobehaftet investieren, selbst wenn sie Budgetrestriktionen unterliegen. Modelliert die Nutzenfunktion einen nur geringen Grad intertemporaler Substituierbarkeit von Konsum, so bewirkt ein Konsumrückgang, selbst wenn er nur von kurzer Dauer ist, eine Reduktion des Gesamtnutzens, der durch Mehrkonsum zu anderen Zeiten nicht so einfach ausgeglichen werden kann. Typischerweise werden Personen mit geringer intertemporaler Substituierbarkeit des Konsums risikoärmer investieren.

Fussnoten

1 Der Autor dankt den Diskutanten der Informations- und Arbeitstagung vom 27. September 1994 in Zürich für Anregungen und Stephanie Winhart für ihre Hilfe bei der Literatursuche.

2 Die damit verbundenen Fragen haben sowohl für den Einzelnen als auch für die ganze Volkswirtschaft Bedeutung. Dementsprechend ist ein umfangreiches Schrifttum geschaffen worden. Der letzte Abschnitt dieses Beitrags gibt dem Leser einen Überblick über die bedeutendsten Strömungen in der Forschung.

3 Im Unterschied zu zahlreichen Beiträgen in der Literatur wird hier die Konsumentscheidung nicht als endogene Variable modelliert. In dieser Arbeit werden der Konsum- und der Sparanteil des Einkommens als exogen gegeben betrachtet. Der vorliegende Aufsatz möchte nicht die Literatur zur Modellierung simultaner Konsum- und Allokationsentscheidungen vertiefen. Die Zielsetzungen sind andere. Zum einen soll versucht werden, die Risikoaversion aus anderen Charakteristika des Individuums abzuleiten. Es ist also die Risikoaversion, der in diesem Aufsatz die Rolle einer endogenen Grösse zukommt. Zum anderen soll gezeigt werden, dass durch Aggregation individueller Investitionsenscheidungen in einem Kollektiv Transaktionskosten verringert werden könnten, die anfielen, würde jedes Individuum für sich die angezeigten strukturellen Anpassungen seines Portefeuilles im Zeitablauf über den Kapitalmarkt bewerkstelligen.

4 Was bedeutet, dass ein intertemporaler Risikoausgleich gesucht wird. Denn Konsumausgaben und damit Sparleistungen werden hier nicht als Entscheidungsvariable modelliert, sie werden als exogen gegeben angenommen.

5 Das Vermögen der hier betrachteten Anleger lässt sich nach oben und unten hin abgrenzen. Nicht mehr zum Gegenstand dieser Arbeit gehören jene Personen, die so wohlhabend sind, dass ihr Investitionsverhalten nicht im Spiegelbild der eigenen Lebensphase steht. In diesen Fällen geht es um eine Sicherung des Vermögens über mehrere Generationen hinweg, wobei die Investoren das Vermögen zum überwiegenden Teil selbst geerbt haben und es weiter vererben werden. Hier stehen dann besondere Konstruktionen im Vordergrund wie etwa die eines Trusts. Es geht bei ihnen also eher um eine Entkopplung von Besonderheiten der gerade lebenden Generation. Diese Investoren unterhalten meist auch schon in jungen Jahren Beziehungen zu einer Privatbank. Ebensowenig werden Privatpersonen betrachtet, die zwar

ab und zu Wertschriften und Fonds kaufen, nach einigen Jahren das dermassen Angesparte jedoch wieder für Anschaffungen liquidieren müssen. Im Altersruhestand leben sie dann überwiegend von Pensionszahlungen. Diese Investoren erfüllen nie die Voraussetzungen für die Aufnahme der Beziehung zu einer Privatbank; sie gehören zum typischen Kundenkreis des Wertschriftenschalters einer Universalbank. Weder die einen noch die anderen werden hier betrachtet, sondern gerade jene Investoren, die von den Volumina des Finanzvermögens her gesehen dazwischen stehen. Die vorliegende Arbeit betrifft das Investitionsverhalten von Privatpersonen, die in jungen Jahren noch nicht zum Kundenkreis einer Privatbank gehören, im reiferen Alter dagegen durchaus über die im „private banking" verlangten Volumina verfügen.

6   Mit anderen Worten wird den Investoren dieses Segmentes am Anfang kein individueller Rat geboten, weil diese Dienstleistung den Finanzinstituten angesichts geringer Volumina zu teuer scheint. Später gehen diese Investoren für das Privatbankengeschäft verloren, weil sie keinen Sinn mehr darin sehen, für individuellen Rat nun noch zu bezahlen.

7   Es wird aber nicht als Vintage-Fonds bezeichnet, weil ein jeder Fonds gewissen rechtlichen Ansprüchen genügen muss, die das Programm nicht erfüllt. Beispielsweise kann nicht eine einzige, einheitliche Rendite publiziert werden, weil die Renditen für Teilnehmer unterschiedlicher Altersklasssen anders sind, da die Zusammensetzung des „Vintage-Fonds" aus Aktien und Obligationen/Cash mit der Altersklasse variiert.

8   Wie erwähnt ist es ein Bemühen der Literatur, die individuelle Konsumrate und damit die Sparquote als Variable zu behandeln und optimal zu bestimmen. Der den Nutzen maximierende Konsum und das tatsächliche Einkommen einer Periode bestimmen dann die Differenz und legen so fest, welcher Betrag gespart bzw. als Kredit aufgenommen wird. Der Lebenszyklushypothese (LZH) oder der Permanenteinkommenshypothese (PEH) folgend bemessen die Individuen ihre Konsumausgaben, und daher ihre Sparleistungen, nicht aufgrund des augenblicklichen Einkommens, sondern aufgrund des antizipierten Lebenseinkommens. Der LZH und der PEH folgend muss bei schwankenden Jahreseinkommen keine (einfache) Beziehung zwischen Einkommen und Konsum bzw. Sparbetrag derselben Periode bestehen. Man beachte, dass in der vorliegenden Arbeit jedoch die Sparleistungen als exogen gegeben betrachtet werden.

9 Vgl. Natagani (1971, Seiten 348-349). Eine Schwierigkeit bei der Ermittlung des anzuwendenden Diskontfaktors ist die Tasache, dass die individuellen Risiken, die im Zusammenhang mit zukünftigen Arbeitseinkünften stehen, nicht auf Märkten bewertet werden.

10 Auch wenn die Rechnungen sich auf ein Beispiel bezogen, dürfte die dahinter stehende Struktur des Altersverlaufs von Humankapital und Finanzkapital herausgearbeitet worden sein.

11 Malcolm Fisher war einer der ersten, die die Lebenszyklushypothese kritisierten, weil das Familienumfeld in der LZH nicht berücksichtigt werde (vgl. B. B. White 1978). Im Lebenszyklus ändert sich die Haushaltsgrösse, woraus sich eine systematische Variation des Konsums ergibt. Offensichtlich ist es wenig sinnvoll, unabhängig von der Anzahl von Familienmitgliedern, möglichst konstante reale Konsumausgaben anzustreben. Empirische Tests in den USA ermittelten für die Familiengrösse über die Lebenszeit eine ebenso höckerförmige Kurve mit einem Maximum der Familiengrösse kurz vor dem Alter von 50 Jahren. Die Sparquote und das bereits angesparte Nettovermögen nehmen mit zunehmender Kinderzahl ab (vgl. Modigliani 1986, p. 304).

12 Durch die dargelegten Vorgänge kann ein 60-jähriger beispielsweise 5, 15 oder 20 mal soviel Finanzkapital (Nominalwerte) besitzen, wie er als 50-jähriger, 40-jähriger bzw. 30-jähriger besass.

13 Vermutlich werden Berater nur widerwillig einen Vorschlag akzeptieren, nach dem ein junger Mensch zu dem wenigen Geld, das er oder sie besitzt, noch Kredit aufnehmen sollte, um Calls zu erwerben. Selbstverständlich gibt es Risiken im Leben junger Menschen, auf die hier nicht näher eingegangen werden muss, die für eine Milderung der veranschaulichten Lösungsidee bei einer praktischen Umsetzung sprechen. Es bleibt aber die Tasache geringer intertemporaler Diversifikation aufgrund des starken Anwachsens des Finanzkapitals im letzten Arbeitsjahrzehnt und damit die Überbetonung des Börsengeschehens jener Jahre - sofern eine über die Zeit hinweg konstante Asset-Allokation gewählt wird.

14 Auf eine Faustformel gebracht: Wer als junger Mensch nie mehr als für CHF 50.000 Aktien besass, soll auch im letzten Arbeitsjahrzehnt, inzwischen vielleicht Millionär geworden, nicht mehr als für CHF 50.000 Aktien im Portefuille haben und die restlichen CHF 950.000 risikoarm anlegen.

15 Dabei wird hier eine einperiodige Betrachtung vorgenommen. Es wird also unterstellt, die Portfolioentscheidung werde aufgrund vorliegender Daten „bis auf weiters" oder eben für ein Jahr getroffen. Die Umgehung eines Modells der dynamischen Optimierung ist möglich, weil es keine Rückwirkung heutiger Asset-Allokation auf den zukünftigen Konsum gibt.

16 Die entsprechenden Herleitungen finden sich in Büchern über Finanzierung und Investition (z.B. Spremann (1991): Investition und Finanzierung, 4. Auflage. Oldenbourg Verlag München – Wien, Seiten 464 ff.), oder in Bamberg & Spremann (1981), weshalb hier nur das Ergebnis rekapituliert sei.

17 Es wird jedoch nicht berücksichtigt, dass die Risikoaversion einen Einfluss auf das Risiko des Portefeuilles und damit auf den erwartenden Ertrag hat, mithin auf das zu erwartende Lebenseinkommen, wodurch es zu einer Rückwirkung auf die Risikoaversion in der folgenden Periode kommt. Qualitativ lässt sich der Rückwirkungseffekt so schätzen: Geringere Risikoaversion bewirkt risikoreichere Anlage, somit lässt sich ein höheres Vermögen in der folgenden Periode erwarten, was dann eine geringere Risikoaversion induziert.

18 Friend interpretiert die von ihm erhobenen und referierten Ergebnisse über das Anlageverhalten amerikanischer Haushalte im Rahmen von Risikonutzenfunktionen, die konstante proportionale Risikoaversion modellieren und sieht: „the assumption of constant proportional risk aversion for households is, as a first approximation, a fairly accurate description of the marketplace" (Seite 66). Eine seiner Intentionen ist, die in Modellen oft verwendeten logarithmischen Nutzenfunktionen (vgl. Rubinstein 1977) als nicht wirklichkeitskonform zu erkennen, und Modelle zu favorisieren, denen konstante proportionale Risikoaversion $-u''(C)/u'(C) = 1/bC$ zugrunde liegt (b ist ein Parameter). Konstante proportionale Risikoaversion hat zur Folge, dass die Risikoaversion $-u''(C)/u'(C)$ um so kleiner ist, je grösser das Argument C ist.

19 Auf der anderen Seite könnten Pensionsansprüche das Lebenskapital erhöhen.

20 Da das Prinzip erklärt wurde, kann es bei dem Hinweis bleiben und es muss keine zahlenmässige Ausführung vorgestellt werden. Wenn ein Teil des Finanzkapitals vererbt werden soll, ist die Lebensunterhalts-Liability L

natürlich kleiner als das Finanzkapital F. Wie gross das Gesamtkapital G dann schliesslich ist, hängt nicht zuletzt davon ab, welcher Teil des angesparten Finanzkapitals verbraucht, und welcher hinterlassen werden soll. Ist die prognostizierte Hinterlassenschaft gering, wird F ungefähr gleich L sein, d.h., G=0. Dann wird der Investor sein gesamtes Finanzkapital in Obligationen/Cash halten. Ist das angesammelte Finanzkapital F(65) so gross (oder bestehen ausreichende Pensionsansprüche), dann kann fast alles hinterlassen werden und es gilt G/F = 1 ziemlich genau. Dann würden angenähert 37,5 % des Finanzkapitals in Aktien gehalten werden.

21 Es wird also unterstellt, das Individuum habe Transaktionskosten bei der Marktbenutzung. Diese Transaktionskosten folgen aus dem Beratungsbedarf (Informationskosten), dem Planungsbedarf und allfälligen Gebühren beim Umtausch von Fondsanteilen.

22 Nochmals sei jedoch darauf hingewiesen, dass hier kein stochstisches dynamisches Optimierungsproblem gelöst worden ist, bei dem explizit in der Gegenwartsperiode jene Möglichkeiten bewertet werden, die sich aus der Gegenwartsentscheidung für die Zukunft ergeben (vgl. Beckmann, 1992, Seiten 74 und 84). Der hier gewählte methodische Ansatz folgt aus dem Sachverhalt, dass die Konsum- und Sparbeträge als exogen gegeben betrachtet werden und deshalb nicht bestimmt werden müssen.

23 Weil sich für jüngere Investoren Aktienanteile von über 100% optimal herausgestellt haben, könnte im Prinzip an den fremdfinanzierten Kauf von Aktien oder an die Einbeziehung von Calls gedacht werden.

24 Man könnte auch daran denken, das Spar-/Entnahmeverhalten jedes Teilnehmers im Vintageprogramm so zu erfassen, dass automatische jene Formel angewendet wird, die dem vom Individuum bislang gezeigten Spar- und Entnahmeverhalten entspricht.

25 Anschaulich gesprochen „verkaufen" die älter werdenden Teilnehmer im Programm „ihre" Aktien an jüngere Investoren, die neu in das Programm eintreten, weshalb der totale Aktienbestand im Kollektiv sich nicht verändert.

26 Sowie eventuell das früher gezeigte Spar- und Entnahmeverhalten.

27 In dieser Arbeit wird auf die Modelle zur Lebenszyklus-Hypothese und auf das Modell von R. Merton nur verwiesen, auch wird kein stochsatisches

dynamisches Optimierungsproblem zur Bestimmung des Konsumpfades gelöst. Augenmerk ist die Frage, welche Implikationen sich zeigen, wenn die Risikoaversion a nicht als Parameter exogen vorgegeben ist, sondern als endogene Variable, über die Beziehung a=2/G bestimmt wird. Mithin wird als „objektiviert" angesehen, was die empirische Studie erbrachte, anders ausgedrückt, was alle anderen tun.

28 Beispielsweise wurde als durchschnittliches Vermögen zum Zweck der intertemporalen Finanzierung stabiler Konsumausgaben das 5-fache Jahreseinkommen gefunden (vgl. Modigliani 1986).

29 Sollten die Kapitalerträge einbrechen, wird der Einkommensverlust durch Mehrarbeit ausgeglichen.

30 Hierzu sind eine Reihe von Arbeiten publiziert, darunter Sundaresan (1989), Constantinides (1990), Ingersoll (1992), Hindy & Huang (1992), Gali (1994).

Literatur

G. Bamberg & K. Spremann (1981),
Implications of Constant Risk Aversion. Zeitschrift für Operations Research, 25, pp. 205-224.

M. J. Beckmann (1992),
Dynamische Optimierung. In T. Gal: Grundlagen des Operations Research. Springer Verlag, Berlin, pp. 69-219.

G. M. Constantinides (1990),
Habit Formation: A Resolution to the Equity Premium Puzzle. Journal of Political Economy, 98, pp. 519-543.

J. B. Detemple & F. Zapatero (1992),
Asset-Prices in an Exchange Economy with Habit Formation. Econometrica, 59, pp. 1633-1657.

J. B. Detemple & F. Zapatero (1992),

Optimal Consumption-Portfolio Policies With Habit Formation. Mathematical Finance, 2, pp. 251-274.

I. Friend (1977),
The Demand for Risky Assets: Some Extensions. In H. Levy & M. Sarnat: Financial Decision Making under Uncertainty. Academic Press, New York, pp. 65-82.

J. Gali (1994),
Keeping up with the Joneses: Consumption Externalities, Portfolio Choice, and Asset Prices. Journal of Money, Credit and Banking, 26, Februar, pp. 1-8.

S. Grossman & G. Laroque (1990),
Asset Pricing and Optimal Portfolio Choice in the Presence of Illiquid Durable Consumption Goods. Econometrica, 58, pp. 25-51.

A. Hindy & C. Huang (1993),
Optimal Consumption and Portfolio Rules with Durability and Local Substitution. Econometrica, 61, pp. 85-121.

J. C. Hull (1993),
Options, Futures, and Other Derivative Securities. Second Edition. Prentice Hall, London.

J. E. Ingersoll (1992),
Optimal Consumption and Portfolio Rules With Intertemporally Dependent Utility of Consumption. Journal of Economic Dynamics and Control, pp. 681-712.

F. Modigliani (1986),
Life Cycle, Individual Thrift, and the Wealth of Nations. American Economic Review, 76 (June), pp. 297-314.

K. Natagani (1971),
Life Cycle Saving: Theory and Fact. American Economic Review, 61, pp. 344-353.

R. Merton (1971),
Optimal Consumption and Portfolio Rules in a Continuous-time Model. Journal of Economic Theory, 3, pp. 373-413.

R. Merton (1993),

Continuous-Time Finance. Revised Edition, Blackwell Publishers, Oxford.

E. S. Phelps (1962),
The Accumulation of Risky Capital: A Sequential Utility Analysis. Econometrica, 30, pp. 729-743.

M. Rubinstein (1977),
The Strong Case for the Generalized Logarithmic Utility Model as the Premier Model of Financial Markets. In H. Levy & M. Sarnat: Financial Decision Making under Uncertainty. Academic Press, New York, pp. 11-62.

P. A. Samuelson (1989),
Lifetime Portfolio Selection by Dynamic Stochastic Programming. Review of Economics and Statistics, 51, pp. 239-246.

K. Spremann (1992),
Zur Abhängigkeit der Rendite von Entnahmen und von Einlagen. Finanzmarkt und Portfoliomanagement, 6, pp. 179-192.

K. Spremann (1993),
Intertemporal Diversification under the Constraint of Withdrawals or Additional Deposits, in: Diewert et al (eds.): Mathematical Modelling in Economics. Springer, Berlin - New York, pp. 592-600.

L. E. O. Svensson & I. M. Werner (1993),
Nontraded Assets in Incomplete Markets. European Economic Review, pp. 1149-1168.

S. M. Sundaresan (1989),
Intertemporally Dependent Preferences and the Volatility of Consumption and Wealth. Review of Financial Studies, 2, pp. 73-89.

Arthur Decurtins

Der Einsatz von Anlagefonds in der privaten Vermögensverwaltung

Zu den markantesten Veränderungen der letzten Jahre gehört der rasche Vormarsch von Anlagefonds in die Kundendepots. Sie dienen nicht mehr nur der rationellen Bewirtschaftung kleiner Vermögen, sondern einem bunten Spektrum von Anlagezwecken. Die Palette von Fondsprodukten ist in neuester Vergangenheit unüberschaubar breit geworden. Umso wichtiger ist das systematische, auf die Kundenbedürfnisse ausgerichtete Einsatzkonzept für die Fondsinstrumente.

1 Zur Ausgangslage

1.1 Zur Entwicklung im Wertschriftengeschäft und im Fondsgeschäft im besonderen

Noch vor einem Jahrzehnt waren es nahezu ausschliesslich die traditionellen, bewährten Finanzinstrumente Aktien, Obligationen, Wandel- und Optionsanleihen, welche die Kapitalmärkte dominierten. In den letzten Jahren sind mit den derivativen Instrumenten neue Produkte für den Anleger geschaffen worden. Chancen und Risiken solcher Anlagen sind für den durchschnittlichen Anleger jedoch schwer zu beurteilen. Puts, Calls, Collars, Straddles, Swaptions, Grois, Iglus sind nur einige Bezeichnungen einer Vielfalt von Neuschöpfungen aus der Welt des Corporate Finance, mit denen sich Investoren in der Hoffnung auf bessere Returns auseinandersetzen. In den meisten Fällen bleibt diese vertiefte Auseinandersetzung allerdings Wunschdenken. Wenn noch die Ansätze der Konstruktionen verstanden werden, so endet die Analyse doch meistens weit vor der eingehenden Abklärung der Chancen, Kosten und Risiken des Einsatzes dieser Instrumente. Insbesondere die

Beurteilung der Auswirkungen solcher strukturierten Produkte auf die Zusammensetzung eines Portefeuilles, auf Asset Allocation und Risk/Return-Profil ist für den Anleger nicht mehr nachvollziehbar.

Dies ist mit ein Grund, weshalb Investoren immer mehr bereit sind, ihre Geldangelegenheiten in die Hände der Spezialisten zu legen. Diese sollen die neuen Produktemöglichkeiten ausschöpfen und für das Publikum einfachere, transparentere Anlageformen schaffen. Daher ist es nicht verwunderlich, wenn der Anlagefonds sich ständig grösserer Beliebtheit erfreut. In ihm können - in den Grenzen der gesetzlichen Vorschriften - professionelle Asset Manager die neuen Instrumente zur effizienten Anlage der Publikumsgelder nutzen. Das Anlagefondsgeschäft ist in den letzten Jahren explosionsartig gewachsen. Noch 1988 betrug das in der Schweiz plazierte Fondsvermögen rund 44 Mrd. Franken; bis heute hat sich dieses auf rund 180 Mrd. Franken vervierfacht: ca. 850 Fonds, davon über 600 ausländische (vornehmlich Luxemburger) und ca. 250 Schweizer Fonds, stehen dem Investor zur Verfügung.[1]

Entwicklung Gesamtvermögen Schweizer Fondsmarkt
per 31. Dezember 1994 (in Mrd. SFr.)

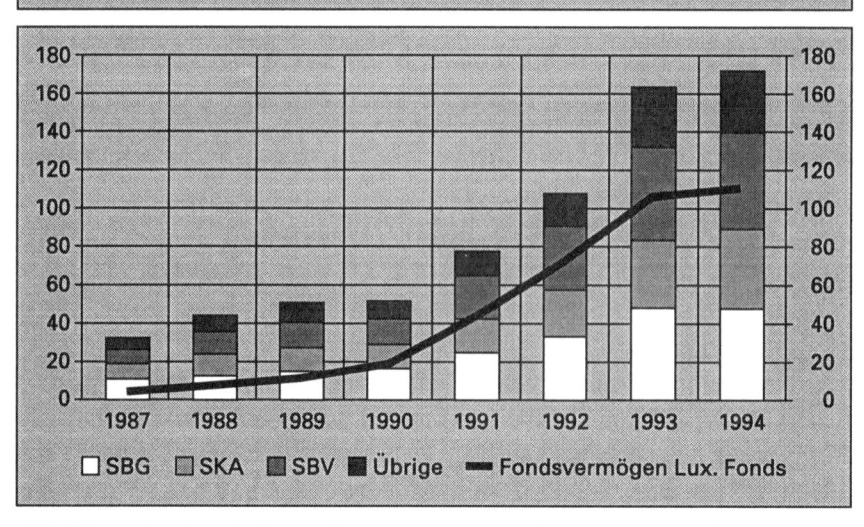

Abbildung 1: Entwicklung Gesamtvermögen Schweizer Fondsmarkt

Ähnliches lässt sich von anderen Ländern in- und ausserhalb Europas sagen. Das Fondsgeschäft ist zu einem tragenden Element der modernen privaten Vermögensverwaltung geworden. Im folgenden geht es darum,

→ mit den Bedürfnissen des Anlegers vor Augen die Anforderungen an die heutige Vermögensverwaltung zu skizzieren,
→ die Rolle des Anlagefonds in einer sich rasch wandelnden Welt der effizienten Kapitalanlage darzustellen und schliesslich
→ seinen Einsatz im Rahmen der privaten Vermögensverwaltung zu erläutern.

1.2 Die Bedürfnisse des Anlegers - welches sind die Anforderungen an eine moderne private Vermögensverwaltung?

Ausgangspunkt aller Überlegungen zu diesem Thema ist der Anlagekunde; seine Bedürfnisse gilt es zu befriedigen. Er hat ein individuelles Anlageprofil, das von Faktoren wie Alter, familiären Verhältnissen, Kindern in Ausbildung, Vermögensverhältnissen und Vermögensbildungszielen, um nur einige zu nennen, geprägt wird.

Es ist Aufgabe der privaten Vermögensverwaltung, die Anlagebedürfnisse eines Kunden und damit sein Anlageprofil sowohl hinsichtlich Ertragserwartungen als auch in bezug auf die Risikobereitschaft und -fähigkeit sorgfältig zu erfassen. Der Kunde erwartet von seinem Vermögensverwalter einen auf ihn persönlich zugeschnittenen Massanzug. Nur, die Grenzen für Massschneiderei sind in einem Umfeld, das mitten in der Industrialisierung des Dienstleistungssektors steht, eng gesetzt. Andererseits bilden Anlageformen wie der Anlagefonds heute die Grundlage, um optimale Masskonfektion zu erhalten. In vielen Fällen sitzt diese sogar besser und ist vor allem wesentlich billiger als die individuelle Kapitalanlage auf der Basis von Einzeltiteln.

2 Der Lösungsansatz

2.1 Die Funktionen der privaten Vermögensverwaltung im Wandel

Wenn früher der Anlageberater in allen wichtigen Währungen und Märkten zuhause war und seine zahlreichen Kunden noch auf der Basis seines Wissens über einzelne Aktien beraten konnte, so sieht sich derselbe Anlageberater heute ebenso konfrontiert mit täglich neuen Anlageinstrumenten und Möglichkeiten, in neue Märkte zu investieren, wie jeder Anlagekunde. All diese Märkte zu kennen, die neuen

Instrumente zu beherrschen und überdies die Kunden zuvorkommend und effizient zu beraten, überfordert den Anlageberater, der seine Aufgabe ernst nimmt.

Dem Anlageberater als zentralem Träger der modernen Vermögensverwaltung ist deshalb die Funktion übertragen, als Spezialist im Kundenkontakt Vermittler zwischen dem Kunden und dem Experten im Portfolio Management zu sein. Der Fonds als Baustein, durch den Spezialisten verwaltet und vom Anlageberater entsprechend dem Anlageprofil des Kunden individuell eingesetzt, ist dabei nicht nur ein denkbares, sondern das optimale Mittel, um auf effiziente, kostengünstige Weise ein individuelles Portefeuille für einen Kunden zusammenstellen zu können. Der Anlageberater sieht sich vor neuen Aufgaben: neben der Kenntnis über einzelne Produkte ist vertieftes Wissen über den Inhalt und die Konzeption der bankeigenen Fonds erforderlich. Zudem soll er die Anlagepolitik der Bank, in deren Rahmen auch der Experte des Portfolio Managements operiert, nicht nur verstehen, sondern er soll diese in "seinen" Kundenportfolios auch umsetzen und dem Kunden gegenüber vertreten.

2.2 Zentralisierung des anlagepolitischen Prozesses

Der Anlageberater nutzt dabei direkt und indirekt das gesamte Know-how seiner Bank.

Bei der Schweizerischen Bankgesellschaft fliessen das Wissen und die Erfahrung von den verschiedensten Seiten in einen wohlorganisierten Anlageprozess ein, der schliesslich mit der Festlegung der Anlagepolitik durch den Anlageausschuss sowie der Wahl einzelner Anlagen durch den Portfolio Manager endet (Abbildung 2).

Die volkswirtschaftlichen Analysen und Prognosen der Bank, die quantitative Finanzmarktanalyse und die Produkte von ca. 50 "Buy-side"-Analysten und des Broker-Research werden in diesem zentralisierten Anlageprozess ebenso mit einbezogen wie die internationale Expertise einer global operierenden Bank mit Asset-Management-Kapazitäten in allen wichtigen Finanzzentren der Welt.

Diese einheitliche Ausrichtung in der Erarbeitung der Anlagepolitik sowie im Management der einzelnen Intrag-Fonds führt zu einheitlich strukturierten Kundenportfolios (Intrag int die Fondsgesellschaft der SBG). Durch klare Vorgaben sowie Kontrollen der Portefeuilles wird die erforderliche Konsistenz im gesamten Niederlassungsnetz sichergestellt.

Anlageprozess des SBG-Asset-Managements
Vielfältiges Know-how – Grundlage für das Asset Management

- Quantitative Finanzmarktanalyse
- Volkswirtschaftliche Analyse der Bank
- Fundamentalforschung von 50 «Buy-Side» Analysten
- Institutionelle Portfolios Fonds Private Mandate
- Internationale Asset-Management-Expertise
- Internationales Broker-Research

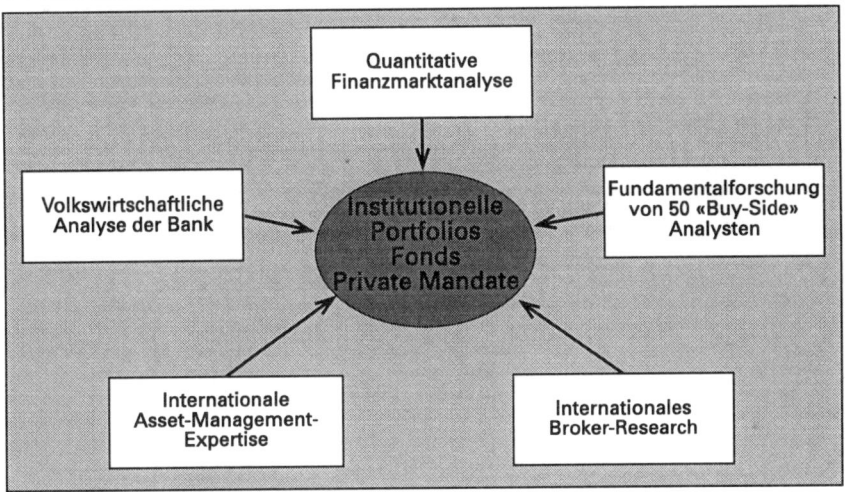

Abbildung 2: Anlageprozess des SBG-Asset-Managements

2.3 Zur Rolle des Anlagefonds

Welche Rolle spielt nun der Anlagefonds in diesem Umfeld? Der Fonds ist integrierter Teil dieses zentralisierten anlagepolitischen Prozesses. Er ist als Baustein konzipiert, der, vom Anlageberater geschickt eingesetzt, kundengerechte Lösungen möglich macht. Wie institutionelle Portfolios profitiert der Anlagefonds ebenso vom professionellen Portfolio Management sowohl auf der Know-how- als auch auf der Kostenseite. Die Fondsbausteine sind klar definiert als Länder-, Währungs-, Regionen- oder Globalfonds. Ausgerichtet auf einen repräsentativen und im Markt bekannten, zugänglichen Index, haben sie verlässlich den entsprechenden Markt abzubilden und dessen Performance nach Abzug der Kosten möglichst zu schlagen. Mit geringen Kosten ist es so dem Investor möglich, auch bei kleinem Vermögen vom professionellen Portfolio Management zu profitieren. Der Anlageberater, der die Fonds der Schweizerischen Bankgesellschaft einsetzt, weiss jederzeit, wo und wie diese investieren, wo ihre Grenzen liegen, was sie tun oder nicht tun dürfen. Die Einbettung der eigenen Fondspalette in den SBG-Investmentprozess bietet ihm genügende Transparenz und Verlässlichkeit bei der Zusammenstellung des individuellen Portefeuilles und erlaubt ihm auch das komplexere Zusammenspiel mit Einzeltiteln.

3 Der Anlagefonds und seine Bedeutung im Rahmen der privaten Vermögensverwaltung

3.1 Das Bausteinkonzept

Die Bausteine haben die Anlagepolitik der Bank in engen Grenzen zu replizieren. Auf individuelles Market-Timing mit möglicherweise hohen Cash-Positionen in den Fonds ist zu verzichten. Es ist Aufgabe der übergeordneten Anlagepolitik, Market-Timing zu betreiben, währenddem es dem Anlageberater obliegt, die Liquiditätsplanung auf Stufe des individuellen Portefeuilles zu vollziehen.

Mit der Palette der Intrag-Fonds als Bausteine ist es ihm ein leichtes, dem Anlageprofil eines Kunden gerecht zu werden. Mit dem Fonds als diversifiziertem Portefeuille hat er überdies das unternehmensspezifische (unsystematische) Risiko weitgehend und auf kostengünstige Weise reduziert. In den Dienst der SBG-Anlagepolitik gestellt, schaffen die Intrag-Fonds so einen echten Mehrwert (added value). Bei fremden Fonds, die bezüglich anlagepolitischer Ausrichtung schwerer zu durchschauen sind, ist dies nur bedingt der Fall.

3.2 Zum Einsatz von Anlagefonds

Ergebnis der SBG-Anlagepolitik sind 24 verschiedene Musterportefeuilles für unterschiedliche Risikoprofile und Referenzwährungen, die monatlich adaptiert werden. Neben den reinen festverzinslichen Strukturen stehen ein einkommensorientiertes, ein kapitalgewinnorientiertes sowie ein aktienorientiertes Portefeuille zur Verfügung.

Für einen in Schweizer Franken denkenden Investor, bei dem der Ertrag schwergewichtig als laufendes Einkommen generiert werden soll, kann als Beispiel die Anlagematrix in Abbildung 3 gelten. Das Portefeuille unterscheidet die verschiedenen Anlagekategorien (auf der Vertikalen) und definiert (auf der Horizontalen) die Anlagen in den verschiedenen Währungen und Ländern.

Einkommensorientiertes Portefeuille in SFr.

Empfohlene Asset Allocation in Prozent

Anlagekategorie	SFr.	Ecu-Block Total	US-$ Can. $	Yen	Übrige Währungen	Total
Geldmarkt	5					5
Obligationen	38	25	11			74
Aktien	8	6	4	2	1	21
Gold						
Total	51	31	15	2	1	100

Portefeuille nach Anlagekategorie

	Minimum	Maximum
	60	95
	5	40
		5

Portefeuille nach Währungen

Minimum	50				
Maximum	100			20	15

Abbildung 3: Einkommensorientiertes Portefeuille in SFr.

Im entsprechenden Fondsportefeuille mit Anlagen in der Grössenordnung von 500'000 Franken sind die klar definierten Bausteine der Geldmarkt-, Obligationen- und Aktienfonds zu erkennen, die nach Währungen resp. Ländern und Regionen gegliedert in ihrer Zusammensetzung das Musterportfolio replizieren (Abbildung 4).

Entsprechend der Einsatzdoktrin sind Anlagefonds für Portfolios aller Grössenordnungen vorgesehen. In Portefeuilles bis 250'000 Franken sind es ausschliesslich die Anlagestrategiefonds, welche in sich selber dem Anlageprofil eines Kunden gerecht werden. Bis 500'000 Franken kommen Währungs- und Länderfonds und ergänzend auch regionale oder globale Fonds zum Zug.

Kostenüberlegungen und der Zwang zu entsprechender Diversifikation erlauben es erst in Portefeuilles ab einer Million Franken, neben den Anlagefonds auch Einzelanlagen zu tätigen. Je grösser das Portefeuille, umso mehr treten diese dann in den Vordergrund. Aber auch in Portefeuilles ab 5 Millionen Franken ist es angebracht, ausserhalb der Haupt- und Referenzwährungsmärkte Anlagefonds einzusetzen, nämlich insbesondere Emerging-Markets- oder Small-Cap-

Fonds, die als Nischenprodukte nicht nur attraktive Ertragsbeiträge leisten können, sondern auch sinnvolle Diversifikationseffekte erzielen.

Einkommensorientiertes Portefeuille

Kategorie/Fonds	Betrag (SFr.)	Anteil (in %)
Geldmarkt	**25000**	**5**
UBS Money Market Invest - SFR	25000	5
Obligationen	**370000**	**74**
UBS Bond Invest - SFR	190000	38
UBS Bond Invest - DM	20000	4
UBS Bond Invest - FF	30000	6
UBS Bond Invest - LIT	25000	5
UBS Bond Invest - ECU	50000	10
UBS Bond Invest - US$	30000	6
UBS Bond Invest - CAN.$	25000	5
Aktien	**105000**	**21**
FONSA (Schweiz)	40000	8
EURIT (Europa)	25000	5
AMCA (USA)	20000	4
GLOBINVEST (weltweit)	20000	4
Total Anlagen	**500000**	**100**

Abbildung 4: Einkommensorientiertes Muster-Portefeuille

Die enorme Auswahl an Einzeltiteln, die oft nur spärlichen Informationen, die vielfach beschränkte Marktliquidität und schliesslich die höheren titel- und marktbezogenen Risiken machen den spezialisierten Anlagefonds besonders in diesen Märkten zum geeigneten Investmentvehikel. Wie lässt sich der hohe Einsatz der Fonds in den Portefeuilles der Kunden begründen?

Mit Anlagefonds, die in der Regel zwischen 40 und 80 Titel in ihren Portefeuilles halten, lässt sich das unsystematische Risiko für den Investor auf kostengünstige Art wegdiversifizieren.

Abbildung 5 zeigt den Diversifikationseffekt am Beispiel eines Schweizer Aktienportefeuilles. Es braucht ca. 20 Aktien, um das unternehmensspezifische Risiko auf ein vernünftiges Mass zu reduzieren. Dies führt bei der Anzahl Titel, die z.B. für Schlusseinheiten an der Zürcher Börse nötig sind, zu Anlagebeträgen von 20mal 20'000 bis 25'000 Franken pro Position oder einem Portefeuille von 400'000 bis 500'000 Franken.

Diversifikationseffekt am Beispiel Schweizer Aktien

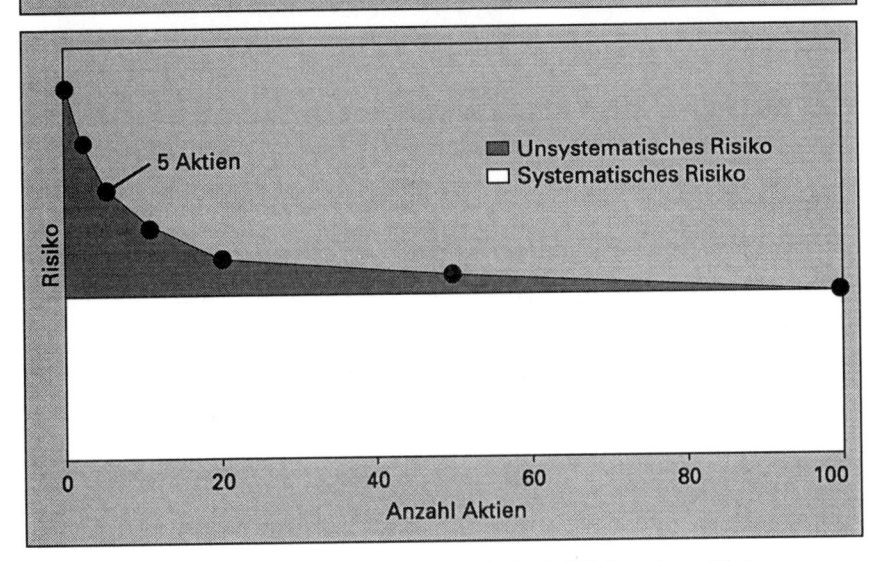

Abbildung 5: Diversifikationseffekt am Beispiel Schweizer Aktien

Eine im Juni 1994 erstellte Studie der Schweizerischen Bankgesellschaft[2] zum Thema Risikomanagement mit SBG-Fondsprodukten hat die Risiko/Ertrags-Situation verschiedener Märkte untersucht. Sie kommt zum Schluss, dass mit einem hohen Anteil an Fondsanlagen effizientere Portefeuillestrukturen kreiert werden können, als dies bei den entsprechenden Marktindizes der Fall ist.

Zwei Grafiken veranschaulichen dies, indem sie die Kombinationen von Fondsanteilen mit Einzelanlagen darstellen (Abb. 6 und 7). Die Einzelanlagen wurden aufgrund des Optimizer-Tools von BARRA ausgewählt, d.h. es wurden Aktien ausgewählt, deren Abweichung zum Index-Return minimal war (minimaler Tracking Error). Das Ergebnis zeigt, dass ein 100%-Investment in den Germac, den SBG-Fonds für deutsche Aktien, bei tieferem Risiko einen höheren Ertrag erwirtschaftet als alle Kombinationen von Germac-Anteilen und dem Aktienportefeuille (Abb. 6). Ein ähnliches Bild zeigt das Spanien-Portefeuille, wobei sich das Risiko durch Kombinationen von Espac, dem SBG-Fonds für spanische Aktien, und dem Spanien-Aktienportefeuille - unter Inkaufnahme einer tieferen Rendite - noch um ca. 4% reduzieren lässt.

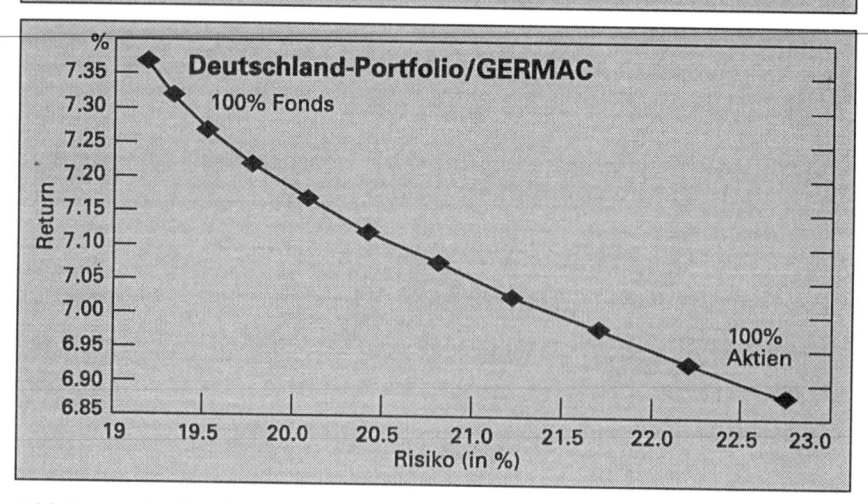

Abbildung 6: Kombination GERMAC-Fonds/Einzelanlage

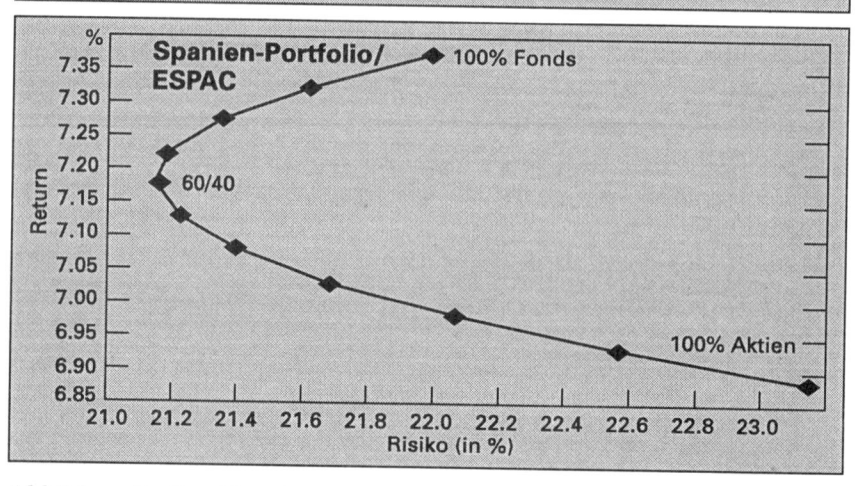

Abbildung 7: Kombination ESPAC-Fonds/Einzelanlage

Vergleiche mit zufällig zusammengestellten globalen Portfolios, sogenannten Random-Portfolios, machen deutlich, dass der SBG-Fonds Globinvest, der weltweit in Aktien anlegt, bei beträchtlicher Risikoreduktion in einem Fall höhere und im zweiten Fall eine leicht tiefere Performance erzielt. Das Aktienportefeuille 2 erreicht bei etwa 25% mehr Risiko eine Renditedifferenz von einem Prozent, was etwa 12% des Gesamtertrages ausmacht.

Vergleich Fonds mit Random-Portfolios
Risiko/Rendite eines globalen Portefeuilles

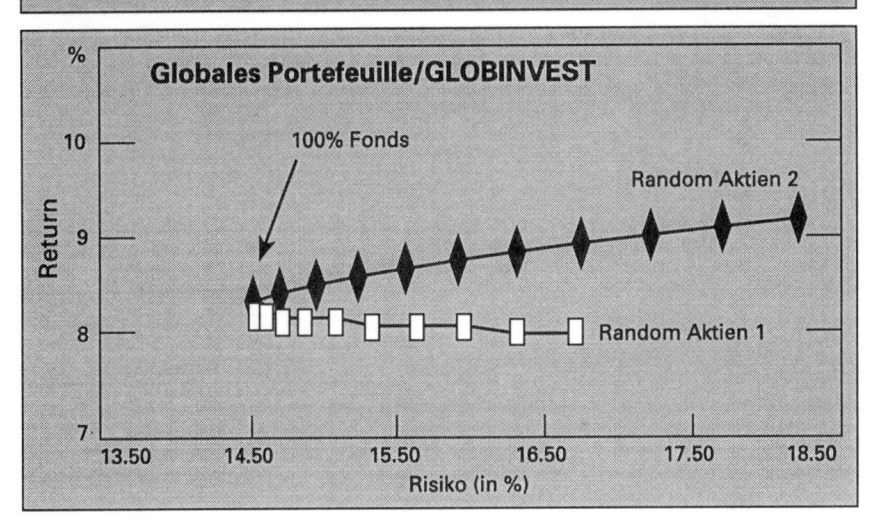

Abbildung 8: Vergleich Fonds mit Random-Portfolios

Vergleiche mit BARRA-optimierten Portefeuilles, wie in diesem Fall, sind für die Anlagefonds sehr hart, weil diese Portefeuilles nur ex post erstellt werden können, während die Fondsdaten real sind. Entsprechend zeigen nicht alle Märkte die gleich guten Ergebnisse. Die Studie kommt indes klar zum Schluss, dass der Anteil an Anlagefonds (auch in grossen Portefeuilles) mindestens 50% zu betragen hat.

Mit einem konsequenten, strukturierten Einsatz von Fonds schafft der Anlageberater übersichtliche, insbesondere bezüglich Risikoreduktion effiziente Portefeuillestrukturen, deren Überwachung sowohl für den Kunden als auch für ihn selbst und die weiteren für das Anlagegeschäft verantwortlichen Stellen leicht möglich ist (Abbildung 9). Eine Anpassung an veränderte Marktverhältnisse ist sowohl im Fonds, also auf Stufe Fondsmanagement, als auch beim Anlageberater, sozusagen auf übergeordneter Stufe im Asset-Allocation-Prozess, rasch und effizient realisierbar.

Vereinfachung der Vermögensanlage mit Anlagefonds

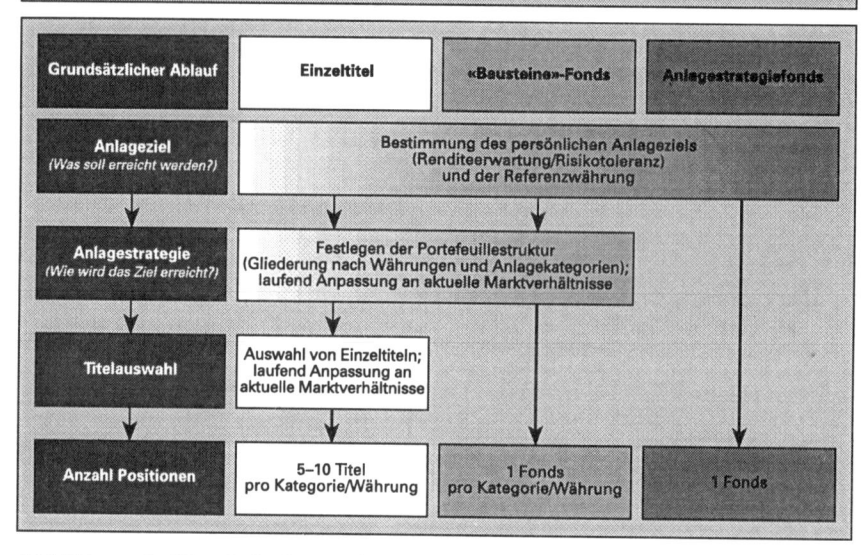

Grundsätzlicher Ablauf	Einzeltitel	«Bausteine»-Fonds	Anlagestrategiefonds
Anlageziel (Was soll erreicht werden?)	Bestimmung des persönlichen Anlageziels (Renditeerwartung/Risikotoleranz) und der Referenzwährung		
Anlagestrategie (Wie wird das Ziel erreicht?)	Festlegen der Portefeuillestruktur (Gliederung nach Währungen und Anlagekategorien); laufend Anpassung an aktuelle Marktverhältnisse		
Titelauswahl	Auswahl von Einzeltiteln; laufend Anpassung an aktuelle Marktverhältnisse		
Anzahl Positionen	5–10 Titel pro Kategorie/Währung	1 Fonds pro Kategorie/Währung	1 Fonds

Abbildung 9: Vereinfachung der Vermögensanlage mit Anlagefonds

Schliesslich sind gewisse Märkte für viele Investoren nur über den Fonds zu vernünftigen Kosten erreichbar. Die Erfolge der Small-Cap- und der Emerging-Markets-Fonds sprechen hier für sich. Etliche dieser Märkte werden allerdings zunächst durch Closed-end-Fonds erschlossen, deren Vertrieb leider auch unter dem neuen Anlagefondsgesetz in der Schweiz nicht zugelassen ist.

3.3 Der Anlagestrategiefonds

Wenn bisher mehrheitlich von Geldmarkt-, Obligationen-, Aktien- oder auch Immobilienfonds die Rede war, die in eine Asset-Klasse investieren, so gilt das Augenmerk nun den Anlagestrategiefonds. Diese Fondskategorie war in der Schweiz bis 1990 beinahe inexistent als Publikumsfonds. Als «Inhouse»-Fonds wurden sie jedoch bei den Privatbanken bereits früher als effiziente Instrumente in der Verwaltung auch grosser Vermögen eingesetzt. Ihr öffentlicher Einzug in die

Portefeuilles der Kleinanleger begann mit der Auflage von sechs Portfolio-Invest-Fonds durch die Schweizerische Bankgesellschaft im Februar 1990. Die mittlerweile 18 Anlagefonds schweizerischen und luxemburgischen Rechts totalisierten per Ende September 1994 allein in den Kundenportefeuilles der SBG mehr als sechs Milliarden Schweizer Franken. In der Zwischenzeit offerieren die meisten Banken dieses attraktive Produkt.

Als «massgeschneiderte Massenprodukte» werden sie primär für Portefeuilles bis 250'000 Franken eingesetzt. Was sind nun die Merkmale dieser Anlagestrategie- oder Anlagezielfonds? Anlagestrategiefonds investieren, anders als die Geldmarkt-, Obligationen- und Aktienfonds, nicht ausschliesslich in eine Asset-Klasse, sondern mindestens in deren zwei. Bei den einkommens- und kapitalgewinnorientierten Fonds ist auch ein mehr oder weniger hoher Aktienanteil enthalten. Die drei Fondstypen unterscheiden sich durch ihr Risiko/Ertrags-Profil wesentlich. Sie replizieren die Anlagepolitik der Schweizerischen Bankgesellschaft direkt und effizient und setzen damit auch einen hausinternen Benchmark für die Anlageberater und deren Managementkapazität.

In sechs verschiedenen Referenzwährungen investieren diese Fonds jeweils aus der Sicht des in dieser Währung denkenden Investors auf globaler Basis, d.h. weltweit. Während die einzelnen Geldmarkt-, Aktien- und Obligationenfonds als Bausteine die Anlagepolitik der Schweizerischen Bankgesellschaft in der entsprechenden Währung, dem entsprechenden Kapital- oder Aktienmarkt widerspiegeln, ist die Anlagepolitik in ihrer Gesamtheit in diesen Portfolio-Invest-Fonds dargestellt. Dem Anlageberater obliegt es, mit der Festlegung des Anlagezieles zusammen mit dem Kunden den entsprechenden Fonds zu wählen. Anstelle eines spezifischen Fonds pro Kategorie oder Währung tritt ein einziger globaler Fonds. Die Wahl der einzelnen Märkte, Währungen und Titel geschieht vollumfänglich im Fonds selbst. Weder Anlagekunde noch Vermögensverwalter oder Anlageberater haben sich um die Anlagestrategie und deren Umsetzung zu kümmern. Der zentrale anlagepolitische Prozess beinhaltet die Anpassung dieser Fonds aufgrund der mindestens monatlich überarbeiteten Ertragsschätzungen.

Die Schweizerische Bankgesellschaft stellt dem Anlagekunden mit diesen Anlagestrategiefonds eine Vermögensverwaltung zu günstigen Preisen zur Verfügung. Anlagestrategiefonds haben bereits jetzt, was Volumina und Performance betrifft, grosse Erfolge zu verzeichnen; sie werden weiter wachsen, weil es kaum kostengünstigere Möglichkeiten der Vermögensverwaltung für den Kleinanleger gibt und die Banken mit diesem Instrument nicht nur effizient arbeiten können, sondern darüber hinaus auch noch die Performance ihrer Anlageberater zu steigern vermögen.

3.4 Freies Fonds-Shopping versus Bausteinkonzept

Anlagestrategiefonds als umfassende Instrumente in der Vermögensverwaltung oder Fonds als Bausteine sind im bisher Gesagten klar in den Dienst der Anlagepolitik einer Bank gestellt. Es geht um die möglichst effiziente Befriedigung von Kundenbedürfnissen mit bekannten hauseigenen Fonds, deren Management auch im Rahmen einer zentralen Anlagepolitik definiert ist. Der Erfolg der Anlagefonds der letzten Jahre dürfte zur Hauptsache auf diesem Bausteinkonzept beruhen. Noch ist das Fondsgeschäft in der Schweiz zu beinahe 100% in den Händen der Banken. Die drei Grossbanken allein kommen auf einen Marktanteil von insgesamt 85%. Die Plazierung von Fondsanteilen erfolgt so fast ausschliesslich über die Anlageberater der hinter den Fondsgesellschaften stehenden Banken. Ähnliche Vertriebsstrukturen treffen wir in den meisten kontinentaleuropäischen Ländern an. Andere Usanzen herrschen in den USA und in England. Typisch für diese Märkte ist die überragende Rolle der unabhängigen Fondsgesellschaften, die ihre Produkte zu etwa zwei Dritteln via Direktmarketing und externe Vertriebsorganisationen plazieren. Solche Distributionsformen sind oft mit hohen Kosten verbunden. Der Fondsvertrieb erfolgt dabei in der Regel losgelöst von einer umfassenden Beratung und einem Anlagekonzept. Diese bankfremden Vertriebsformen sind auch in der Schweiz in Ansätzen erkennbar und treiben ihre Blüten bereits massiv in Deutschland, wo Fonds-Shops wie Pilze aus dem Boden schiessen. Ihre Funktion besteht in einem breiten Angebot von Fonds verschiedenster Fondsgesellschaften mit Ausgabeaufschlägen, die signifikant über den schweizerischen liegen.

Das Bausteinkonzept, das darauf basiert, dass die hauseigenen, aufeinander abgestimmten Fonds im Rahmen einer konsistenten Anlagepolitik verwaltet und als Bausteine eingesetzt werden, wird dabei aufgegeben. Was das Bausteinkonzept auszeichnet, nämlich klare Inhalte in der Kombination von Fonds und Einzelanlagen zu schaffen, geht mit dem Konzept des Fonds-Shops mindestens teilweise unter. Der hauseigene Fonds wird zum Beispiel ersetzt durch einen Fidelity-Aktienfonds, der neben einem Fleming-Produkt und einem Fonds der DWS, Deutsche Gesellschaft für Wertpapiersparen, steht. Die Informationskosten, die es braucht, um sicherzustellen, dass Überschneidungen minimiert werden, sind beträchtlich. Der Fonds aus dem Verkaufsregal ist vor allem dort möglich, wo mit hohen Ausgabeaufschlägen, wie sie in den USA und in Deutschland existieren, diese Handelsstufe und ihre Beratungstätigkeit finanziert werden kann. Dabei versteht es sich, dass die Qualität der Produkte alleine nicht ausreicht, um den gewünschten Kundennutzen zu erzielen. Entscheidend ist das professionelle Knowhow in der Beratung, welches benötigt wird, um unterschiedliche Produkte von verschiedensten Anbietern zu einem kohärenten, auf das Profil des Kunden abgestimmten Ganzen zusammenzufügen. Hier wird sich entscheiden, welche Organisationen sich über längere Zeit als Konkurrenten zu den traditionellen Fondsverkäufern, den Banken, zu behaupten vermögen. Mit den traditionell tiefen Ausgabekommissionen in der Schweiz stösst diese Vertriebsart auf institutionelle Hürden. Allerdings könnte hier das neue Anlagefondsgesetz wirksam werden, das mit den Normen zur Regelung der Vertriebsträgerschaft den alternativen Fondsvertrieb "weg von der Bank" fördern dürfte. Die Banken sind herausgefordert, das Fondsgeschäft dieser Paraindustrie nicht kampflos zu überlassen.

4 Zusammenfassung

→ Der Anlagefonds bietet in vielen Belangen Vorteile für Kunden und Bank gegenüber Einzelanlagen.
→ Er sorgt mit tieferen Transaktionskosten und effizienterer Verwaltung für eine höhere Wirtschaftlichkeit für Fonds und Anleger.
→ Unter dem Aspekt einer ökonomisch sinnvollen Diversifikation ist er in seinen verschiedenen Ausprägungsformen in allen Portefeuillegrössen einsetzbar.
→ Die Produkteauswahl wächst über die traditionellen Standardgebiete wie Geldmärkte, Obligationen und etablierte Aktienmärkte hinaus und erschliesst neue Märkte und Anlageinstrumente.
→ Insbesondere der Anlagestrategiefonds dürfte als Rationalisierungsinstrument für Kunden und Banken weiter an Terrain gewinnen.
→ Der Anlagefonds als Anlageinstrument wird weiteres Wachstumspotential haben im angestammten Feld der modernen Anlagebera-

tung (Bausteinkonzept) und als Einzelfonds losgelöst von Anlagepolitik und Beratungstätigkeit.

→ Der Vertrieb von Fonds dürfte weiter liberalisiert werden und in neuen Formen erfolgen. Er wird sich mit neuen Absatzstrategien der Banken und anderer Institutionen über die traditionelle Anlageberatung/Vermögensverwaltung hinaus entwickeln.

Fussnoten

1 Quelle: Bopp ISB AG.

2 Quelle: «Risikomanagement mit SBG-Fondsprodukten», Investment Research - Juni 1994.

Literatur

Bopp ISB AG

Investment Research - Juni 1994, Risikomanagement mit SBG-Fondsprodukten

Jörg Fischer

Die Bedeutung der Elektronischen Börse Schweiz für die private Kundschaft

Der Wertschriftenhandel ist eine zentrale Funktion im Rahmen des Dienstleistungsbündels, aus dem Private Banking besteht. Die Leistungsfähigkeit der Kapitalmärkte als Bewertungs- und Transaktionseinrichtungen ist für die Wettbewerbsposition des Vermögensverwaltungsplatzes von Bedeutung. Umgekehrt verdankt die Börse einen namhaften Teil des Auftragsvolumens dem Asset Management. Daher ist der im Artikel dargestellte Aufbruch der Schweizer Börse in eine elektronische Zukunft auch für die Vermögensverwaltung ein folgenschweres Ereignis.

„Wären wir ein Volk von Hirten geblieben", so meinte der Basler Bankier Alfred Sarasin einst, „die internationale Kundschaft hätte uns kaum in unseren Sennhütten aufgesucht".

Dieser eine Satz schliesst vieles ein. Nämlich all jene Argumente, mit denen wir Bankiers die Kunden von den Vorzügen des Finanzplatzes Schweiz zu überzeugen suchen: Unsere Weltoffenheit, unsere Mehrsprachigkeit, unser Bankgeheimnis – und was der Vorzüge mehr sind.

Die Börse wird in diesem Argumentarium gerne vergessen. Nicht aus Ignoranz – bewahre – sondern weil sie zum gewissermassen Selbstverständlichen gehört, zur elementaren Infrastruktur eines Finanzplatzes. Die Börse wird nicht als spezifischer Wettbewerbsvorteil der Schweiz wahrgenommen. Dies wird sich im 1995 gründlich ändern, wenn die Elektronische Börse Schweiz – die EBS – als zentrale Effektenbörse den traditionellen Ringhandel in Zürich, Genf und Basel ablösen wird. Die EBS wird nicht nur den vollcomputerisierten Handel bringen. Denn zusätzlich werden die dem Handel vor- und nachgelagerten Aktivitäten wie Information, Clearing und Settlement vollständig mit dem eigentlichen Transaktionsgeschäft vernetzt. Damit wird eine vollintegrierte Börse geschaffen, wie sie kein anderer Finanzplatz kennt. Die Elektronische Börse Schweiz verschafft damit auch dem Vermögensverwaltungsgeschäft einen massgeblichen Wettbewerbsvorteil. Dieser Aspekt ist neu; und daher will ich ihn etwas ausleuchten.

Als Einstieg einige grundsätzliche Betrachtungen eher statistischer Natur: Schon heute gehört die Schweizer Börse – ich spreche bewusst nicht mehr von Zürich, Genf und Basel – zu den weltgrössten Börsen. Mit 312 Milliarden Franken im vergangenen Jahr hat sich das Aktien-Umsatzvolumen seit 1990 fast verdreifacht. Gemessen an den Aktienumsätzen befindet sich die Schweiz damit weltweit auf Platz 7 der Börsenrangliste und auf Rang 6, wenn man auf den inländischen Aktienumsatz abstellt. Die führende Stellung der Schweiz als internationaler Börsenplatz ist auch daran ersichtlich, dass sie beim Umsatz in ausländischen Aktien – nach London, New York und der Nasdaq – weltweit an vierter Stelle steht und bei der Börsenkapitalisierung inländischer Aktien im neunten Rang figuriert.

In den letzten Jahren hat der Handel mit derivativen Finanzinstrumenten an den internationalen Finanzplätzen einen starken Aufschwung genommen. Auch in diesem komplexen Geschäft mit Optionen und Futures hält die Schweiz an der Spitze mit. So liegt die SOFFEX – die Swiss Options and Financial Futures Exchange – gemessen an der Zahl der Optionskontrakte in Europa hinter der Deutschen Terminbörse und der Londoner LIFFE auf dem dritten Platz.

Ein der Konkurrenz weit vorauseilender Weltmeister ist der Finanzplatz Schweiz schliesslich in der Sparte Vermögensverwaltung für private Kunden. Schweizer Banken und bankähnliche Finanzgesellschaften verwalten laut Schätzungen Privatvermögen im Umfang von rund 1'600 Milliarden Franken, vier- bis fünfmal mehr als noch vor 20 Jahren. Mehr als die Hälfte dieser Summe dürfte auf ausländische Kunden entfallen. Dazu kommen rund 600 Milliarden Franken an Vermögen institutioneller Anleger. Zum Vergleich: mit dem jährlichen Ertrag aus diesen in der Schweiz verwalteten Vermögen liessen sich etwa sieben Bauprojekte vom Kaliber einer NEAT (Gotthard- und Lötschberg-Basistunnel) finanzieren. Eine Londoner Studie von 1992 kommt sogar zum Schluss, dass der Schweizer Marktanteil an der Verwaltung grenzüberschreitender Vermögen in Europa 80 % und weltweit 40 % beträgt. Die starke Stellung unserer Banken in der

Vermögensverwaltung ist denn auch der Hauptgrund für das umfangreiche Schweizer Börsengeschäft.

Auf die Dauer ist ein Finanzplatz jedoch nur konkurrenzfähig, wenn er über moderne und effiziente Handels- und Abwicklungssysteme verfügt. Die EBS wird uns mehr bringen als das – nämlich auf absehbare Zeit, bis die Konkurrenten in einigen Jahren aufgeholt haben werden, einen wettbewerbsrelevanten Vorsprung. Denn in Sachen Effizienz, Transparenz und Zuverlässigkeit in der Abwicklung wird die Schweizer Börse konkurrenzlos sein. Was sind die Merkmale der EBS?

→ Sie hebt den Börsenföderalismus auf zugunsten einer zentralen Börse.
→ Sie besitzt eine für alle Teilnehmer gemeinsame technische Plattform, in die auch die SOFFEX vollständig integriert wird.
→ Die Auftragseingabe ist nicht ortsgebunden, erfolgt also dezentral.
→ Der Handel ist auftragsgesteuert („order driven").
→ Die EBS unterstützt das freiwillige „Market making".
→ Sie vernetzt den Handel mit der Abwicklung.
→ Sie schafft für alle Teilnehmer identische Voraussetzungen (Stichwort Transparenz).
→ Es gelten Börsenpflicht und Reportingpflicht.

Die prompte Revision des Zürcher Wertpapiergesetzes hat die Grundlage für den Aufbau einer zentralen und privaten Elektronischen Börse mit Sitz in Zürich geschaffen. Ende Mai 1993 wurde der neue Trägerverein des gesamten schweizerischen Börsenwesens, die Schweizerische Effektenbörse, gegründet. Auf Beginn dieses Jahres sind alle Börsenaktivitäten und mit ihnen das gesamte Personal der Association Tripartite Bourses in die Schweizerische Effektenbörse überführt worden.

Mit der Einführung der EBS sind wir organisatorisch, technisch und finanziell im Plan. Die laufende Hauptaktivität steht im Zeichen der Installation des Systems und der Schulung der 185 bankinternen Händler-Trainer sowie der theoretischen EBS-Ausbildung von 1'150 Händlern, die dann anschliessend die praktische Ausbildung an ihren Arbeitsplätzen bei den Banken absolvieren werden. Es wird mit Sicherheit bei der EBS mehr Händler brauchen als heute an den Ringen. Das hängt mit der künftig stärkeren Segmentierung und Spezialisierung des Effektenhandels zusammen.

Anderseits werden die meisten Händler auch die derivativen Instrumente beherrschen müssen. Die EBS ist also nicht nur für die beteiligten Banken, sondern auch für die betroffenen Händler eine gewaltige Herausforderung.

Ausblick
EBS Einführung / Nächste Schritte

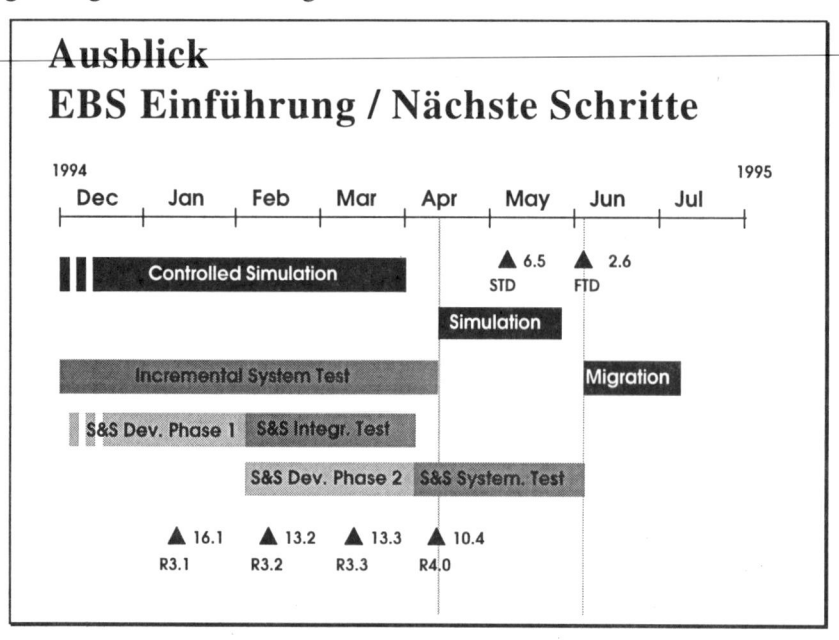

Abbildung 1: EBS Einführung/Nächste Schritte

Ab Juni 1995 geht die sogenannte Migration über die Bühne, also der Übergang vom Ringhandel auf die EBS. Dies ist die entscheidende Phase, in der es kein „Zurück" mehr gibt.

Vorgesehen ist, zunächst die in der Schweiz gehandelten Auslandaktien, dann die Schweizer Aktien, Optionen und Fonds und anschliessend die Obligationen über die EBS zu handeln. Die letzte Transaktion „à la criée" wird somit voraussichtlich im Sommer getätigt werden. Eine summarische Skizze zeigt, wie die EBS in der Praxis funktionieren wird.

Die technische Plattform besteht aus einem Verbund von Rechnern und kooperierenden, ausbaufähigen oder reduzierbaren Teilsystemen. Hauptmerkmale der EBS sind die dezentrale Auftragseingabe und ein Handelsablauf, der sich innerhalb zweier aneinandergekoppelter Systeme, dem Händler- und dem Börsensystem, abspielt. Von eminenter Bedeutung ist die Vernetzung des neuen Handelssystems mit dem Abwicklungsbereich. Die dem Transaktionsgeschäft vor- und nachgelagerten Aktivitäten sind vollständig in die EBS integriert.

Der Handelsablauf spielt sich etwa wie folgt ab: Der Händler arbeitet nicht mehr am Ring. Er sitzt in der Bank, an einer dem Händlersystem angeschlossenen „Work Station" und nimmt die Aufträge per Telefon oder Bildschirm entgegen. Dann gibt er sie via Händlersystem, das über ein „Gateway" mit dem Börsensystem verbunden ist, weiter. Im Börsensystem werden die Aufträge nach Preis und Zeit geordnet und einander gegenübergestellt.

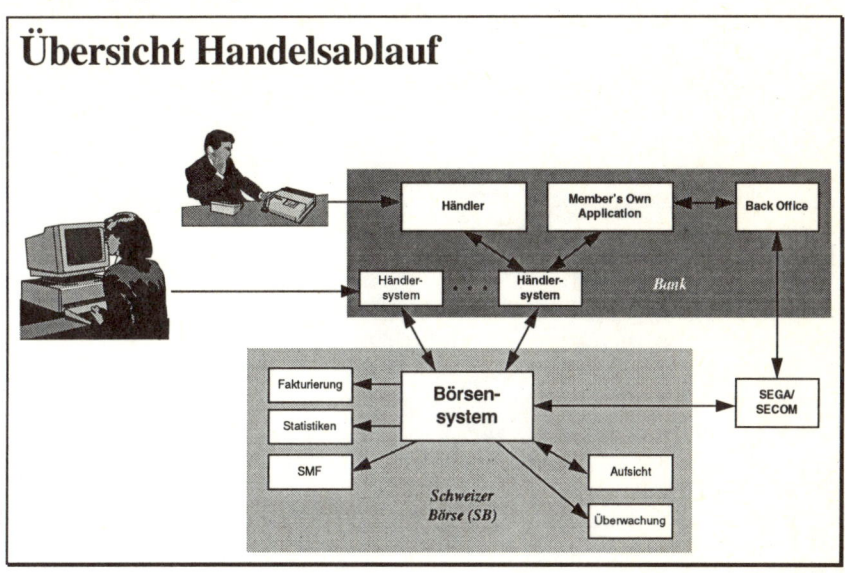

Abbildung 2: Übersicht Handelsablauf

Der „Matcher" – das Herzstück der EBS – bringt Angebot und Nachfrage in Form börslicher Abschlüsse, die nach bestimmten Grundregeln zustandekommen, in Einklang. Nach Ausführung jedes Auftrags werden die relevanten Informationen an die Effekten-Girozentrale SEGA weitergeleitet. Diese sorgt mit ihrem elektronischen Abwicklungssystem SECOM für Clearing und Settlement, also die Lieferung gegen Zahlung. Die SEGA meldet die Abschlüsse auch an die Backoffices der Banken zurück und gleichzeitig an das Swiss Interbank Clearing System (SIC). Schliesslich liefert das elektronische Börsensystem die Abschlussmeldungen auch an das Datenverteilsystem Swiss Market Feed (SMF), das seinerseits die Daten an Telekurs, Reuters und andere Informationsvermittler weiterleitet. Dieses vollintegrierte Handels- und Abwicklungssystem kann jederzeit mit dem Ausland vernetzt werden. Die dezentrale Auftragseingabe der EBS hat nicht nur eine geringere Ortsgebundenheit und damit niedrigere Kosten der Mitglieder zur Folge. Das neue vollvernetzte System sorgt auch dafür, dass alle Mitglieder den gleichen Zugang haben, dass leistungsfähigere Computer keine Vorteile verschaffen, und dass die Informationen bei allen Mitgliedern gleichzeitig eintreffen.

EBS Funktionalität Börsenperioden

- Voreröffnung
- 22:00
- Geschäftstag
- 16:30
- 6:00
- 9:30
- Voreröffnung
- Handelsschluss 16:30
- Handel
- Eröffnung
- 9:30 **Obligationen**
- 10:00 **Aktien**
- 10:15 **Derivate**

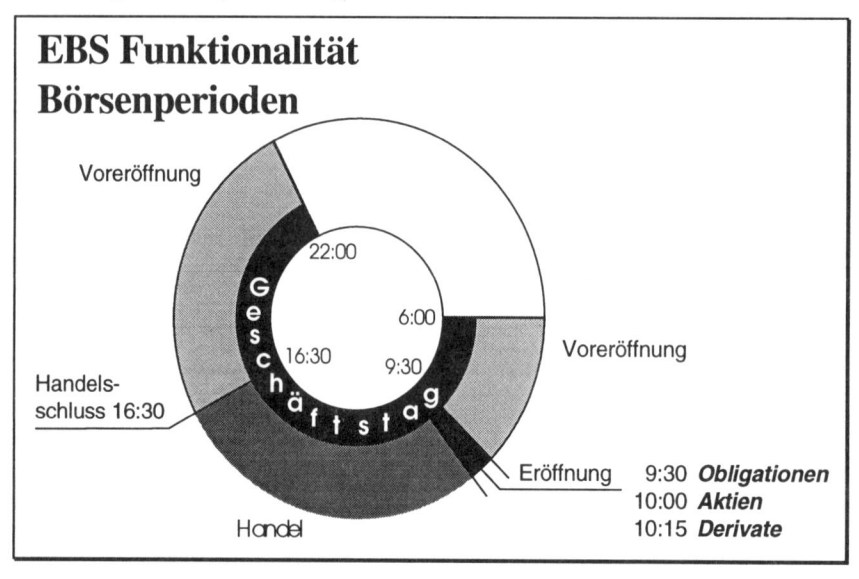

Abbildung 3: Börsenperioden

Auch an der EBS wird nicht rund um die Uhr gehandelt. Der offizielle Börsenhandel der EBS dauert etwa gleich lang wie heute. Die Eröffnungszeiten sind auf 9.30 Uhr bei den Obligationen, 10.00 Uhr bei den Aktien und 10.15 Uhr bei den Derivaten festgelegt. Handelsschluss für alle Segmente ist 16.30 Uhr. Im Gegensatz zu heute werden sämtliche Titel permanent gehandelt. Von 6.00 Uhr bis zur Eröffnung und ab Handelsschluss bis 22.00 Uhr findet die Voreröffnung statt. In diesen beiden Perioden werden laufend Aufträge ins Auftragsbuch eingegeben, ohne dass jedoch Abschlüsse stattfinden. Während den Perioden der Voreröffnung werden laufend die theoretischen Eröffnungspreise berechnet. Die Auftragsbücher können von allen lizenzierten Händlern eingesehen werden. Zu Beginn der Eröffnung werden die Auftragsbücher geschlossen. Im Eröffnungsverfahren werden die Eröffnungskurse nach dem Meistausführungsprinzip bestimmt. Dann beginnt der laufende Handel, in dem versucht wird, jeden neu ankommenden Auftrag sofort auszuführen.

Grundsätzlich sind alle EBS-Mitglieder verpflichtet, während der Handelszeit die Kauf- und Verkaufsaufträge über den „Matcher" abzuwickeln. Von der Börsenpflicht ausgenommen sind während der Handelszeit folgende Aufträge:
→ Einzelaufträge in Aktien über 200'000.- Fr. Kurswert
→ Einzelaufträge in Obligationen über 100'000.- Fr. Nominalwert
→ Einzelaufträge in Optionen über 100'000.- Fr. Kurswert
→ Sammelaufträge von Portfolio-Managern kumuliert in einem Titel im Auftragswert von mindestens 1 Mio. Fr.
→ Aufträge für Anrechte

Abschlüsse, die über den EBS-Matcher zustandekommen, werden automatisch vom System rapportiert. Die Mitglieder sind jedoch verpflichtet, Abschlüsse, die im ausserbörslichen Handel getätigt wurden, innert 30 Minuten über EBS zu rapportieren. Lediglich besonders sensitiven Blocktransaktionen wird eine längere Meldefrist zugestanden. Wir erwarten aber, dass die meisten Blockaufträge nicht ausserbörslich, sondern über die EBS abgewickelt werden. Vor allem deshalb, weil die Abwicklungszeit der Aufträge über die EBS wesentlich kürzer ist als auf dem ausserbörslichen Weg. Wenn man bedenkt, dass heute überhaupt keine Börsenpflicht besteht und dass der Kunde ausserbörsliche Abschlüsse bestenfalls am folgenden Tag erfährt, so bringt die neue Regelung eine markante Verbesserung der Transparenz.

Die EBS bringt dem Anleger – und zwar dem privaten wie dem institutionellen Anleger – folgende vorteilhafte Neuerungen:
→ Die besten Geld- und Briefkurse sowie die kumulierten Angebots- und Nachfragevolumina zu diesen Preisen werden über den Swiss Market Feed laufend aufgezeigt. Zudem können dank der Reportingpflicht alle bezahlten Preise und gehandelten Mengen des börslichen und ausserbörslichen Handels nachvollzogen werden.
→ Die Abwicklung des Börsengeschäfts beschleunigt und perfektioniert sich. Denn das mit dem Händlersystem vernetzte Börsensystem sorgt für die vollständige elektronische Weiterverarbeitung. Sofern die betreffende Bank über den entsprechenden Automatisierungsgrad verfügt, wird jeder Auftrag bis hin zur Abrechnung für den Kunden nur einmal eingegeben. Damit wird die Fehlerquote abnehmen.

→ Durch die Konzentration auf eine einzige Börse erhöhen sich die Liquidität und das Marktvolumen. Damit verbessern sich für die Anleger die Chancen, ihre Aufträge zu besseren Kursen abzuwikkeln. Je liquider nämlich der Markt ist, umso enger wird der Spread Geld/Brief.

In Sachen Effizienz ist die Schweizer Börse ihren Konkurrenten damit weit voraus. Dies zieht bereits heute, also Monate vor dem Start der EBS, namhafte ausländische Investment-Banken an. So hat die Bank Goldman, Sachs & Co. den Handel an der Zürcher Börse aufgenommen, und die Deutsche Bank interessiert sich ebenfalls für die Mitgliedschaft an der EBS. Dies ist der beruhigende Beleg, dass die Branche – gewissermassen stellvertretend für ihre Kunden – die künftige Schweizer Börse als hochattraktiv beurteilt. Der Zuzug von potenten Marktteilnehmern wiederum wird die Volumina vergrössern und die Liquidität verbessern. Und zwar im Kassamarkt wie im derivativen Geschäft. Und schliesslich werden wir damit Marktanteile zurückgewinnen, die uns in den letzten Jahren entgangen sind. In diesem Punkt bin ich sehr zuversichtlich.

Ein letztes Wort noch zu den Kosten: Obwohl die Kostenstruktur von Bank zu Bank verschieden ist, darf man davon ausgehen, dass die vollintegrierte Börse das Transaktionsgeschäft samt Settlement und Clearing preislich noch günstiger abzuwickeln vermag als bisher. Diesem Kostenvorteil stehen die Aufwendungen der einzelnen Banken für den Anschluss an die EBS gegenüber, die verzinst und amortisiert sein wollen. Unter dem Strich dürfte der Kunde – insbesondere der Kunde im Private Banking – nicht nennenswert günstiger fahren. Aber er wird für gleich viel Geld eine wesentlich bessere Dienstleistung erhalten. Oder wie die Engländer sagen: „Much better value for his money". Einen Gegenwert nämlich, den weltweit keine andere Börse zu bieten vermag. Und diesen Vorteil der Schweizer Börse – einen Vorteil somit auch des Finanzplatzes Schweiz – sollte man meines Erachtens in das Verkaufsargumentarium aufnehmen. Denn die EBS ist ein einzigartiger Wettbewerbsvorteil auch im Geschäft der Vermögensverwaltung: Wer sein Portfolio Management über die Schweizer Börse abwickelt, hat die Gewissheit, dass kein anderer Finanzplatz bessere (oder auch bloss vergleichbare) Bedingungen bietet.

Hans J. Bär
Private Banking – "Ecstasy" oder Ertragspfeiler?

Der diese Beitragssammlung abschliessende Artikel stellt das Private Banking in einen breiteren Zusammenhang. Zu den Erfolgsbedingungen dieses Geschäfts gehören genügend qualitativ intakte politische, rechtliche und gesamtwirtschaftliche Rahmenbedingungen. Fehlleistungen auf dieser Ebene können das Geschäft nachhaltig beeinträchtigen, zum Schaden nicht nur der Banken, sondern der ganzen Wirtschaft und des Fiskus. Als vorrangige Gefährdungen identifiziert der Autor insbesondere die Problemfelder des Drogenhandels und der Geldwäsche sowie der öffentlichen Haushaltsdefizite.

Am Ende des Seminars möchte ich keine banktechnischen Höhenflüge veranstalten, sondern einige umfassendere Überlegungen anstellen. Die Ausgangslage ist die Schlagzeile einer zürcherischen Zeitung: "Der Drogenkrebs erfasst die ganze Stadt". Wie die Metastasen eines Krebsgeschwürs verbreitet sich die Drogenseuche in der Stadt Zürich – zum Nachteil des Private Banking.

Wenn wir dieses Problem nicht sehr bald in den Griff bekommen, dann werden wir in unserer "Ecstasy" über das Private Banking diesen Ertragspfeiler verlieren, und ein wesentliches Aktivum unserer Volkswirtschaft würde geopfert auf dem Altar unserer falsch verstandenen Drogen- und Parteienpolitik.

Das Thema Drogenhandel und Geldwäscherei ist eine wesentliche Gefahr für unseren Finanzplatz, und es ist dies der Grund, warum ich meine diesbezüglichen Überlegungen schon am Anfang anstellen möchte. Die Schweiz dient bereits heute als logistische Basis für das organisierte Verbrechen im Zusammenhang mit der Beschaffung von Chemikalien für die Drogenherstellung. Wir sind ein Treffpunkt für internationale verbrecherische Kontakte, ein Ruheraum für Verfolgte und ein bevorzugtes Transitland. Im Interesse unseres Finanzplatzes, und ganz speziell im Interesse unseres Zentrums für Private Banking, müssen wir dieses verbrecherische Tun bekämpfen. Noch immer nehmen wir die Gefahr nicht ernst genug, noch immer verstricken wir uns in parteipolitische Ideologien zum Nachteil unseres Finanzplatzes. Gelingt es uns nicht, das Krebsübel innert nützlicher Frist zu beseitigen, dann könnte es sehr wohl sein, dass unsere anderen Anstrengungen im Zusammenhang mit der Bewirtschaftung des Standortes Schweiz zunichte gemacht würden. Vielleicht besteht ein Zusammenhang zwischen unserem "mind-set" als "center of excellence" und unserer Unfähigkeit, das Drogenproblem auch nur in den Umrissen zu bewältigen.

Nach diesem Exkurs, dessen Akzent Sie vielleicht erstaunt, erlaube ich mir, mich dem wirklichen Thema Private Banking zuzuwenden.

Für unseren heutigen Gedankenaustausch lassen Sie mich noch einmal definieren, was im weiteren Sinne des Wortes als Private Banking zu verstehen ist. Swiss Private Banking beinhaltet alle Finanzsparten, welche ein Privatkunde normalerweise beansprucht – sicherlich nicht nur die Vermögensverwaltung. Swiss Private Banking beginnt mit der Swissair in Paris, London, New York und Tokio und endet beim Sprüngli am Paradeplatz in Zürich. Swiss Private Banking beginnt ebenfalls an den Bahnhöfen in Genf, Basel, Zürich und Chiasso und endet in unseren Luxushotels. Swiss Private Banking beinhaltet unsere Spitäler, unsere Kulturinstitute, unsere Presse, unsere Rechtsanwälte und unsere Luxusgeschäfte und selbstverständlich – vielleicht sogar erst am Schluss, nach unseren Internatsschulen, Hochschulen und Skischulen – auch noch unsere Banken und Vermögensverwalter.

Was will hier angetönt werden ? – Private Banking ist ein "package product", dessen Inhalt zutreffend sein muss. Zudem muss das Umfeld auf das Produkt abgestimmt sein. Es ist daher wichtig, das Umfeld in die wichtigsten Komponenten zu zerlegen und einzeln zu besprechen, um dann am Schluss noch einige Ausführungen über die Grössenordnung der zur Diskussion stehenden Sparten zu formulieren.

1 Die schweizerischen Staatsdefizite

Der Zustand unserer Bundesfinanzen ist derart marode, dass der Finanzplatz durch die inhärente Instabilität gefährdet wird. Kumulierte Defizite von Bund, Kantonen und Gemeinden von über SFr. 15 Milliarden oder ca. 4,5% des Bruttoinlandproduktes können nicht toleriert werden. Im internationalen Quervergleich haben wir unsere Stellung als finanzpolitischer "Rocher de bronze" verloren, sind doch die Defizite im Verhältnis zum BIP etwa gleich gross wie in Frankreich oder sogar Spanien. Selbst die Maastrichter Kriterien, die eine Beschränkung des Defizites auf maximal 3 % des BIP verlangen, sind heute von der Schweiz nicht mehr er füllt, und eine Verbesserung ist nicht abzusehen. Unsere Staatspapiere leiden bereits am Skandia-Effekt, indem der Rendite-Malus eines erstklassigen Staatspapieres gegenüber einer Privatadresse verschwunden ist. Deshalb hat die schweizerische Bankiervereinigung eine Expertengruppe "Bundesfinanzen" ins Leben gerufen, der ich die Ehre hatte an zugehören. Saniert wurde leider nicht, aber die Gruppe hat folgende Thesen zu den Bundesfinanzen formuliert.

→ *Die Defizitwirtschaft schadet dem Finanzplatz und der gesamten schweizerischen Wirtschaft.* Die Fortführung der Defizitwirtschaft wird die Attraktivität des Finanzplatzes Schweiz gegen über den ausländischen Plätzen verringern. Die Integration der Märkte und die weltweit verschärfte Konkurrenz verbieten es, eine solche Entwicklung in Kauf zu nehmen. *Durch die zinstreibende Wirkung der Kapitalmarktbeanspruchung des Bundes wird nicht nur dem Finanzplatz, sondern der gesamten Wirtschaft Schaden zufügt.*

→ *Das strukturelle, d.h. das konjunkturunabhängige Defizit lässt sich durch Sparen markant verringern.* Die Spielräume für Sparmassnahmen sind erheblich. Insgesamt dürften die bisher überprüften Sparvorschläge Einsparungen in der Grössenordnung des geschätzten strukturellen Defizits ermöglichen. Die Steuerbelastung hat in der Schweiz während der letzten Jahre zugenommen. *Steigende Steuerquoten verringern die Attraktivität des Standortes Schweiz.*

→ *Regelgebundene Entscheidungsmechanismen müssen das Ausgabenwachstum dauerhaft begrenzen.* Das strukturelle Defizit ist auf das ungezügelte Ausgabenwachstum in der Vergangenheit zurückzuführen.

→ *Eine lineare Kürzung der Bundesausgaben ist fehl am Platz.* Die bisher praktizierten Rotstiftübungen sind eine Symptomtherapie und vermögen keine nachhaltige Gesundung der Bundesfinanzen herbei zuführen.

→ *Die Ausgaben für die soziale Wohlfahrt sind gezielt auf die Subjekthilfe auszurichten.* Ein Abbau der Sozialleistungen für Bedürftige steht nicht zur Diskussion. Sparmassnahmen im Bereich der sozialen Wohlfahrt beinhalten keine generellen Kürzungen von Leistungen.

→ *In der Bundesverwaltung sind Effizienzsteigerungen erzielbar durch Privatisierung, Outsourcing und durch ein marktwirtschaftliches Beschaffungswesen.* Jede Bundesleistung ist hin sichtlich ihrer Privatisierungsmöglichkeit zu überprüfen. Desgleichen ist die Bereitstellung von Vorleistungen, soweit möglich und sinnvoll, privaten Unternehmungen zu übertragen (Outsourcing).

→ *Der effiziente Mitteleinsatz für die Landesverteidigung darf durch diese Struktur und regionalpolitische Erwägungen nicht länger behindert werden.* Die in Angriff genommene Neuordnung der Landesverteidigung, basierend auf dem Sicherheitsbericht 90 und den Leitbildern für die Armee und den Zivilschutz, ist konsequent und rasch zu realisieren.

→ *Im Bildungs- und Forschungsbereich lassen sich durch Konzentration und Kooperation erhebliche Effizienzgewinne erzielen. Ein hohes Niveau von Ausbildung und Forschung ist als Voraussetzung für die Wettbewerbsfähigkeit der Schweiz unbestritten.* Im Bereich der Bildung und Forschung liegen bedeutende Potentiale zur Erschliessung privater Finanzierungsquellen.

→ *Im Bereich des Verkehrs sind die Sparmöglichkeiten durch Privatisierungen zu nutzen.* Die Prioritäten der NEAT sind im Zusammenhang mit dem Regionalverkehr neu zu überdenken. Während im nahen Ausland die Privatisierung des Verkehrs zügig voranschreitet, haben diesbezügliche Diskussionen in der Schweiz noch wenig konkrete Ergebnisse gezeigt. Entsprechende Konzepte sind konsequent und zügig zu erarbeiten. *Die geplante Realisierung der NEAT ist zu überprüfen.*

Lassen Sie mich in Zusammenhang mit der letzten These zu meinem Lieblingsthema, dem NEAT-Projekt, noch einige Ausführungen machen. Wie Sie wissen, haben die unerwarteten EU-Entscheide von Korfu, den Brenner und den Mont Cenis-Basistunnel mit Priorität zu realisieren, eine vollständig neue Ausgangslage geschaffen. Durch den Ausbau dieser Transitwege wird eine ausreichende alpendurchquerende Bahnkapazität für mehrere Jahrzehnte zur Verfügung gestellt. Daraus ergibt sich ganz klar, dass das NEAT-Projekt zu "etappieren" ist. Eine erste Priorität hat selbstverständlich der Gotthardbasistunnel. Auf den Lötschbergbasistunnel ist bis auf weiteres zu verzichten, da es sowieso für die Westschweiz wichtiger geworden ist, auf eine Verbindung Genf-

Mâcon hinzuarbeiten, um den Anschluss an den TGV Lyon-Turin sicherzustellen. Jedenfalls würde durch eine solche zeitliche Zurückstufung die Investitionsrechnung des Bundes um mehrere Milliarden Franken entlastet, und die laufende Finanzrechnung würde mit einer Einsparung von Fr. 150 Millionen jährlich während sicherlich zehn Jahren verbessert.

Mit diesen Thesen ist bestimmt der Konnex zwischen der Stabilität unseres Finanzplatzes und unseres Bundeshaushaltes plastisch dargestellt. Es ist die Pflicht von uns allen sicherzustellen, dass blosse parteipolitische Zwängereien als solche angeprangert werden.

2 Das Bankgeheimnis

Die wichtigste Komponente des angesprochenen Umfeldes ist leider das Bankgeheimnis.

Die Schweizer Banken sind logischerweise interessiert, falschen oder tendenziösen Kommentaren zu begegnen. Immerhin wurde aber in der letzten Delphi-Studie von Arthur Andersen das schweizerische Bankgeheimnis als einer der wichtigsten Erfolgsfaktoren unseres Finanzplatzes dargestellt, zusammen mit dem Know-how, der "Sophistication", im Anlagegeschäft.

Die *gesetzlichen Bestimmungen*, welche die Geheimhaltung und Vertraulichkeit der Kundenbeziehungen mit einer Schweizer Bank gewährleisten, *haben sich seit der Inkraftsetzung des Bankengesetzes im Jahre 1935 in keiner Art und Weise geändert*. Gemäss Art. 47 macht sich jeder Mitarbeiter einer Bank strafbar, wenn er kundenbezogene Informationen ohne Einwilligung des Kunden oder ohne gesetzliche Verpflichtung preisgibt.

Die Besonderheit des schweizerischen Bankgeheimnisses ist sein *strafrechtlicher Schutz*. Verletzungen des Bankgeheimnisses werden daher von Amtes wegen strafrechtlich verfolgt, was bei Verletzungen des Berufsgeheimnisses, z.B. der Ärzte oder Rechtsanwälte, nur auf ausdrückliches Verlangen der geschädigten Partei erfolgt.

Bei der Frage der Auskunftspflicht gegenüber Behörden ist eine Tatsache klar festzuhalten. Es geht ausschliesslich um die *gesetzliche Auskunftspflicht der Bank* nach *schweizerischem* Recht gegenüber *schweizerischen* Richtern und Amtsstellen, unabhängig davon, ob es sich um eine inländische Angelegenheit handelt oder um ein Auskunftsbegehren im Rahmen eines ausländischen Rechtshilfeersuchens.

Die relevanten Gesetzesentwürfe rufen nach brisanten Diskussionen. Über die Formulierung des Artikels 23 sexies im Bankengesetz, des Artikels 36 im Börsengesetz sowie des Artikels 62 im Anlagefondsgesetz betreffend die internationale Zusammenarbeit bei Amtshilfeangelegenheiten erhitzten sich die Gemüter und dies absolut zu Recht. Es ist mir ein Anliegen festzuhalten, dass es uns vornehmlich um den Schutz der unbeteiligten Dritten geht und nicht darum, Kriminelle zu schützen.

3 Die Schweizerische Effektenbörse

Die vielleicht wichtigste Infrastrukturfrage in bezug auf die Zukunft des schweizerischen Finanzplatzes ist der Erfolg oder Misserfolg der *Schweizerischen Effektenbörse* bzw. der Elektronischen Börse Schweiz (EBS), welche im März 1995 in die operationelle Phase eintreten wird. Seit Mai letzten Jahres besteht in Zürich die Schweizerische Effektenbörse, welche den Aufbau der gesamtschweizerischen elektronischen Effektenbörse übernommen hat. Die Börsen von Basel, Genf und Zürich werden anfangs 1995 den Betrieb der heutigen Ringbörsen aufgeben. Anschliessend werden die neue EBS sowie die SOFFEX in die neue integrierte Börsenorganisation eingegliedert.

Die neue EBS bzw. die Schweizerische Effektenbörse muss von Erfolg begleitet sein, sollen dem schweizerischen Börsenplatz nicht ernste internationale Konkurrenzschwierigkeiten mit nationalem Schaden erwachsen. Dass Transparenz der Märkte, Übernahmekodex und Meldepflicht zu einer international anerkannten Börse gehören, versteht sich von selbst. Aber die Mühlen mahlen weiterhin langsam; es bleibt zu hoffen, dass das neue Börsengesetz am 1. Juli 1995 oder spätestens am 1. Januar 1996 in Kraft treten wird. Weitere "Zwischenfälle" à la Fust/Jelmoli sollten nicht mehr vorkommen. Die unverzügliche Bekanntgabe von kursrelevanten Tatsachen ist unabdingbar – eine schwierige Lektion.

4 Das Vermögensverwaltungsgeschäft

Wenn wir über das *Vermögensverwaltungsgeschäft* sprechen – ein Thema, das mir natürlich besonders am Herzen liegt – gilt es erst einmal, die *wahren Grössenordnungen* aufzuzeigen. Das Volumen des Schweizer Vermögensverwaltungsgeschäftes betrug 1991 gemäss einer Studie des Bankeninstituts der Hochschule St. Gallen Fr. 2'100

Milliarden. Heute entfallen wohl über 1'200 Milliarden auf ausländische Privatkunden. Im grenzüberschreitenden Privatbankgeschäft steht daher der Bankenplatz Schweiz in absolut führender Position mit einem geschätzten "off-shore" Marktanteil von ca. 35%. Die Nettowertschöpfung dieses Geschäftszweiges allein wird auf ca. 0,75% oder Fr. 9 Milliarden pro Jahr geschätzt, eine Grössenordnung, welche durchaus als aufsehenerregend bezeichnet werden muss – speziell in Anbetracht unserer Integrations-Bemühungen. Auch wenn die Marge von 0,75% effektiv kleiner sein sollte, sprechen wir noch immer von einem wichtigen Beitrag zu unserem BIP.

Nachdem die gesamte *Banken-Wertschöpfung 1991* in der Schweiz ca. *Fr. 31 Milliarden* betrug, entfielen auf das Private Banking für ausländische Rechnung ca. 30%. In der Fremdenverkehrsbilanz 1992 wird z.B. die Wertschöpfung der Sektoren Gastgewerbe und Verkehr mit etwa Fr. 7 Milliarden ausgewiesen. Daraus ergibt sich die erstaunliche Tatsache, dass bei uns der ausländische Tourismus weniger an Wertschöpfung erwirtschaftet als unser Private Banking mit ausländischen Kunden. Mit Fr. 245'000.- pro Beschäftigten erzielt das Bankgewerbe eine fünfmal höhere Wertschöpfung als das Gastgewerbe mit Fr. 54'000.-. Wenn man bedenkt, dass das Banking sicherlich als wesentlich umweltfreundlicher und steuerträchtiger bezeichnet werden darf, ist es in der Tat schwer zu verstehen, warum nicht alles getan wird, um diesen Geschäftszweig mit einem Anteil von 9% am Bruttoinlandprodukt im nationalen Interesse zu fördern. Leider ist es so, dass die politische Lobby der Banken einen schweren Stand hat. Diese Schwierigkeit ist keine schweizerische Besonderheit. Jedenfalls müsste man gerade in Anbetracht der Wichtigkeit der Branche diese erstaunlichen Zahlen vermehrt der Öffentlichkeit näherbringen – eine wichtige politische PR-Aufgabe. Auf diesen Punkt werde ich noch zurückkommen.

Die *Vermögensverwaltung* für eine grosse Zahl in- und ausländischer privater wie auch institutioneller Anleger *hat in der Schweiz eine jahrhundertelange Tradition*. Der eigentliche Grundstein für die heutige Stellung und Bedeutung des Finanzplatzes Schweiz in dieser Sparte wurde jedoch erst in noch nicht allzu ferner Vergangenheit gelegt. Die beiden wichtigsten Tatsachen waren einerseits das Vertrauen, das sich unsere Banken in den dreissiger Jahren und während des Zweiten Weltkrieges erworben haben, andererseits die robuste Verfassung der Wirtschaft und des Bankensektors nach dem Kriegsende im Vergleich zu den europäischen Nachbarländern.

Die *jahrzehntelange Vorzugsstellung* der Schweiz als Angelpunkt und Drehscheibe für internationale Kapitalanlagen liess ein Fachwissen, ein Informations- und Kommunikationsnetz und eine Palette von Dienstleistungen entstehen, welche bis heute nur von wenigen anderen Finanzplätzen erreicht oder gar überboten wird. Die internationale Konkurrenz wird aber zunehmend härter, und die historischen Standortvorteile verlieren an Gewicht. Die *Schweizer Banken* und ganz besonders auch die führenden Vermögensverwaltungs-Institute bauen daher weiterhin ihre Stellung aus. Sie bauen aber nicht nur auf den "Sand" der Tradition, sondern sie *haben die neuen Herausforderungen mit intensiven Anstrengungen und zielgerichteter Innovation angenommen.*

Die Depotbetreuung wird laufend den neuesten Erkenntnissen der modernen Portfolio-Theorie angepasst. Das Dienstleistungsangebot im Bereich der Vermögensverwaltung ist ausgeweitet und besser strukturiert worden. Es wird nicht mehr nur die "simple" Dienstleistung "plain Vanilla"-Vermögensvewaltung angeboten, sondern der Kunde kann aus einem differenzierten Angebot mit verschiedenen Risikoprofilen auswählen. Dass auch der *steuerlichen Situation des Kunden* in der Strukturierung des Vermögens voll Rechnung getragen wird, ist eine Selbstverständlichkeit.

Was unverändert und heute sicher nicht weniger als früher grosse Bedeutung hat, ist die *Pflege der traditionellen Werte in der Vermögensverwaltung.* Ausgehend von einer im allgemeinen konservativen und vorsichtigen Grundhaltung wird grosser Wert darauf gelegt, die persönlichen Verhältnisse und Neigungen des Kunden in der Anlagepolitik zu berücksichtigen. Nicht mit einem hohen Risiko verbundene kurzfristige Gewinnerzielung wird von den meisten Anlegern gewünscht, sondern eine *ausgewogene Mischung von Sicherheit, Rendite und Risiko*, mit der im langfristigen Vergleich zumindest die reale Kaufkrafterhaltung des Vermögens gewährleistet wird.

Letztlich dienen alle Anstrengungen dazu, den vorhandenen Kundenstamm optimal zu betreuen und für neue Kunden der bevorzugte Partner zu werden. Anders ausgedrückt: *Die Vermögensverwaltung in der Schweiz stellt sich dem internationalen Wettbewerb und ist dem Performance-Druck durchaus gewachsen.* Die Schweiz ist auch hier ein "Center of excellence" !

Dass sich dieser Druck in den letzten Jahren verschärft hat, ist eine Tatsache. Immer mehr Banken und Finanzinstitute drängen in das Marktsegment "Vermögensverwaltung" in der vielleicht irrigen Meinung, dass hier hohe Gewinne ohne grosses Risiko erzielt werden können. Die jetzige Erbengeneration der "Wirtschaftswunder-Väter" und der sukzessive Fortfall nationaler Restriktionsmassnahmen kreieren auch auf der Nachfrageseite die Notwendigkeit für Beratung in der Kapitalanlage und Vermögensverwaltung.

Für die Schweizer Banken bietet sich, trotz der bereits sehr intensiven Geschäftsbeziehungen mit den europäischen Staaten, ein *zusätzliches Marktpotential*. In verschiedenen Ländern erhalten die Anleger vermehrte Freiheiten und stellen wachsende Ansprüche, die mit Standardprodukten oder mit einer auf die Titel des eigenen Hauses beschränkten Auswahl von Anlageinstrumenten nicht mehr befriedigt werden können.

Die renommierten Schweizer Vermögensverwaltungsbanken haben rechtzeitig erkannt, dass man zwar für das sogenannte "Massengeschäft" rationelle – aber qualitativ hochstehende – Lösungen bieten muss, andererseits aber die *"Kunst der Vermögensanlage"* für grössere Vermögen pflegen und verfeinern muss. In diesem Bereich können keine fertigen Lösungen aus der Schublade gezogen werden. Eine wirklich individuelle Betreuung muss auf der Basis eines absoluten Vertrauensverhältnisses Priorität geniessen.

Es ist daher sicher kein Zufall, dass vielleicht nicht im streng juristischen Sinne, wohl aber unter dem Aspekt der Geschäftspolitik und -qualität von einer *Renaissance der Privatbanken* in Europa gesprochen wird.

5   Die volkswirtschaftliche Bedeutung

Interessant wäre eine Analyse über die Bedeutung des Private Banking als Ertragspfeiler der schweizerischen Wirtschaft. Die Schwierigkeit ist, dass es darüber noch sehr wenig auszusagen gibt. Selbst die St. Galler Zahlen stammen aus dem Jahre 1991 – also von vor der grossen "Migration" im Jahre 1993.

Sie haben gelesen, dass tausende von hochdotierten Arbeitsplätzen involviert sind, und Sie haben auch gelesen, dass bereits tausende von hochdotierten Bankarbeitsplätzen aus den verschiedensten Gründen ins Ausland abgewandert sind. Die Idee liegt daher nahe, dass man sich nun endlich einmal bemühen sollte, die wahre volkswirtschaftliche Bedeutung des Vermögensverwaltungsgeschäftes in der Schweiz wissenschaftlich zu eruieren.

Seit einiger Zeit versuche ich, eine diesbezügliche Studie zu lancieren. Nun ist die Universität Basel mit diesen Aufgaben betreut. Die etwas unverständliche Tatsache ist, dass die drei Grossbanken – ohne Zweifel die weitaus grössten Marktfaktoren in diesem Segment – sich aus nur zum Teil verständlichen Gründen schwer tun, irgendwelche Bestandesgrössen bekanntzugeben. Verständlich ist dies insofern, als dass man natürlich unerhörte Schwierigkeiten hat, allgemein gültige Definitionen zu etablieren. Unverständlich ist es, dass die Grossbanken nicht selbst daran interessiert sind, Transparenz zu schaffen, um an der politischen Front besser agieren zu können. Für mich gibt es überhaupt keinen Zweifel daran, dass diese Transparenz in nicht allzuweiter Zukunft entweder von den Behörden oder aber vom Markt und den dort tätigen Beratungsfirmen eingefordert werden. Wer hätte denn vor wenigen Jahren nur erahnt, dass wir in kürzester Zeit unsere Halbjahreszahlen konsolidiert dem Markt präsentieren würden.

Bei der Mehrwertsteuer sind wir noch einmal davongekommen. Andere Herausforderungen stehen uns noch bevor, denken Sie nur an die plötzlich zur Diskussion stehende Proportionalsteuer und die sich noch immer als Problem präsentierende Stempelsteuer. Die enormen Schwierigkeiten bei der Finanzierung unseres sozialen Sicherheitsnetzes sind natürlich die Folgen unseres faktischen Nullwachstums. Die Zahl unserer Rentner steigt, und die Zahl unserer Erwerbstätigen stagniert. Damit steigt die volkswirtschaftliche Belastung durch unsere Altersrenten auf annähernd 30% des produktiven Beitrags der Erwerbstätigen, womit sich dann die Sozialleistungsquote innert zwanzig Jahren verdoppelt. Der fiskalische Rückgriff auf ein prosperierendes Bankwesen liegt jedenfalls nahe, und wir haben uns für diese sozialpolitischen Auseinandersetzungen zu wappnen.

Die wenigen von mir aufgezeigten Zahlen deuten auf jeden Fall darauf hin, dass wir noch auf einer höchst einträglichen Banksparte sitzen. Es ist mehr als klar, dass alle Anstrengungen unternommen werden müssen, damit dieses zarte Pflänzchen des Vertrauens weiterhin gedeihen kann. Sollten aber die internationalen Mafia-Elemente hier vermehrt wirken können, und sollte man weiterhin ganze Stadtteile der Finanzmetropole Zürich mutwillig vor die Hunde gehen lassen, dann wäre der volkswirtschaftliche Schaden für unsere traditionsreiche Branche mit Sicherheit *unermesslich*. Man vergisst eben immer wieder, dass mit zunehmender Liberalisierung der rauhe Wind des internationalen Wettbewerbs auch unsere Finanzlandschaft vermehrt berührt.

Autorenverzeichnis

Nils Hagander

...hat an der Hochschule St. Gallen Recht und Betriebswirtschaftslehre studiert und war dann als Account Manager für grosse Firmenkunden bei Citibank N.A. in Zürich tätig. Als Partner bei McKinsey & Co. in Zürich ist er spezialisiert auf Corporate Finance und Financial Institutions. Im Rahmen dieser Tätigkeit hat er im In- und Ausland zahlreiche Strategie- und Organisationsprojekte in den Bereichen Investment Management, Private Banking, Pricing und Distribution von Finanzdienstleistungsprodukten durchgeführt.

Prof. Dr. Bruno Gehrig

...ist seit 1992 Ordinarius für Betriebswirtschaftslehre und Direktor am Schweiz. Institut für Banken und Finanzen der Hochschule St.Gallen. Nach Studien an den Universitäten Bern und Rochester (NY) war er Chefökonom und Börsenchef der Schweiz. Bankgesellschaft und Leiter der Cantrade Privatbank AG. Er ist Mitglied der Eidgenössischen Bankenkommission.

Dr. Beat Bernet

...hat an der Universität Zürich Betriebswirtschaftslehre studiert und promoviert. Er war nach einem Einsatz als Bankenberater während vier Jahren als Assistent der Geschäftsleitung der Bank J. Vontobel & Cie., Zürich tätig. 1983 begann er den Aufbau einer auf Banken und Finanzinstitutionen spezialisierten Beratungsorganisation, die heute – als Firma Bernet, Zimmer & Partner AG, Zug – an mehreren Standorten in Europa 60 Mitarbeiter beschäftigt.

Dr. Klaus Biedermann

...hat seine juristischen Studien an der Universität Bern absolviert und dort doktoriert. Sein beruflicher Werdegang und seine umfangreiche publizistische Aktivität kennzeichnen ihn als ausgezeichneten Kenner des Treuhandgeschäfts nicht nur in der liechtensteinischen, sondern auch in der angelsächsischen Ausprägung. Er ist seit 1989 Inhaber und Leiter der Codex Treuhand AG in Vaduz und seit 1993 Mitglied der Liechtensteinischen Bankenkommission.

Patrick Odier

...ist seit 1986 geschäftsführender Teilhaber der Genfer Privatbank Lombard Odier & Cie., die in den letzten Jahren neben der traditionellen Aktivität im Private Banking ein bedeutendes institutionelles Geschäft aufgebaut hat. Der Autor hat an der Universität Genf Wirtschaftswissenschaften studiert und anschliessend die Ausbildung zum Master of Business Administration der Universität Chicago absolviert. Auch auf Branchenebene und in der Öffentlichkeit setzt er sich immer wieder für die Belange der Vermögensverwaltung ein.

Prof. Dr. Heinz Zimmermann

...ist Ordinarius für Volkswirtschaftslehre mit Schwerpunkt Kapitalmarkttheorie an der Hochschule St. Gallen und Direktor am Schweizerischen Institut für Banken und Finanzen. Zusätzlich zur Lehr- und Forschungstätigkeit ist er in verschiedenen Gremien des Finanzplatzes engagiert, so im Stiftungsrat der Swiss Banking School, im Verwaltungsrat der SOFFEX und als Vizepräsident der Schweiz. Gesellschaft für Finanzmarktforschung. Zudem leitet er die Redaktion der Zeitschrift „Finanzmarkt und Portfolio Management".

Prof. Dr. Klaus Spremann

...ist Ordinarius für Betriebswirtschaftslehre an der Hochschule St. Gallen und Direktor am Schweizerischen Institut für Banken und Finanzen. Er hat sich nach dem Studium der Mathematik an der Technischen Universität München den Wirtschaftswissenschaften zugewandt. Seine Lehr- und Forschungstätigkeit führte ihn an die Universität von Karlsruhe und Ulm, sowie – als Gastprofessor – nach Vancouver, Taipei und Hong Kong. Er ist Autor zahlreicher wissenschaftlicher Beiträge, darunter eines der meistbenützten Lehrbücher über Investition und Finanzierung

Arthur Decurtins

...ist seit 1994 Generaldirektor der Schweiz. Bankgesellschaft. Er hat seine wirtschaftswissenschaftlichen Studien an der Hochschule St. Gallen absolviert und 1976 abgeschlossen. Bei der SBG hat er das Universalbankgeschäft in allen Sparten profund kennengelernt, unter anderem als Kommerz- und Finanzchef in Singapur, als Leiter der Tochterbank in Luxemburg und als Verantwortlicher für die Anlagefondsgesellschaft INTRAG. In der Geschäftsleitung Schweiz ist er zuständig für das Ressort Anlagen und Wertschriftenverwaltung.

Dr. Jörg Fischer

...ist Präsident des Verwaltungsrates der Schweizer Börse und Stv. Vorsitzender der Geschäftsleitung der Bank J. Vontobel & Co. AG, Zürich. Nach seinen wirtschaftswissenschaftlichen Studien an der Universität Fribourg trat er 1975 in die Schweiz. Kreditanstalt ein, wo er 1987-88 das Ressort Börse leitete. Er hat die Börsenprojekte SOFFEX und EBS massgeblich gefördert und dadurch einen wichtigen Beitrag zur Modernisierung des Börsenplatzes Schweiz geleistet.

Hans J. Bär

...ist Präsident des Verwaltungsrates der Bank Julius Bär & Co. AG, Zürich, und der Bär Holding AG. Er hat seine wirtschafts- und politikwissenschaftlichen Studien in den USA absolviert, unter anderem an den Universitäten von New York und Harvard. Seit 1947 ist er beruflich in der Bankgruppe tätig, die er heute präsidiert. In zahlreichen Chargen und Mandaten kommt sein engagiertes Wirken für Banken, Wirtschaft und Öffentlichkeit zum Ausdruck. Er ist u.a. Mitglied des Verwaltungsratsausschuss der Schweiz. Bankiervereinigung, Präsident der Vereinigung Schweiz. Handels- und Verwaltungsbanken, Präsident der Schweiz. Zulassungsstelle und Ehrenpräsident der American-Swiss Association.